観光学
キーワード

有斐閣双書
KEYWORD
SERIES

山下晋司 [編]

TOURISM STUDIES

はじめに

　2003年に小泉純一郎首相（当時）が「観光立国宣言」を行って以来，日本では観光関連学科がさかんに設立されるようになった。2009年までに観光関連学科・大学院を持つ大学は全国で39を数える。その半数以上が，小泉発言を受け，観光立国推進基本法が成立した2006年から2009年の間に設置されている。少子高齢化の中，構造不況業種の1つである大学においては，降って湧いたブームといった観がある。

　しかし，観光関連学科の数はまだ決して多いとはいえない。国立大学は3校のみである。観光の歴史は長いが，観光学，観光教育はまだ始まったばかりなのだ。そうした中で，観光教育の現場では，教員は観光学を志す学生に何を教え，どのような学生を育てるのか，学生は何を学び，学んだことをどのように活かすのかという極めて基本的な問いがある。

　「観光学」を冠した本には，塩田正志・長谷政弘編『観光学』（1994年，同文舘出版），長谷政弘編『観光学辞典』（1997年，同文舘出版），岡本伸之編『観光学入門——ポスト・マス・ツーリズムの観光学』（2001年，有斐閣），溝尾良隆『観光学——基本と実践』（2003年，古今書院），堀川紀年・石井雄二・前田弘編『国際観光学を学ぶ人のために』（2003年，世界思想社），井口貢編『観光学への扉』（学芸出版社，2008年）などがある。だが，観光学とは何か，まだ手探りの段階にあるというのが実情だろう。

　本書の刊行は，今日の観光現象を理解するためのキーワードを100ほど選定し，解説を試みたものである。教科書のように体系的に観光学を概説したものではないので，はじめから読み進んでいくというより，講義を受けながら，あるいは実務を担当しながら，該当するキーワードを辞典で引くように，読み，理解を広げるというのが最も推奨される読み方であろう。本書が日本の観光学と観光教育の発展に貢献できれば，と願っている。

　刊行を間近に控えた2011年3月11日，東日本を「1000年に1度の」大地震，大津波が襲った。福島第一原子力発電所が被災し，いまなお予断

を許さない事態が続いている。日本政府観光局（JNTO）は，訪日外国人は3月に半減したと発表し，とりわけ原発事故により日本の安全・安心イメージが崩れ，渡航自粛を打ち出す国が相次いだことが響いた，としている。観光は，安全であることが前提だ。逆にいえば，観光における安全（リスク）管理が厳しく求められることになる。「安全」は今後，観光学の重要なキーワードとなるだろう。

 2011年4月15日

山　下　晋　司

目　　次

第1章　観光学の構図──観光研究への視角
1　観光学を学ぶ人のために　2
2　観光というテーマ　4
3　観光の定義　6
4　観光の誕生　8
5　巡　　礼　10
6　観光のまなざし　12
7　場所の成立　14
8　観光の条件　16
9　観 光 動 機　18
10　観 光 経 験　20
11　観光する主体　22
12　観光とジェンダー　24
13　観光と植民地主義　26

第2章　観光を支える制度
　　　　──国家の政策から持続可能性まで
14　観 光 政 策　30
15　政府観光局　32
16　観光立国推進基本法　34
17　日本人の海外旅行戦略　36
18　ビジットジャパン　38
19　世 界 遺 産　40
20　無形文化遺産保護条約　42
21　文化財保護法　44

22　文化的景観　46
23　ナショナルトラスト　48
24　国立公園　50
25　サステナビリティ　52
26　エコツーリズムの推進　54
27　環境協力金と環境負担金　56
28　モニタリング　58

第3章　観光を仕掛ける装置
——運輸技術から情報社会まで

29　移動のテクノロジー　62
30　鉄道敷設と霊場　64
31　空　港　66
32　ヒルステーション　68
33　観光地とリゾート　70
34　温　泉　72
35　万国博覧会　74
36　テーマパーク　76
37　ディズニーランド　78
38　ホテルからホームステイまで　80
39　メディア　82
40　写　真　84
41　情報社会とツーリズム　86

第4章　ツーリズムビジネス
——観光産業の仕組み

42　ツーリズムビジネス　90
43　観光の経済的インパクト　92
44　観光産業の市場構造　94
45　観光財・サービスの需要と供給　96

- 46　観光需要の弾力性　98
- 47　観光需要予測　100
- 48　観光財・サービスの価格の差別化　102
- 49　観光資源の評価　104
- 50　観光税の経済分析　106
- 51　観光地の選択　108
- 52　観光地ライフサイクル　110

第5章　さまざまな観光実践
　　　——マスツーリズムからポストモダンツーリズムまで

- 53　マスツーリズム　114
- 54　オルタナティブツーリズム　116
- 55　エコツーリズム　118
- 56　グリーンツーリズム　120
- 57　エスニックツーリズム　122
- 58　ヘリテージツーリズム　124
- 59　アーバンツーリズム　126
- 60　スポーツツーリズム　128
- 61　メディカルツーリズムとヘルスツーリズム　130
- 62　スタディツーリズム　132
- 63　ワーキングホリデー　134
- 64　留　　学　136
- 65　ロングステイ　138
- 66　ポストコロニアルツーリズム　140
- 67　ポストモダンツーリズム　142

第6章　観光開発と地域社会
　　　——地域おこしの手法としての観光

- 68　地域開発としての観光開発　146
- 69　まちづくり手法としてのツーリズム　148

- 70　観光開発のためのガイドライン　150
- 71　地方自治体と観光行政　152
- 72　観光資源　154
- 73　宝探し　156
- 74　ふるさとの資源化　158
- 75　ホストとゲスト　160
- 76　内発的発展と自律的発展　162
- 77　地域主導型観光　164
- 78　観光開発と地域アイデンティティ　166

第7章　資源化される文化
―― 文化こそ観光開発の重要な資源

- 79　観光と文化　170
- 80　文化の客体化　172
- 81　文化の商品化　174
- 82　意味の消費　176
- 83　本物志向　178
- 84　町並み保存　180
- 85　見世物としての祭礼　182
- 86　観光の中の民俗芸能　184
- 87　郷土料理　186
- 88　ツーリストアート　188
- 89　近代化遺産　190
- 90　アニメツーリズム　192

第8章　観光実務 ―― 観光という仕事

- 91　ツーリズムというビジネス　196
- 92　旅行業と旅行業法　198
- 93　イールドマネジメント　200

94 ツーリズムマーケティングの仕方 202
95 観光ブランド戦略 204
96 観光商品の作り方 206
97 マーケティングの実践 208
98 観光宣伝と広報 210
99 ガイドとインタープリテーション 212
100 観光教育 214

☆ 巻末資料 217
☆ 参照文献 236
☆ 事項索引 251
☆ 人名索引 257

○ 参照文献は巻末に一覧を設け，本文中には著者名または編者名と刊行年，必要な場合には引用頁数を（ ）に入れて記した。
《例》
  （山下 1999: 1-7）
    山下晋司 1999『バリ 観光人類学のレッスン』東京大学出版会
  （ターナー 1976）
    ターナー，V. W.（富倉光雄訳）1996『儀礼の過程（新装版）』新思索社
  （MacCannell 1976）
    MacCannell, D., 1976, *The Tourist: A New Theory of the Leisure Class*, Schocken Books
○ 章扉および本文中の写真は，すべて筆者が撮影したものである。

本書のコピー，スキャン，デジタル化等の無断複製は著作権法上での例外を除き禁じられています。本書を代行業者等の第三者に依頼してスキャンやデジタル化することは，たとえ個人や家庭内での利用でも著作権法違反です。

☆**執筆者紹介**（五十音順）**と執筆分担**（キーワードの番号）（※編者）

稲垣　勉（いながき　つとむ）　　　　　　　　　6, 7, 9, 10, 13, 32, 33,
　ベトナム国家大ハノイ・人文社会科学大学観光　　36, 53, 67, 72, 75, 82
　　学部客員教授
　専攻：観光消費論，文化研究

小沢　健市（おざわ　けんいち）　　　　　　　　14, 42, 43, 44, 45, 46,
　立教大学名誉教授，帝京大学経済学部教授　　　　47, 48, 49, 50, 51, 52,
　専攻：観光経済学　　　　　　　　　　　　　　93

海津ゆりえ（かいづ　ゆりえ）　　　　　　　　　23, 25, 26, 27, 28, 54,
　文教大学国際学部教授　　　　　　　　　　　　55, 56, 70, 73, 77, 99
　専攻：地域計画，エコツーリズム，
　　サステナブルツーリズム

葛野　浩昭（くずの　ひろあき）　　　　　　　　4, 8, 35, 37, 60, 61,
　立教大学観光学部教授　　　　　　　　　　　　62, 63, 66, 74, 80, 81,
　専攻：文化人類学，先住民研究　　　　　　　　100

小林　天心（こばやし　てんしん）　　　　　　　15, 16, 17, 31, 71, 83,
　元・観光進化研究所代表　　　　　　　　　　　91, 92, 94, 95, 96, 97,
　専攻：国際観光論，ツーリズムプランニング，　98
　　旅行業経営論

中西　裕二（なかにし　ゆうじ）　　　　　　　　5, 21, 24, 30, 34, 39,
　日本女子大学人間社会学部教授　　　　　　　　59, 64, 85, 86, 87, 89
　専攻：民俗学，文化人類学

※山下　晋司（やました　しんじ）　　　　　　　1, 2, 3, 11, 12, 18, 29,
　東京大学名誉教授　　　　　　　　　　　　　　38, 40, 65, 78, 79
　専攻：文化人類学，観光人類学，
　　グローバル化と人の移動

山村　高淑（やまむら　たかよし）　　　　　　　19, 20, 22, 41, 57, 58,
　北海道大学観光学高等研究センター教授　　　　68, 69, 76, 84, 88, 90
　専攻：観光開発論，文化資源デザイン論

第1章

観光学の構図

観光研究への視角

インドネシア・バリの観光客

1 観光学を学ぶ人のために——学際領域としての観光研究

❖ 総合的領域としての観光

観光は,観光客にとっては余暇活動,観光客を受け入れる社会にとっては経済効果という観点から見られることが多い。しかし,観光は,国の政策がからんでいるという意味では政治的であり,観光客とホスト社会の交流という点では社会的であり,文化が観光資源になるという点では文化的でもある。さらに,観光には,運輸といったハードな技術からホスピタリティなどソフトなサービスに至るまでの産業がかかわっている。これらを総合した現象が観光なのである(⇒巻末1)。

したがって,観光研究は,学際的領域として,経済学,経営学,地理学,社会学,人類学などさまざまな専門領域からのアプローチが可能である。事実,従来の専門領域の中には,観光経済学,観光経営学,観光地理学,観光社会学,観光人類学などの下位分野が形成されてきた。

❖ 観光学の制度化

これらの諸研究を統合して「観光学」という専門領域が成り立つかといえば,事態はそれほど単純ではない。専門領域と見なされるには,次の3つが満たされなければならないといわれる。①教授職など大学等における学としての存在感,②学科や学会などの存在,③学会誌や書籍など学術出版活動である。この点から見ると,大学などで観光関連学科は設立されてきており,*Annals of Tourism Research* や *Journal of Hospitality and Tourism Research* などの国際的な学術雑誌が作られ,International Academy for the Study of Tourism のような国際学会も組織されている。

日本では,立教大学が1967年に観光学科を初めて設置し(1998年には観光学部として独立),2003年の小泉純一郎首相(当時)の観光立国宣言以後は,さかんに観光学科が設立されるようになった。2009年までに観光関連学科・大学院を持つ大学は全国で39を数える(⇒巻末17)。学会も日本観光学会,日本観光研究学会,総合観光学会などがある。

このように,観光研究の制度化は確かに進みつつある。しかし,観光の

定義は必ずしも確立しておらず，観光という領域の境界は時代とともに変化する（⇒2, 3）。そうした中で，観光研究は1つの専門領域をなしているというより学際的な領域であり，むしろその方が生産的でさえある（Tribe 1997）。それゆえ，本書における「観光学」とは，固有の専門領域というよりツーリズムスタディーズ（tourism studies）つまり観光をめぐる学際的研究領域のことであると捉えておこう。

❖ 観光学の分野 —— 本書の構成

本書では，観光学の多様な研究分野を8つの章に分けて，問題点を見ていく。第1章「観光学の構図」では，観光とは何かと問いながら，観光研究の視角について検討し，観光学の可能性を探る。第2章「観光を支える制度」では，観光政策から世界遺産，さらにナショナルトラストや環境負担金など観光基盤を支える制度について述べる。第3章「観光を仕掛ける装置」では，鉄道や空港などハードな運輸技術から，リゾート，温泉，テーマパーク，さらにメディアの役割などを考える。第4章「ツーリズムビジネス」では，観光産業の市場構造，観光財・サービスの需要と供給など観光の経済学を概観する。第5章「さまざまな観光実践」では，マスツーリズムからエコツーリズム，ヘリテージツーリズム，ロングステイなど今日の多様な観光実践の展開を見る。第6章「観光開発と地域社会」では，ホストとゲスト，観光開発，観光と地域のアイデンティティなど，観光開発が地域社会に及ぼす影響について検討する。第7章「資源化される文化」では，文化の商品化，ツーリストアート，民俗芸能など観光と文化の関係を扱う。第8章「観光実務」では，旅行業，ツーリズムマーケティング，観光商品の作り方などツーリズムというビジネスにおける観光実務の問題点を見る。

❖ 観光学の目的

観光という窓から見えてくるのは，「人の移動」に伴う社会や文化のダイナミズムである。一言でいえば，観光学が目的とするのは，このダイナミズムの解明である。観光は，するだけではなく，考えるためにもあるのだ（Scott and Selwyn 2010）。本書はそのためにさまざまな切り口を提供するものである。

(山下)

2 観光というテーマ──グローバル化の中で

❖観光という現象

　観光（tourism）という現象は，19世紀前半の西欧の交通技術の刷新と社会変化，とりわけ鉄道という新しい移動のテクノロジーとともに誕生した（→4）。かつての旅（travel）がしばしば苦痛を伴うものだったのに対し，観光は楽しみを目的とするという点で新しいものであった。日本でも1927年に柳田國男が「楽しみのために旅行するようになったのはまったく新文化のおかげである」と述べている（柳田 1976）。

　楽しみのための旅行は，交通技術のさらなる発展や20世紀後半のライフスタイルの変化とともにさらに大きな発展を見た。すなわち，欧米では，労働時間が減少し，有給休暇が長期化する中で，余暇や遊びの中に生きがいを見出す人々が出現するようになったのである。D.マッカネルの名著『観光客（*The Tourist*)』の副題は「有閑階級の新しい理論」である（MacCannell 1976）。

　日本でも，総務省が行っている「国民生活に関する世論調査」によると，1983年以降は「レジャー・余暇生活」が「住生活」を抜いて今後の生活の力点のトップにきている（→巻末8）。そうした中で，観光という余暇利用の形態がますます大衆化してきているのだ。

❖観光という産業

　世界観光機構（UNWTO）によると，国際旅行到着数（international arrivals）は，1950年には2500万人だったが，2010年には10億人，2020年には約16億人に達すると予測されている（→巻末5）。観光というシステムは，移動の技術からサービス，エンターテインメントに至るまで膨大な産業の連関の上に成り立っている。世界旅行ツーリズム協議会（WTTC）によると，観光産業は2010年（予測値）の世界経済の9.2%，雇用の8.1%を占めている（→巻末2）。こうした中で，観光は今日巨大な社会現象となっており，脱工業化時代の主要産業としての観光に対する関心も世界的に高まっている。

日本では，2007年には観光立国推進基本法（⇒16）が制定され，2008年には観光庁が発足した。基本法では，「観光は，国際平和と国民生活の安定を象徴するもの」とうたわれ，2010年6月，菅直人首相は施政方針演説の中で，新成長戦略に触れ，重点領域として，①環境（グリーンイノベーション），②医療介護健康（ライフイノベーション），③アジア経済戦略に続けて，④観光立国・地域活性化をあげた。観光庁は，特にインバウンド（訪日）観光に力を入れ，「訪日外国人3000万人へのロードマップ」として2019年までに2500万人の外国人観光客を受け入れるという目標を掲げている（⇒17）。

❖ **観光の21世紀──変容する観光**

　観光は進化する。1970年代以降，マスツーリズムやコマーシャリズムの弊害，観光開発が地域社会や自然環境に与える悪影響が問題化して，「もう1つの観光（オルタナティブツーリズム）」（⇒54）や「持続可能な観光」（⇒25）が議論されるようになった。特に環境問題に対する関心の高まりの中でエコツーリズム（⇒25, 55）やグリーンツーリズム（⇒56）などが新しい観光として注目されている。

　他方，観光客のあり方も変化し，団体パック旅行型の観光から自由個人型の観光へ，せわしない旅からのんびりとくつろぎ，心身を癒す旅を志向するようになってきている。この「癒し」をキーワードとした観光は今後，高齢化社会の進展とともに，ロングステイ（⇒65）やヘルスツーリズム（⇒61）として展開されていくだろう。

　スウェーデンの人類学者U.ハナーツが指摘しているように，労働のグローバリゼーションというものがあるとすれば，余暇のグローバリゼーションもあるだろう（Hannerz 1998）。この点で，観光は余暇のグローバリゼーションの大きな部分を担っている。同時に，観光は，ドイツの社会学者U.ベックらのいう「再帰的近代化」への重要な切り口ともなり得る（ベック・ギデンズ・ラッシュ 1997）。エコツーリズム，ヘリテージツーリズム（⇒58）などは近代化の帰結を是正しようとする試みであり，その意味において「再帰的観光（reflexive tourism）」といってもよいものである（Yamashita 2010）。

　　　　　　　　　　　　　　　　　　　　　　　　　　　　　（山下）

3 観光の定義——観光とは何か

❖観光とは何か

世界観光機構（UNWTO）によると，観光とは「1年を超えない期間で余暇やビジネス等を目的として，居住地以外の場所を訪れ滞在すること」と定義されている。しかし，「1年を超えない」という滞在期間に特別の意味があるわけではない。日本やアメリカの「観光ビザ」（査証免除）は90日である。また，上の定義では短期のビジネス旅行も観光の範囲内に入れられており，ワーキングホリデー（⇒63）のように仕事なのか休暇なのか曖昧なジャンルもある。さらに，ロングステイ（⇒65）のようにツーリズムなのか，移住なのか曖昧な観光商品も現れている。

観光とは何かという点については，実は研究者の間でも実務者の間でも合意がなく，合意ができる状況にもない。C. ロジェクと J. アーリはそもそも観光という1つの領域があるのかと問い，観光とは脱構築（deconstruct）されるのを待っている概念であるとさえ述べている（Rojek and Urry 1997: 1）。観光は総合的な現象であるために（⇒1），観光を定義することは意外と難しく，また観光として考えられる領域も時代とともに変化するのだ。

❖聖なる旅

たとえ観光のある側面しか定義できないとしても，観光とは何かを定義しておくことは，観光を研究するためには有益であろう。人類学者のV. L. スミスは，観光客を次のように定義している。「非日常（変化）を体験することを目的として，自宅からはるか離れた土地を訪れる，一時的な有閑者」（Smith eds. 1989: 1）。ここでは，日常（仕事）の時間と非日常の時間（余暇）が対置され，観光客は仕事から解放され，余暇の時間に身をゆだね，リフレッシュし，再び労働の時間に戻っていくという観光の時間構造がある（山下 1999: 26-28）。

この構造は，儀礼の構造，つまり日常的・世俗的な時間を停止させ，非日常的・聖なる時間を作り出すという構造に極めて類似しており，N. グ

レーバーンは観光を現代における儀礼と捉え,「聖なる旅」としての観光を論じた（Graburn 1977）。事実,ヨーロッパにおける観光の原型である巡礼（⇒5）は儀礼的な旅行にほかならず,日本においても観光は中世の「熊野詣で」や江戸時代の「お伊勢参り」をはじめとする巡礼という枠組みにおいて形成されてきた。

❖ **儀礼としての観光**

こうして,ある意味で観光は現代における儀礼の位置を占めることになる。旅立ちには「別れは小さな死」という感覚がつきまとい,送別会が行われ,別れを悲しんで涙を流すことさえある。旅行中は,束の間ではあれ,日常生活から解放され,V. W. ターナーのいうリミナルな,つまり非日常的な「境界の時間」がここに出現する（ターナー 1996）。そこでは,通常の規範が作用せず,「旅の恥はかきすて」的な行動をとったりする。

通過儀礼を経ることによって地位や状態の変化がもたらされるように,こうした観光のプロセスの中で,旅行者が求めるのは「変化の経験」である。いつもとは違う経験,それが観光のエッセンスを構成する。それは見るもの,聞くもの,食べるものとさまざまな次元にわたるが,それによって異文化を体験する。その結果,かつての自分とは違う自分が見えてくれば,その旅行は成功である。人は旅行によって「リフレッシュする」,つまり旅行によって新たな存在として生まれ変わるわけだ。

❖ **ポストモダンツーリズム**

近代の観光は,仕事と余暇という近代の基本的な対立の中で,しばしばレクレーションというカテゴリーとの関連で定義される総合的な現象である。しかし今日,仕事と余暇,レクレーションとの境界は曖昧なものになりつつある。先述のように,ワーキングホリデー,ロングステイ,留学などは「聖なる旅」のモデルでは説明できない。そこでは,日常と非日常,観光と移住の区別は曖昧となり,旅することと住むことは必ずしも対立していないのである。

このように観光は,時代とともに進化する。そうした中で,ポストツーリズム（Feifer 1985）やポストモダンツーリストなど新しい観光の定義が必要になるだろう。

（山下）

4 観光の誕生──労働とは対照的な価値の創造

❖ **近代観光旅行 ── 賃金労働と対となった観光旅行**

　東アフリカに誕生した人類が地球上の各地へと拡散したグレートジャーニー，牧畜民の遊牧や各種の商人たちの交易，世界各地で行われてきた宗教的巡礼（⇒5）やイギリス貴族の子弟がヨーロッパ各地を歴訪したグランドツーリズムなど，人類は太古の昔から多様で豊かな旅の歴史を持っている。しかし，狭義の観光旅行は，あくまでも近代的産業社会の産物としての特徴が強い。人々が広く観光旅行へと出かけるようになるには，まずはカネとヒマとの間の特別な関係が必要であった。

　カネとは，18世紀の産業革命以降，工場労働などの対価として支払われる賃金のことを指す。このカネを，労働から解放された自由な時間であるはずのヒマに使うこと，それも単なるヒマ（ヒマ潰しや疲れの回復）としてではなくて，労働とは異質で，労働の対極へと積極的に意味づけられたものとして使うこと，それがレジャーの思想である。

❖ **鉄道・旅行社・メディアと国家・市場経済**

　近代観光旅行の誕生を推し進めたものに，鉄道や蒸気船の普及がある（⇒29）。鉄道は本来，労働者の旅行のために作られたものではないが，カネさえ払えば誰もが高速かつ安価で長距離を移動することができるようになった。それを利用して1841年に特別列車運行を仕立て，禁酒大会への行楽旅行をパッケージ旅行化したのがT.クックであった。クックはその後，51年のロンドン万国博覧会への団体観光旅行やヨーロッパ1周旅行，アメリカ旅行を催行した。そこではガイドブックの存在が集客に威力を発揮し，後に好評を博するガイドの添乗も含めて，旅行社はメディアとしての性格も強く帯びてゆく（⇒39）。このように近代観光旅行の誕生と発展は，鉄道・旅行社・メディアの複合体によって支えられた（ブレンドン 1995）。

　労働者が観光というレジャーで支払うカネは，これら鉄道や旅行社，メディアへと回収されてゆき，そこでもまた労働の対価に用いられる。労働とレジャーとは実はカネが増幅しながら還流する1つのシステムであって，

決して別ものではない。労働とレジャーという対比的構図を利用してカネを滞留することなく回すこと，つまりはヒマをもカネの経済へと組み込むこと（ヒマをも支配すること）が近代産業社会・市場経済からの要請であり，また近代国家の殖産興業政策であろう。ヨーロッパにおいてはソーシャルツーリズム（低賃金の労働者に団体旅行を提供する社会的政策や活動）がマスツーリズムの拡大に寄与したとされるが，これとて社会福祉の顔ばかりではなく，産業社会・市場経済からの要請に合致するものであった。

❖ 近代的観光旅行観——楽しいだけではなく，倫理的という思想

クックのパッケージ旅行は禁酒運動のための行楽として始められた。その成功はクック個人の思想的特性にとどまらず，旅行が人間にとって倫理的なものであるという思想の誕生が与(あずか)っていたと考えるべきだろう。

観光の起源を巡礼やグランドツーリズムに求め，そこに精神的啓発や人間としての成長を見ようとする研究者も少なくない。そして実際に私たちの身の回りでも，「かわいい子には旅をさせよ（旅は人を成長させる）」から「海外旅行は異文化への関心を深め，人々の交流を広げて，世界平和の構築に貢献する」まで，耳に心地よい言葉ばかりが繰り返し強調されている。つまり観光旅行については，ただそれが労働から解放されたところで享受される休息や楽しみであるだけでなく，人間の精神にとって有意義な働きがあるという説得が必要とされるのである。

観光については歴史観光，エスニックツーリズム，レクレーション観光，狩猟採集観光，エコツーリズムなどさまざまな類型化の試みがなされ，かつ，これらの観光が展開してきた経緯の中に観光旅行の精神史を読もうとする試みもなされている（Graburn 1989）。そして，これら観光旅行の諸類型にほぼ共通して認められるのは，工場・事務所での労働や都市での生活では得ることのできない異質なものを見つめるという思想「観光のまなざし」（→6）である（アーリ 1995）。

従来のマスツーリズムの弊害が深刻に議論されながらも，次々と新たなオルタナティブツーリズムが語られる現代社会においては，観光旅行に人生の深い意義を見出そうとする思想が確実に強まっている。それこそが現代観光が孕(はら)む可能性と課題の根源であると考えるべきだろう。（葛野）

5 巡礼——観光の起源

❖観光行動の原初形態としての巡礼

　世界の宗教は，地域や文化を横断して信仰される普遍宗教（キリスト教，仏教，イスラム教など）と，ある特定の地域や文化圏においてのみ宗教的意味をもつ民俗宗教に大別されるが，双方に見られる宗教的行動に巡礼がある。巡礼とは，聖地と考えられている場，宗教施設を訪れる宗教的実践だが，イスラム教のように，巡礼が信者の義務とされる宗教もある。

　巡礼地とされる場所は，信者の居住地から遠く離れた場所であることが多い。したがって，宗教の形態にかかわらず，ほぼ普遍的に巡礼は旅を伴い，旅行の起源となるし，旅に関する語彙の語源のいくつかは宗教と深くかかわっている。英語の例でいえば，travel（旅）は「苦難，苦痛」を表すラテン語に由来し，これは旅自体が宗教的な行であったことを示している。また，観光マーケティングで頻繁に出てくるホスピタリティ（hospitality）という語は，キリスト教における巡礼者への接待を語源とする。日本でも接待とは仏教における修行者，巡礼者への布施を意味する。観光（tour）の語源が turn やギリシャ語の tornos（旋盤，ろくろ）であること，つまり出発地に戻ることを前提とする点と比較すると，旅（travel）は出発地（あるいは世俗）への帰還を前提としない行為だったといえる。

❖巡礼の経済効果

　鉄道（→29）や航空機（→31）の出現，グローバル化の進展により，現在は宗教的な巡礼も観光（tourism）を構成する一部となりつつあるが，その経済効果はいまだに大きい。イスラム教徒にとって最も重要な宗教的行為の1つが，イスラム暦12月に行われる，サウジアラビアのマッカ（メッカ）への巡礼である。サウジアラビア政府は海外からの巡礼者数に制限を設けているが（約130万人），同国内の巡礼者数と合わせると200万人を超える巡礼者がマッカへと移動し，その経済効果は300億ドルにものぼる。日本においても，2009年の4～5月の約2カ月間にわたり行われた，長野市の善光寺のご開帳（7年に1回行われる）には，過去最高の673万人が訪

れた。2009年度の北海道小樽市の観光入込客数，687万人と比較したら，善光寺ご開帳の持つ経済的意味が十分理解できるだろう。

❖ 巡礼と儀礼モデル

　巡礼はまた，観光研究の理論的枠組みにも影響を与えた。文化人類学者のV. W. ターナーが展開した儀礼論はよく知られている（ターナー　1996）。

　ターナーはA. ファン・ヘネップが展開した通過儀礼のモデルを発展させ，独自の儀礼論を展開した。ヘネップはイニシエーション（成人式），結婚式，葬儀など，人生の移行期の儀礼には「日常からの分離」「移行」「日常への統合」の3つの側面が見られ，この「通過儀礼」を経て人は儀礼前とは異なる社会的地位へと進む点を指摘した。ターナーは，ヘネップの通過儀礼モデルが儀礼一般に適合する点を指摘しつつ，「移行」の段階，つまり境界的な領域で見られる儀礼的特徴，たとえば日常的な価値や規範の逆転・逸脱，社会的な差異の消滅，などに注目した。彼はこのような特徴をリミナリティと，またそこで見られる社会的な差異の消滅，それに伴う心的一体感を持つ状態をコミュニタスと概念化し，コミュニタス的状況を作る仕掛けとして巡礼を取り上げた。

　ターナーの理論的影響は，1980年代以降の歴史学（社会史研究）において顕著であるが，観光学にも強い影響を及ぼしている。観光という行動自体が，この儀礼モデルに非常に適合的だからである。

❖ 隠喩としての巡礼

　巡礼という語はそもそも宗教的な意味を帯びているが，現在の日本では，この言葉は極めて世俗的な用いられ方もする。たとえば鉄道ファン，アニメファン，ある歌手のファンなどにとって，特別な意味を持つ場所がしばしば「聖地」とされる（→90）。確かに宗教的聖地は，その信者以外にとっては何の意味もなさない。その宗教を信じる者のみに意味を持つ。マニア，あるいはオタクと呼ばれる人々の志向性，行動も同じといえるだろう。そのような人々の行動を，聖地，巡礼という用語で表現することは，世俗化された現代の大衆社会の日常も決して画一的ではなく，人々が多様な生活世界を生きていることの表れといえる。観光行動とは，このような「意味」の世界と深く関係するのである。

（中西）

6 観光のまなざし──観光における他者と自己

❖ **観光における「まなざし」の誕生**

「観光のまなざし」という言葉が定着したのは、J. アーリの同名の著書によっている (Urry 1990)。アーリは M. フーコーの「まなざし」という概念を援用し、近代観光の成立と特徴を明らかにしていく。フーコーによれば「まなざし」とは「見る」「見られる」という関係が権力構造の下に制度化され、見られる側の行動が規範に順応していく状態を指す。近代観光以前、観光は観光者の一方的な「まなざし」の中に置かれることはなかった。巡礼は沿道の人々の慈善に支えられて旅を続け、グランドツアーに出発するイギリス貴族の子弟は、大陸ヨーロッパの優れた文物、思想に触れることが期待されその機会が用意された。そこにあるのは商取引を超えた互酬的関係である。しかし近代観光は商業的交換過程に置かれ売買されるものに転化する。この結果、観光の対象とされる人々、文化などさまざまなものが、観光者の一方的な視線によって再編成されていくことになる。

観光における「まなざし」の特徴として、日常-非日常に代表される世界の二項対立的理解があげられる。たとえば観光の対象とされる地域の人々は日常性の中で生活している。他方、観光者の「まなざし」は地域の人々の日常性に非日常的な意味を付与し、差異の体系として観光の中に位置づける。地域の人々は、一方的に「見られる」存在として、観光者の「まなざし」の下に置かれることになる。もう1つの大きな特徴は、「見る」ことに象徴される視覚の優位である。観光における「まなざし」とは、観光対象を可視的客体として位置づける行為であり、「見る」ことを通して対象を意味づけし、観光が記号の消費体系を構成する背景となっている。さらに写真、ガイドブックなど近代の産物は、あらかじめ観光者に記号の解釈を伝え、「まなざし」の機能を強化していった。

❖ **分析概念としての「まなざし」の有効性**

アーリが提示した「まなざし」という視点は、近代に成立し依然大きな影響力を持つ大衆観光の様相を、全体として概観するための極めて有効な

概念であった。大衆観光の特徴である他の感覚に対する視覚の優越,記号的な消費などを整合的に説明することができる。しかし大衆観光がもたらす個別状況,たとえば観光化に伴うホスト社会の文化変容などの具体的な状況を明らかにする分析力があるとはいいがたい。これは「まなざし」という概念が,いわゆる「大きな」認識枠組みとして巨視的な理解には寄与するものの,観光が生み出す個別状況が生起するメカニズムを明らかにすることには適していないという,分析概念としての性格を反映している。

　またアーリがいう「まなざし」がフーコーほどの厳密さに欠けることも,分析上の限界の1つであろう。フーコーの論点のうち,最も重要な部分は,他者を「見る」ことが他者に対する権力関係を作り出す点である。この点,観光においても観光者の「まなざし」が権力として機能するプロセスの分析は不可欠である。しかし他に比べ,この部分の説明は曖昧なままに残されているように思われる。アーリの「まなざし」論は多くの観光研究で参照されているものの,それに依拠した発展的研究は少ない。

❖「まなざし」を超える観光

　いわゆるポストモダン状況の下,日常−非日常などの二項対立的構造は境界が次第に曖昧になり,成立しがたくなってきている。これを背景に近代観光が作り出した記号解釈の体系も揺らいでいる。また視覚優位の記号的消費といわれた観光消費も,記号を経由しない感覚的な部分が拡大し,視覚以外の感覚の役割も増大している。さらに一方的に「見られる」存在であった地域の人々の中には,自らの存在を観光者に対して主張する例も見られる。主客間の相互的な関係が生まれ,一部の観光地では,いわば「まなざし」の交換ともいうべき事態が生じている。次第に観光における一方的な「まなざし」を支えてきた社会条件は後退しつつあるといえよう。

　しかし趨勢から見れば変質しながらも大衆観光は依然として観光の大きな部分を占めている。またオルタナティブツーリズムも観光を資本主義的交換過程に置くという点で大衆観光と何ら変わりがない。記号的消費も様相を変えながら現在でも観光を動かす基本原理の1つとして大きな役割を果たしている。こうした現状を考えれば,「まなざし」概念は観光を理解する枠組みの1つとして,現在でも有効性を失っていない。　　　　（稲垣）

7　場所の成立──観光空間の固有性をめぐって

❖ 場所に対する欲求

　観光は基本的に旅行先に対する強い興味に支えられた余暇行動である。旅先に関する興味には，そこで出会う他者に対する興味も含まれている。しかしより広義には，そこで暮らす人々と，それを取り巻く環境との相互作用によって生じる人文的な景観が，観光行動を引き起こす大きな誘因であると見なすことができよう。固有の空間に対する強い興味が，そこに行きたいという欲求を生み，移動を伴うレジャーとしての観光を成立させる。この視点からすれば，観光とは固有の空間を対象とした消費行動だと見なしてもよい（Urry 1995）。

　私たちは歴史的に，歌枕などのかたちで空間に固有性を付与し，イメージの世界でそれを消費するという伝統を持っていた。近年の移動手段の発達は，イメージの世界における消費を現実の場面に置き換え，観光というかたちで現実化することを可能にしたともいえよう。

❖ 関係性が作り出す固有の空間

　固有の空間とはどのような空間を指すのであろう。現象学的地理学で用いられる「場所」という概念は，観光者が求める固有の空間と極めて近似した性格を持っている（Tuan 1977）。場所とは経験によって意味づけられた空間であり，他とは明確に区別される取り替えのきかない固有性を持つ空間である。かつて私たちは，生活空間との間に強い関係を持ちながら暮らしてきた。農業生産性の高い盆地，南斜面，動物が集まり獲物を得ることが容易なところ，水を得られるところなど，生存に不可欠な空間は他の空間と区別され，特別の意味を付与されていた。人間にとって空間は一様でなく，場所として意味に満ちていたということができよう。

　しかし工業化の進展に伴って，生存の基盤が自然環境から離れ始め，技術的に均質な空間を作り出すことが可能になる。都市化が進むと多くの人口が効率的に居住するために，空間の固有性よりは均質性，合理性を追求せざるをえない。このためいわゆる没場所性といわれる状況が生じる。

E.レルフによれば、没場所性とは空間自体が他と区別できない状態、あるいは人々が自らを取り巻く空間との間にアイデンティティを感じられない状態を意味する。没場所とはいわば固有性を持たない取り替えのきく空間であり、疎外を引き起こしやすい空間ということができる（Relph 1976）。

❖ 現代観光と「場所」

 1980年代には萩、津和野、角館などの自然環境と一体化した古い町並みを残す地方都市が注目され、いわゆる小京都ブームが起こった。この時代には都市化が地方まで波及し、農村景観も画一化が進んでいった。いわば没場所化が全国規模で進展した時代に当たる。没場所化の拡大に対して、反語的に場所性を求める傾向が、小京都ブームの背景にあったことは否定できない。ただし観光において常に場所性が求められるわけではない。大衆観光の初期には、むしろアメニティ水準の向上が関心事であり、均質な空間が求められた。空調を完備したビル形式の大規模旅館などはこの典型であろう。また大衆観光を特徴づける万国博覧会などの大規模イベント、テーマパークも、生活の必然性に基づくものではなく、レジャーのために作られた空間であり、前述のレルフのいう没場所性の典型である（→36）。

 しかし大衆観光の進展、特にオルタナティブツーリズムの登場に伴って、固有性を持つ「場所」は観光において重要になりつつある。これは観光対象にオーセンティシティを求める傾向と呼応した流れといえよう。またグローバル化の反動としてのローカリズムの勃興も場所性を後押ししている。

 現代観光における場所性への希求は、日常生活を取り巻く空間が没場所化していくことに対する反動として捉えることができる。より掘り下げて考えれば、場所性とは空間自体の固有性ではなく、特定の空間とそこにかかわる人々が作り出す固有で強固な関係である。この固有の関係こそが空間との安定的な関係を作り出し空間へのアイデンティティを生み出す。都市化が空間のアイデンティティの欠如を生み、空間とそこに暮らす人々の関係を希薄にするにつれ、人々とそれを取り巻く空間が密接に関係した「場所」に対する観光的ニーズは高まっていく。観光における場所の消費は、空間の消費であるとともに、空間と人々が作り出す関係の消費でもある。

（稲垣）

8　観光の条件——平和と経済の安定

❖ 観光を阻害する病気，戦争，不景気

　日本人の海外旅行者数は，1964年に海外渡航が自由化されて以来確実に増加し，1990年に1000万人，95年には1500万人を超えた。しかし，その後の15年間は完全に停滞している（観光庁 2010a）。

　2001年には同時多発テロが起こり，旅行者数は前年より160万人減った。2003年にはSARS（重症急性呼吸器症候群）が流行して322万人も減った。2008年にはリーマン・ショックと金融危機の影響で131万人減り，翌09年も新型インフルエンザの流行でさらに54万人減っている。

　観光はレジャーである。業務上の渡航とは違って，その欲求は脆く，紛争やテロ，病気の流行はもちろん，経済の不景気でも簡単に後退してしまう。「海外観光旅行は世界の人々の交流を促進し，平和構築に寄与する」と唱える向きもあるが，話はむしろ逆で，観光は広義の平和や経済の安定を前提とし，それに依存している（→巻末7）。

　また，観光現象は学術研究の主たる対象にはなってこなかったため，そもそも統計資料自体が未整備である。日本人の海外旅行者数とは海外渡航者の総数であって，海外観光旅行者数はその一部であるが，海外観光旅行者の実数は公表されていないばかりか，十分な調査もなされていない。外国人入国者の入国目的は調査されており，『出入国管理白書』（法務省 2009）によれば，2008年の訪日外国人旅行者数は835万人，そのうちの観光旅行者は531万人（64%）である。グローバル化時代にあって業務で海外へ出かける日本人が15年間も一貫して減少を続けているはずはないから，1990年代半ばから日本人の海外旅行者数が停滞していることは，海外観光旅行者数が大きく減少していることを示唆していると考えるべきだろう。

❖ 観光旅行の不振の背景

　国内旅行も長い停滞期にある。国民1人当たりの年間宿泊旅行回数と宿泊数は1990年をピークに漸減しており，観光庁は『観光白書 平成22年版』において，不振の背景を考えるために日本・フランス・韓国の状況を

比べている。2009年の年間宿泊旅行回数は日本1.78回，フランス2.51回，韓国2.72回で，1回当たりの宿泊数は日本2.93泊，フランス10.42泊，韓国2.99泊である。各国の年次有給休暇の取得状況は，日本8.27日，フランス34.95日，

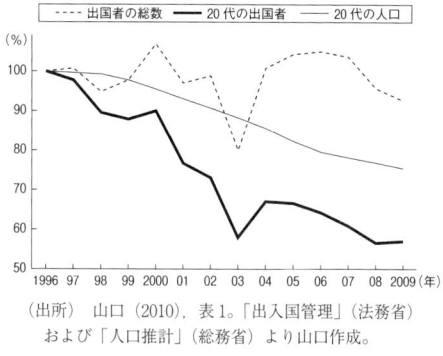

日本の出国者と20代人口の推移（96年を基準100とした場合）

（出所）　山口（2010），表1。『出入国管理』（法務省）および「人口推計」（総務省）より山口作成。

韓国8.93日で，休暇が取りにくい日本社会の特徴が観光旅行の不振につながっている可能性が高い（観光庁 2010a）。

　ただし，休暇制度とは別に，そもそも日本人の間では観光旅行への関心・欲求がさほど強くはないことを示唆するデータもある。観光庁によるアンケート調査によれば，「生活における旅行の位置づけ」に関する意識は，「生活をしていくにあたってなくてはならないもの」が韓国61％，フランス37％，日本31％，「余裕があるときに趣味として行うもの」が日本72％，フランス57％，韓国53％となっている（観光庁 2010a）。

❖「観光の時代」の終わり？——若者たちの観光離れ

　山口誠も指摘するように，とくに20代の海外旅行者数が1996年以降一貫して急速に減少しており，現状は1996年当時の半分近くまで落ち込んでいる。この長期にわたる激しい減少は，一時的な景気低迷や就職難，少子化などからは説明し切れない（山口 2010）。

　観光，とくにマスツーリズムは「すでに知っているもの（の断片）を自分の目で確認する，つまみ食いの楽しみ」だともいわれるが，現在の旅行商品の多くは，薄利多売を追求する中，ますますその傾向を強めている。しかし，若者たちは人生や社会について年配者以上に生真面目であり，倫理的でもある。「そこへ行くだけ，それを観るだけ，それを食べるだけ。みんなが同じことをしているだけ。それで本当に『私の』人生経験になるの？」と問われるような商品ではなく，実存的な意味で魅力的な商品を創り出さないかぎり，新たな「観光の時代」は拓かないだろう。　　（葛野）

9 観光動機——人はなぜ「観光する」のか

❖ 旅への思いから観光へ

　人がなぜ観光に出かけるのかを説明することは難しい。観光への動機が不明瞭な背景として，観光が個人の主観に大きくかかわり，同時に情緒的であるという点が指摘できる。もちろん哲学的，文学的に旅への思いを語ることは可能である。しかし個人的主観から社会的現象としての観光の発生メカニズムを説明するためには，大きな論理的ギャップを乗り越えなければならない。他方主観の議論を回避し，分析を行動面に限定しても，観光のメカニズムを説明することは難しい。観光を簡単に規定すれば「楽しみのための旅行」と考えることができる。しかし実際の観光は，特定の目的地を目指す移動行動として生起する。観光の生成メカニズムを明らかにするには，この特定化がどのように生じるかという説明が不可欠である。

❖ 観光意欲は本源的か

　初期の観光研究では，観光の構造を観光主体，観光対象，観光媒介という3つの要素からなる構造として捉え，観光主体つまり潜在的な観光者の観光意欲が観光対象に向かうとき観光現象が生じると説明した。観光対象とは観光行動の目的となる観光地，資源であり，観光媒介は観光行動を可能にする交通手段などの観光産業である（稲垣 1981）。この説明は本来すべて潜在的であるはずの構造を，当初から観光に方向づけるという大きな問題点を持っている。特に問題なのは楽しみを求めて特定の目的地に旅行するという観光意欲を，人間に本来備わっている欲求と見なす点であろう。

　観光は社会的欲求であり，何らかの社会的状況下で生じると考える方が自然である。この点，A. H. マズローの欲求段階説を用いた説明は一定の説得力を持つ。マズローの欲求段階説とは人間が持つ欲求は階層化されており，生存の欲求から自己実現に至る段階的欲求が順次生じてくるという考え方である（Maslow 1954）。この考え方から観光の動機づけを見れば，本来潜在的観光者が持っているのは，安全への欲求，社会的承認への欲求など，観光には方向づけられていない漠然とした欲求にしかすぎない。し

かし観光産業などからの働きかけによって，漠然とした欲求を特定の観光行動で充足することが可能であるという論理的な道筋が構成され，特定の目的地に対する観光行動への動機づけがなされるという理解が成立する。

おかげ参りなどを見ても，社会的不安感を減少させる手段として，日常生活圏からの脱出，いわゆる旅が大きな役割を果たすことは明らかである。漠然とした心的高まりに適当な回路さえ与えられれば，特定の目的地に向かう観光行動は生起しうる。本土が梅雨の頃になると，各航空会社の沖縄キャンペーンが始まる。梅雨のうっとうしさに対して，沖縄は対照的な青い空，青い海の清々しい宣伝の映像として映し出される。漠とした不快さの解決は，沖縄旅行という消費行為によって充足されるという回路が形成され，沖縄という特定の目的に対する観光上の動機づけがなされる。

❖ メディアの影響力

マズローの欲求段階説を観光の動機づけに適用するとき，生存に対する欲求など下位の欲求ばかりでなく，社会的所属，社会的承認などの欲求から団体旅行などの存在も統一的に説明できることは大きな利点である。ことに重要なのは，かつて観光媒介といわれた観光産業が，移動や宿泊など観光行動の道具としてばかりではなく，独立の主体として観光需要の創出に主導的な役割を果たしているという理解である。

ただし欲求段階説の適用にも限界がある。観光の進展とともに観光者の社会的欲求は次第に高度化・複雑化しており，欲求が高次になればなるほど欲求と観光への動機づけの関係が曖昧になっていく。都市化の進展，産業社会がストレスとなり，生存への危機感が観光産業からの働きかけで観光への動機づけになるという説明だけでは，現代観光の一部しか説明できない。たとえばエコツーリズムへのニーズは，環境意識と呼応しているが，環境意識は漠とした欲求ではなく，高度に社会化された欲求といえる。現代観光では潜在的観光者の持つ，漠とした欲求から高度に社会化された要求まで，さまざまなレベルで，観光産業やメディアの情報がピンポイントで働きかけて観光への動機づけを行う相互的構造が構成されている。特に従来からの観光産業からの働きかけに加えて，活字，電波，ネットなどさまざまなメディアの影響が拡大していることが注目されよう。　　　（稲垣）

10 観光経験——トラベラーとツーリスト,観光的リアリティと擬似イベント

❖擬似イベント化する観光経験

　観光者は観光という行為に何を求めているのだろう。歴史家D.ブーアスティンは観光者をトラベラー (traveler) とツーリスト (tourist) という2つの類型に区分した (Boorstin 1961)。彼がこの2つの観光者類型を通じて展開した大衆観光に対する批判は,かたちを変えながら,商業化した観光への批判として繰り返し語られ続けている。

　トラベラーとは何が本物かを見抜く見識を持ち,自らの旅を自分で組み立てることができる能力を持った旅行者であり,いわば旅行のエリートというべき人々である。一方ツーリストは観光産業が作り出すパッケージ化された旅行の購入者であり,あらかじめ用意された本物ではない体験を無批判に受け入れる主体性を欠く大衆として捉えられる。

　旅の困難や不確実性を乗り越えて,本物の経験を求めるトラベラーは少数派であり,観光のために作られた口当たりはよいが,真実とはいえない経験を求める大衆旅行者,ツーリストが大多数を占める。このツーリストが求める,観光者の欲望を先取りして観光産業やメディアが作り出す真実ではない一連の出来事を,ブーアスティンは擬似イベントと呼んだ。擬似イベントを求め,それで満足するツーリストの存在こそが,観光経験を希薄化し,観光を形骸化する原因だと彼は主張する。エリートと大衆,真の経験と擬似経験という理解しやすい二元論を用いた現代観光に対する批判は,高踏的な立場からの社会批評として一定の説得力を持っている。

❖オーセンティックな観光経験

　社会批評的なブーアスティンの観光観に対し,社会学者のD.マッカネルは全く異なる観光者像を提示する (MacCannell 1976)。マッカネルは観光者が観光の場で,いかに世俗化し作られた出来事に向かおうと,観光者自身は観光にリアリティを求め,彼らなりの真正な経験を求めていると主張する。しかし観光者が真正な,つまり何らかの意味で真実らしさに満ちた経験に到達することは難しい。観光におけるオーセンティシティを観光

者側の観念として考えれば，それは極めて主観的な存在であり，真正性の客観的基準を考えることは困難である。また観光のために作られた経験ではない，つまり擬似イベントではないという事実がオーセンティシティを保証するという構造を考えると，観光とかかわった瞬間に真正と考えられていた出来事がオーセンティシティを失うという矛盾を抱えることになる。

マッカネルは演出された真正性（ステージド・オーセンティシティ）という概念を用いてこうした矛盾を回避する。社会的事実がリアリティを持つためには，表面からは見えない「裏」の部分が存在するという確信が重要な役割を果たす。観光者が見ることができる表面の裏側に，隠された「裏」があり，ときとして舞台裏をのぞき見るように，隠された部分を見ることで強いリアリティが生じる。卸売市場の競りを見学するツアーが，強いリアリティを生むのはこうした事情によっている。演出された真正性におけるオーセンティシティは，観光者の内面に存在する観念ではなく，観光の送り手と受け手の相互作用の中で生じる観念といえよう。

❖ 観光的リアリティの生成

ブーアスティンが主張するように観光産業やマスメディアが観光に大きな影響力を持つことは否定できない。他方，擬似イベントを求め，それで満足する受動的な観光者像は，観光に対するエリート主義的な批判以外の何ものでもない。観光者が何らかの意味で，観光経験にリアリティを求め，オーセンティシティを求めていることも否定できない。しかし多くの場合，観光者は思い描くオーセンティシティがすでに「裏」を含めた観光対象に存在しないことに薄々気がついており，一方観光の送り手も現実を提示するだけでは，観光者のニーズに応えられないことを知っている。

この状況の下，観光の送り手は現実に何らかの演出を施して観光者に提示する。これは観光の送り手が一方的に供給する擬似イベントとは異なる。送り手と受け手の交渉プロセスの中で，双方の了解の下に，従来の真正性の概念とは異なる仮想のオーセンティシティとでも呼ぶべき事態が生み出される。現代観光におけるリアリティは，観光対象が持つ特性ではなく，観光者が観光行動を通じて生み出すものに変化し，その結果生じるリアリティは，現代観光における観光経験の大きな特徴である。　　　　（稲垣）

11　観光する主体——誰がどこを旅するのか

　グローバル化の時代においては，誰でも，どこへでも自由に旅行できるように見える。しかし，人は必ずしも自由にどこへでも旅しているわけではない。また，O. ムン（Moon 1997）が指摘するように，観光の意味も誰がどこを旅するかによって変わってくる。ここでは，日本を中心としたアジア観光を例に，観光する主体について考えてみよう（山下 2009b）。

❖ 現代日本をめぐる観光客の流れ

　日本人の渡航先として，2005年まではアメリカがトップだったが，2006年には中国がトップになり，2009年の統計では，中国へは332万人，アメリカへは292万人となっている。その主たる理由としては，日本人にとっての経済市場がアメリカから中国に移ったことによると考えられる。観光客の流れもそうした経済の変化と無縁ではないのだ。この2国以外では，韓国に305万人，香港に120万人，タイに100万人，台湾に100万人が渡航している。アジア地域への渡航は，全体の約80%を占めている。

　インバウンド（訪日観光客）について見ると，2010年には861万人の外国人が日本を訪れた。国籍別に見ると，トップ5は，韓国から244万人，中国から141万人，台湾から127万人，アメリカから73万人，香港から51万人である。ここでも70%以上がアジア地域からだ（→巻末13）。

　こうして見ると，観光客は経済的，歴史的，文化的に重要なつながりを持つ地域を中心に移動していることがわかる。日本の場合，それはアジア，特に東アジアである。

❖ 中国とマレーシアの場合

　同様なことは，中国やマレーシアについてもいえる。中国に関しては，2007年の訪中者のうち，1位は韓国からで478万人，2位は日本から398万人，3位はロシアから300万人，4位はアメリカから190万人，5位はマレーシアから106万人となっている（中国国家観光局）。ここでもアメリカを除き，近隣国からの旅行者が多数を占める。

　中国からの出国状況は，2006年の時点では，香港やマカオという中国

の特別区への「出境」が大きな割合(総出国者数の35%)を占めている(香港へ843万人,マカオへ263万人)。外国へは,多い順にシンガポールへ104万人,タイへ103万人,韓国へ89万人,そして日本へ81万人となっている。

マレーシアの場合は,2007年の国際観光客数のうち全体の半分(1049万人)はシンガポールからの訪問者である。続いてインドネシアから180万人,タイから163万人,ブルネイから117万人となっている。これにフィリピンからの34万人を加えると,ASEAN諸国からの来訪者は来訪者全体の74%を占める。

他のアジア諸国からは,中国から69万人,インドから42万人,日本から37万人,韓国から22万人,台湾から20万人,香港から9万人で,アジア諸国からの来訪者は全体の83%に達する。アジア以外では旧植民地宗主国のイギリスから28万人,オーストラリアから32万人などが目立つ。また,サウジアラビア,オマーン,クウェート,カタールなど中東のイスラム諸国からの訪問者は,10万人を超えている。

マレーシアからの出国状況は,タイへ157万人,中国へ91万人,インドネシアへ77万人,ブルネイへ67万人(2005年),シンガポールへ63万人となっている。

❖ 誰がどこを旅するのか

こうした事例を見ると,国際観光といっても,アジア域内,特に隣接諸国が重要な訪問先であることがわかる。アジアを旅行するのはアジア人なのである。グローバル化の時代といえども,人は無関係なところではなく,歴史的,経済的,文化的に関係のあるところへ旅行するのである。

さらに,同じアジアでも,日本人が中国や韓国を訪れるのと中国人や韓国人が日本を訪れるのでは,観光の意味は異なってくる(⇒17)。また,同じ日本へ来る場合でも,韓国人,台湾人,中国人では,観光の仕方は異なるし,性別(⇒12)や年齢層によっても観光のあり方は異なってくる。したがって,観光する主体は誰なのかということに注意を払う必要があるのだ。

(山下)

12　観光とジェンダー——男の旅，女の旅

❖ 男の旅から女の旅へ

　2009年の統計では，日本人の海外旅行において女性が占める割合は46.8％である（⇒巻末10）。かつて海外旅行といえば男性が主役で，特に1970年代末のアジア地域への旅行においては8〜9割は男性で，悪名高い買春ツアーが行われた（佐竹・ダアノイ 2006: 9）。しかし，1980年代以降から女性客が増加し，今日ではむしろ女性が主役という観がある。

　年齢階層別に見ると，女性の場合，20代が最も多く，30代も合わせると女性客の43.9％がこの年齢層に集中している。これは同年代の男性と比べると顕著な特徴である（⇒巻末10）。もっとも，近年では，若者が旅行する比率は減少傾向にあり，逆に50代以上の女性が占める比率は33.4％に増加している。少子高齢化に伴い，女性の旅も高齢化していると見るべきかもしれない。

❖ 女 の 旅

　島村麻里は，日本人女性の旅が，海外旅行の風景を大きく変えてきたと指摘している。「買物にせよグルメにせよ，観光旅行では従来，女性の力が強い。趣味や習い事，名作の舞台を訪ねる，といった目的で出かけるSIT（Special Interest Tour）の分野も，女性の参加に大きく支えられている。2004年に起きた"韓流"ブームでは，大量の中高年女性がロマンチックなドラマや主演俳優を目当てに国境を越えたという点で，日本女性の越境範囲が新たに拡大した」（島村 2007: 151）。重要なことは，彼女たちの海外旅行が，男性優位の職場社会で周縁化された，主にノンキャリアの女性によって担われたという点である。さらに，島村は，男の旅が会社や国家といった公的なものに縛られているのに対し，女の旅は基本的に「自己都合」だという（島村 2007: 153）。

　こうした「女の旅」というテーマに筆者が初めて出会ったのは，インドネシアのバリ島だった。バリは観光地として世界的に有名だが，日本人観光客，特に若い女性が多いこと，また，リピーターとしてバリ旅行を繰り

返すうちに，バリ人男性と結婚し，バリに移住するケースが多数あるということを知ったのだ（山下 1999: 第7章）。

❖ OL留学

さらに，OL留学と呼ばれる現象がある（山下 2009a: 36-40）。留学生の中に占める女性の比率は，1960年には26％にすぎなかった。だが，ICS国際文化教育センターによると，1988年には留学生のうち6割がまだ男性だったが，1990年に男女比は逆転し，1998年には約7割が女性であった。社会人に限れば，8割が女性だった。

では，なぜ女性の留学が増えているのか。筆者が1999年にサンフランシスコを中心に行った面接調査によれば，OL留学の引き金となっているのは，性差別や年齢差別が依然として存在する日本の職場の状況である。学校を卒業するまでは，彼女たちは男女による差別をあまり感じることなく過ごす。しかし，いったん就職すると事態は違ってくるのである。

こうして，日本の会社に不満を感じつつ，海外旅行を繰り返すうちに，とりあえず語学留学する。そしてある程度英語力がつくと，大学に進み，さらに当分変わりそうにない日本の職場に戻るよりアメリカで就職したいと彼女たちは願うのである。さらに，バリと同様，アメリカ人と結婚に至るケースもある。

❖ 越境する女性たち

いまや女性が観光の主役になる時代である。そうした中で，海外旅行，海外留学から国際結婚に至る若い日本人女性の越境は注目すべき現象である。もし近代の国民国家が男性によって創り出されたとすれば，近代国民国家を越えていく作業は，女性によって行われていくのかもしれない（山下 2009: 45-48）。女性たちの越境はそのような動きを示唆している。（山下）

日本を出る女性たち

13　観光と植民地主義——観光におけるネオコロニアリズムとポストコロニアリズム

❖ 植民地期の観光

　国際的な観光往来には特定の傾向と方向性が存在する。もちろん先進国相互，あるいは途上国から先進国への観光渡航が大きな規模であることは事実である。アメリカやフランスなどヨーロッパ諸国への観光渡航はこの典型であろう。現在でもアメリカ，ヨーロッパなど先進地域に向かう移動は国際観光往来の中で，最も高い構成比を占めている。しかし先進国から途上国への移動，いわゆる北から南への移動は先進地域を着地とする移動に比べ高い成長率を示し，全体に占める比重が増加するとともに，無視できない規模に達している。北から南への観光流動における特徴的な傾向は，イギリス人のインド旅行，フランス人のベトナム旅行など旧宗主国から旧植民地への観光渡航の相対的な大きさであろう。これはいまだに消えない植民地主義の影響をうかがわせる。

　宗主国において植民地はさまざまなかたちで大衆的な欲求の下に形象化されていった。イギリスにおけるインド趣味，植民地を撮影した組み写真（テーマごとに組み合わせた写真）や絵葉書の刊行，植民地の文物を展示する植民地博覧会などはその典型である（Morton 2000）。またインドネシアのバリ島は第一次世界大戦後，豪華客船で来訪する富裕階層のためのエキゾティックな観光地として機能しており，植民地政府もそれを後押ししたことで知られる。植民地山間部におけるヒルステーション開発も植民地主義下での観光の事例といえよう（→32）。

　しかしバリ島の事例は必ずしも一般的なものではない。植民地博覧会では，植民地の文物が宗主国の人々のエキゾティシズムを刺激したとはいえ域内レクリエーションであり，ヒルステーションにおける避暑も植民地内部で完結する余暇にすぎない。植民地主義は帝国主義的な視線の下，場所としての植民地を大衆的欲望の対象に編成していった。しかし大衆レベルでの植民地への観光往来は，植民地主義の下で生じることはなかった。この意味で植民地主義下の観光は意識の消費の性格が強い。

❖ 政治的支配から経済的支配へ

　国際観光における植民地主義の影響は，大衆観光時代の到来以降に表面化する。1960年代から始まる大型航空機の導入に伴う運賃の低廉化は，急速に国際観光往来を拡大してきた。植民地期に形成されたエキゾティックな植民地のイメージが，はじめて実際の移動を伴う余暇行動として生起する基盤ができあがった。これに伴って観光におけるネオコロニアリズムともいうべき傾向が顕著になっていく。ホテルチェーンをはじめ先進国の観光産業が旧植民地に参入し，利益を本国に吸い上げるという構造が定着する。独立国キューバの首都ハバナはアメリカ人の遊び場となり，同様の構造の下に置かれたハワイや返還後の沖縄も，観光的なイメージを押しつけられ，本土資本を中心とした観光開発が推し進められる。これは政治的な支配に代わる経済的な支配であり，環境変化に弱い，同時に産業高度化の契機を持たない，観光に特化したモノカルチャーの経済構造が作られていく。

❖ ポストコロニアルな状況

　現在ではポストコロニアルな状況を背景に様相が再び変化している（→66）。植民地の記憶は旧植民地の人々に内面化され，町並み，建築，習慣など植民地主義が残したコロニアルな遺産が，観光資源として再構築される例が多く見られる。ホーチミンシティ（旧サイゴン）やプノンペンはかつて植民化された人々自身によって「東洋のパリ」として語られ，台湾ではスパブームを背景に，いったんほぼ消え去った日本式の温泉浴，温泉旅館が再び台湾の人々の手によって登場している。一方で観光産業は直接投資から合弁事業へとかたちを変え，運営技術の高度化によって資本による支配から，運営技術やブランドなどによる情報支配へと移行している。他方旧植民地の民族資本は地方に事業展開し，地方が首都圏に隷属するという経済構造が作り出される。中央による周縁の搾取という旧植民地が作り出した構造が，ここではかつて植民化された人々によって，新興の国民国家の中で再生産されている。これもポストコロニアルな状況の一例にほかならない。

（稲垣）

第2章

観光を支える制度

国家の政策から持続可能性まで

コスタリカ・モンテベルデ（エコツーリズム発祥の地）の
自然保護区入口にあるガイドラインボード

14　観光政策——何のためか，誰のためか

　政策とは，一般に，民間では解決が困難な問題や課題を，民間に代わって中央政府や地方公共団体が国民の福祉や厚生の増進を目的として策定し実施する一切の活動を指すと考えてよいであろう。

❖観光政策の系譜

　観光研究の領域では，観光政策に関しては研究者の間においてもいくつかの考え方が存在し，必ずしも合意された見解が存在するとはいえないが，古典的な見解を含めていくつか紹介してみよう。

　A. ボールマンは，「原則的に言えば，観光政策は観光事業の振興を目的とする。故にその本質的内容は宣伝である」と述べ，国際観光は外貨獲得のための観光事業振興と観光の宣伝を主として扱う領域であると主張した（ボールマン 1981:169）。また，国内の観光研究の先駆者であった田中喜一は，「観光政策は観光事業の振興を図るために国家主宰の下に遂行される施設及び行動の総体を指すものであるが，その究極の目的は国利民福を増進することにあるのはいうまでもない」と述べ，国家が観光事業の振興と国民の福利厚生の増進を目的として行う諸施策であることを強調した（田中 1950:275）。

　日本における観光研究のもう1人の先駆者である塩田正志は，「観光政策とは，国や地方公共団体が国民の観光活動およびリゾートライフを促進し，観光事業の振興を図り，これによって一国の経済的利益の増進や国際親善の発展を実現するために取る規制・管理・保護・助成などの一連の諸方策であり，観光行政は国や地方公共団体がその観光政策を実現するために作る組織とその実施行動である」と述べ，観光政策とは国の経済的利益の増進と国際親善の発展を目的として国や地方公共団体が行う諸方策の一切をいうが，その実施主体ないし組織としての観光行政との相違を明確に指摘した（塩田 1999:92）。

❖地域活性化手段としての観光

　観光政策とは，ごく大まかにいえば，国や地方公共団体が国民の福利厚

生の増大や地域間および国家間の交流の促進を目的として，観光にかかわるさまざまな諸施策を立案し実施することであるといえる。しかし，観光政策は，観光の発展を通じた地域の経済的活性化を促進する方策としての側面をも持っている。たとえば，2010年に政府の方針として示された休暇期間の地域間分散化は，ある期間に観光が集中することを抑制し，観光の季節性に伴って生ずる経済的な損失を回避し，観光産業の，ひいては地域の安定的な経済活動を促進するといった側面を持っている。以下では，観光政策の経済的側面に焦点を当ててみよう。

❖ 地域経済活性化のために

ほぼすべての都道府県が，観光を手段として地域経済の活性化を目指しているといってもよいだろう。しかし，すべての地域が楽しみのための人の移動と滞在，つまり観光を通じて地域経済を活性化できるわけではない。観光による地域経済の活性化とは，観光者の積極的な誘致を通じて，域外からの観光者の地域内支出の増大によって地域内観光（関連）産業の経済活動を活発にし，それに基づき，地域経済活動の水準を引き上げるための牽引力とし，地域内総生産の増加を実現させ，それによって地域住民の経済厚生を増大させることであるといえる。その背景には，観光を産業の視点から見ると，その範囲が広くさまざまな産業がかかわりを持ち，したがって，それだけ大きな経済効果を期待できるとの考えがあるからである。これが実現されるためには，観光者に提供できる財・サービスが域内でどれだけ生産可能かどうかに依存するといっても過言ではない。たとえ観光者の誘致に成功し域内での観光支出が増加したとしても，観光者に提供可能な財・サービスが域外の企業や産業で生産されているならば，観光支出の域内から域外への漏出額は多くなり，域内の人々の所得の増加には必ずしも結びつかず，域内住民の経済厚生の増大へとは結びつかないからである。

観光による域内経済の活性化のためには，観光者誘致はもちろんのこと，域内産業間の連関を強くし，観光支出の域内循環を高める諸施策が不可欠である。

（小沢）

15　政府観光局——国のブランド構築とマーケティング

　政府観光局というのは，文字通り一国の政府による観光のプロモーション機関である。各国の，対外的な観光促進策を実行するための組織として存在する。

　なぜ各国の政府がこぞって観光政策に力を入れるかといえば，外国からの旅行客が相当な経済効果をもたらすためであり，国際観光の分野は今後も大きく伸びる経済分野として期待されているからにほかならない。多くの国際紛争や事件を乗り越えながら，国際観光客の数は伸び続けており，2008年度には9億2181万人が旅行し，9444億ドルが消費された。

　国土交通省によれば，2007年には，約835万人の外国人が日本を訪れ，1.5兆円（1人当たりおよそ18万円）の観光収入があった。また，日本の旅行者は1730万人が海外で4.3兆円を消費しており，こちらは1人当たり24.8万円になる。

❖望ましい国のイメージ確立

　したがって政府観光局の目的はまず経済効果，世界の観光市場における観光客の獲得にあるのはいうまでもない。つまり，1国のブランドを構築して他国との差別化を図り，より効果的なマーケティング活動を展開することに眼目がおかれている。①一国のどんなイメージをかたちづくり，②どのような旅行・観光を商品として形成し，③どのような販売促進を行い，④いかに市場に届けるかが，各国によって競われている。さらに観光局によっては②の顧客満足度を高めるため，自国の観光産業に対する人材育成や品質向上への支援を行う。

　ブランドという言葉は焼き印を語源とする。もともと放し飼いの牛などを見分けやすいよう尻などに焼きゴテを押した。これがマーケティング上のキーワードの原点である。日本語でいうなら「のれん」に該当する。よそと比べ自分のところがいかに観光目的地として優れているか，それぞれの歴史・文化・自然・産業・民俗などを競い合う。それを一国のイメージとしてまとめ，ブランド化し，どのようにアピールするか。この分野が各

国の観光局に共通する、まず大きな具体的活動である。

❖ 宣伝・広報の重要性

日本には2009年現在、世界60カ国が政府観光局を開設している。このほか23の州や市、あるいは地域などが公的な組織としての観光局を日本に持っている。国際観光市場における日本は20世紀末にはアジアでダントツの存在感を放っていた。しかし21世紀に入って後、中国や韓国の台頭があり、またインドの存在感も大きくなってきた。このため各国の観光局は日本に対する予算規模を縮小し、それら新興国に振り向ける動きも見られている。

観光局によっては組織の業務を、①や③の宣伝広告・PRだけに限定している国もある。オーストリア観光局は原文名がいみじくも "Oesterreichsche Werbung" =「オーストリア宣伝」だし、かつてニュージーランド政府観光局は "New Zealand Tourism and Publicity" =「観光広報局」だった。国際市場の中で、自国の実体から抽出したイメージをどう確立するのかは、観光面のみならず極めて重要だという認識がはっきりしている。近年の各国観光局の宣伝活動では "Cool Britannia" =「かっこいいイギリス」、"Amazing Thailand" =「びっくりの国タイ」、"100% Pure New Zealand" などがイメージ・キャンペーンの成功例とされている。

❖ 確固たるビジョンと戦略

観光局の規模や予算にもよるが、②について大きな力を入れている国もある。新しい観光コースや観光地を旅行業界に示し、ツアーを作ってもらうためにセミナーを行うなど、具体的なマーケティング活動を行う。場合によっては観光局・旅行会社・航空会社などが共同のセールス・プロモーションを展開することも珍しくない。

政府観光局の活動には、単なる数値目標ではない確固たるビジョン、具体的な戦略、緻密なマーケティング計画、適切な予算措置が不可欠である。日本の場合、国としての観光政策は各国から大きく出遅れている。名目だけだった観光局の具体的な活動も、ようやく今世紀に入って始まった。観光局としての存在感をどこまで示すことができるか、観光立国推進というテーマとともに、大きな期待がかかるところである。　　　　　（小林）

16 観光立国推進基本法——国家的課題にどう応えるか

2002年に日本経済調査協議会が出した『国家的課題としての観光』というレポートがある。この協議会は,当時のツーリズムに関連する産学の主要なメンバーにより構成されていた。ここであげられた課題は,①観光を国家の総合政策とすること,②ビジットジャパン・キャンペーンの推進,③地域主催の「オリジナルな地域づくり」推進,④美しい景観形成,⑤休暇制度の改革,⑥観光についての地域の専門家育成,⑦首都圏空港の拡充整備など,10項目であり,それぞれに具体的な指摘がなされている。その主旨としては,日本はいままであまりに観光を軽んじすぎてきたため,21世紀の国づくり上,観光を最重要課題として据え直し,断固たる取り組みをせよ,という正面きっての指摘であった。

翌年,政府は観光立国懇談会を立ち上げた。そして「住んでよし,訪れてよしの国づくり」をキャッチフレーズとする観光立国宣言を発表した。2003年は,観光というテーマが国家的課題として初めて言及された,記憶に値する年である。ところが政府は,2010年までに外国からの訪日客1000万人という数値目標を掲げ,いきなりビジットジャパン・キャンペーンを開始する(→18)。さながら観光立国＝外客誘致という,ビジョンも戦略もない思いつきのアクションだったが,他方で国民に対する観光立国への注意喚起のきっかけにはなりえたかもしれない。結果的にはこのような動きが,観光に関するさまざまな課題解消に向けての,2007年の観光立国推進基本法の制定へとつながった。

❖観光を国家の総合政策に

同法の前文には「観光は,国際平和と国民生活の安定を象徴する」ということから,観光の「豊かな国民生活の実現と国際社会における名誉ある地位の確立に極めて重要な役割」までが,高らかにうたわれた。地域経済の活性化,雇用機会の増大,豊かな生活環境の創造,活力に満ちた地域社会の実現などという文言も見られる。しかし,観光立国の実現に向けた環境の整備,観光をめぐる諸情勢の著しい変化への対応は不十分であるから,

「ここに,観光立国の実現に関する施策を総合的かつ計画的に推進するため,この法律を制定する」と前文は締めくくられた。ツーリズムが国家的総合政策に位置づけられたことが,明確に表明されたのである。

さて,この全27条からなる基本法は,大きく4つの施策に分かれる。まず魅力ある観光地の形成（12〜14条）。次が国際競争力の強化と人材育成（15,16条）。3つ目が国際観光の振興（17,18条）。最後の旅行促進のための環境整備（19〜25条）には最も多くの分量がさかれた。冒頭のレポートによる課題の指摘は,文言の中に大部分が反映されている。

❖「制度と装置」によるスマートな観光

しかし,多くの識者が指摘している通り,先に述べた③④には長い時間が必要である。⑥に関しては子どもたちへの「旅を通した教育」も含めて考えられなくてはならない。⑤の休暇については,「休みを保証する制度」への国民的コンセンサスへ向けた,一大キャンペーンが必要だ。

さらに国をあげての具体的な観光立国への取り組みには,人や制度といったソフト面への取り組みと同時に,ハード面,すなわち装置面への取り組みも同時進行的に推進される必要がある。たとえばそれらは,むき出しコンクリートの撤去,あるいは土や木などの緑化による掩蔽,電柱埋設,環境に適合したガードレールの設置,屋外広告規制などから始まり,町並み・村並みの景観形成あるいは再生など,美しく気持ちのよい風光の創出や,住みよい地域の再生を主眼とする,「環境再生型公共工事群」のことを指す。作りすぎたダムや道路は,こうした方向へと作り変えていく息の長い構想が必要とされている。

以上のような文脈から,先の基本法を眺め直してみると,上記4施策のうち,最初の観光地形成ならびに4番目の環境整備は,大変な力作業を必要とすることばかりである。日本国を,樹木が地中に深く広い根を張った状態に見立てるなら,それを健康な状態に保全する手段として観光が役に立つ。この基本法が効果的に活用されうるかどうか,冒頭の諸課題をしっかりふまえた,これからの意図的な運用にかかっている。　　　　（小林）

17　日本人の海外旅行戦略——低い出国率と「鎖国遺伝子」をどう乗り越えるか

　日本人の出国率は相当に低い。島国だからというなら，イギリスも台湾も島国である。オーストラリアも大陸ではあるが島国だし，韓国だって隣の北朝鮮が実質的な「鎖国」状態にあるから，島国状態に近いともいえる。また，これらの国々と比較して日本の経済状態が特別悪いわけではない。GDPで中国に追い抜かれたものの，2010年でも依然として世界第3位にある。

　出国率というのは，全人口に対する出国者数の比率のことである。2008年の数字を比較してみよう。まず日本は，1億2769万人の人口に対して，出国者数が1599万人だったから，約12.5%である。他国を眺めてみると，イギリス112.4%，台湾36.7%，韓国24.7%，オーストラリア27.2%などとなっており，日本の数値が飛びぬけて低いことがわかる。とくに先進諸国と比較するとこの傾向はさらに顕著である（アメリカのみ例外で，アメリカ人の多くは世界にアメリカ以外の国があるとは思っていない，などといわれる）。なぜ，日本の出国率は韓国の半分，台湾の3分の1しかないのか。

　今世紀に入ってから世界的な大事件が断続的に起こった。9.11テロ事件，SARS，鳥や豚インフルエンザ，このほかにも戦争・テロ，津波などの自然災害など，ひっきりなしといえるほどである。しかし，それにもかかわらず世界の国際観光客の動きは，2000年の6億8200万人から，2009年の8億8050万人へと，約30%の順調な伸びを示した。他方，日本人の場合は，この同じ9年間にマイナス約13%と，まったく足踏み状態にある。

❖ なぜ日本人の足だけが止まるのか

　筆者は1998年から2005年までニュージーランド観光局に勤務していた。それで，上記のような国際的事件が起こるたび本局で話題になったのは，「なぜ日本人だけがそのつど激減するのか」ということについてである。両国ともに，ほとんどそうした事件とは直接的には無関係だったし，お互いかなり平穏なお国柄同士であるにもかかわらず，何かあるたび日本人の足だけが止まった。先にあげた各国からのニュージーランドへの旅行者数

は，この間順調に増え続けていた。

こうした問いに納得できる答えを求めることは難しい。だが1つ，日本の歴史を振り返ることで考えられるのが，1639年から明治維新まで（というより一般的日本人にとっては実質的に1964年まで）続いた「鎖国」である。江戸幕府による鎖国政策以前は，日本人は東南アジア方面にまで活発な交易に出かけていた。倭寇などと，迷惑がられた時代もある。一方，日本人の海外活動にブレーキがかかり始めた頃から，スペインの無敵艦隊を破った（1588年）イギリス人たちの活発な対外活動が始まっている。

外に逃れようのない島国の中での和，大勢順応，空気を読む，出る杭は打たれる，横並び・世間並意識，村八分，ひがみ，長いものには巻かれるなど，それぞれが潜在意識下に，鎖国時代に培われた極めて内向きな「遺伝子」を反映しているからではないか。開くより閉じる方の安心安全，利益が大きいと判断しがちな価値観。この「遺伝子」が，今世紀に入ってからの日本と世界の関係の中で，奇妙に共鳴し合っている。また，外国客の受け入れに難色を示している多くの旅館も，外国人が増えると犯罪が増えると警戒する法務省も，その深層心理にあるのは「鎖国遺伝子」ではないだろうか。

❖「遺伝子」の自覚と対処

1964年の海外旅行自由化から20世紀末までは，海外に対する知的欲求の方が「鎖国遺伝子」の力を上回った。しかし20世紀末頃からの日本人は，かつてのような諸外国に対する憧れが消失し，今度は内なる「鎖国遺伝子」の反動が大きくなったように見える。国際政治の不安定さと同時に，「保守化」や「右傾化」の風潮がこれを助長した。

開かれた日本に向けて，全方向への対等な敬意と興味を培い，異文化間交流の楽しさや必要性を実感することは，子どもの頃の教育から行われる必要がある。青少年への教育，あるいはシニアの国際交流活性化のため，国が旅券の割引・無料発行を行うくらいの発想があっていいと，日本旅行業協会などは示唆している。日本人の国際化への動機づけは，「鎖国遺伝子」の見極めと，さまざまな局面における意図的な対処にあるのではないか。

（小林）

18 ビジットジャパン——インバウンドツーリズムの推進とその効果

❖ビジットジャパン

 2003年1月に当時の小泉純一郎首相が,「2010年までに訪日外国人旅行者を倍増の1000万人に」と述べ,「観光立国宣言」を行った。その背景には日本の国際観光のアウトバウンドとインバウンドの不均衡があり,訪日観光推進のため同年4月にビジットジャパン・キャンペーンが開始された。2007年には観光立国推進基本法(→16),2008年には観光庁が設置され,観光立国に向けての整備が進んでいる。

 2009年の訪日観光客は,2008年に起こったリーマン・ショックの影響で,前年(835万人)に比べ,19.7%減で大きく落ち込んだ(→巻末7)。しかし,日本政府観光局(JNTO)によると,2010年には過去最多の861万人に回復した。もっとも,2010年までに1000万人という政府観光庁の数値目標には届かなかった。いずれにせよ,国際観光客到着数という点では,2009年の時点で世界ランキング33位で,中進国の地位に甘んじている(→巻末6)。

❖訪日観光客——国による違い

 2010年の訪日観光客を国籍別に見ると,70%以上がアジア地域からである(→11)。トップ5は,韓国(244万人),中国(141万人),台湾(127万人),アメリカ(73万人),香港(51万人)である(→巻末13)。

 外国人観光客の訪日旅行の動機に関しては,興味深い差異がある。韓国と台湾の観光客が「温泉/リラックス」をトップにあげているのに対し,中国と香港の観光客は「ショッピング」を,アメリカの観光客は「伝統文化/歴史的施設」をあげている(→巻末14)。これは日本に対する各国の観光客の「観光のまなざし」の違いを反映しているといってよいだろう。以下に,もう少し詳しく見てみよう。

❖韓国人観光客

 韓国人観光客にとって九州は地理的に近いこともあり,九州(山口県も含む)を訪れた韓国人観光客は2006年に60万人を突破した。彼らにとっ

ては九州＝温泉地のイメージが定着し，湯布院や黒川などは人気が高く，日本を感じさせる自然や町並みが人気を集めているという。温泉地では畳や囲炉裏(いろり)，浴衣(ゆかた)がある和風旅館が好まれているという（『読売新聞』2008年5月30日）。温泉地として長い歴史を持つ別府にも，2006年には21万人の外国人観光客が訪れたが，うち8割は韓国人で，別府はいまや韓国人観光客で持っているといわれるほどだ。

成田空港のポスター

❖ 台湾人観光客

台湾からの観光客は，本省人か外省人か，年長者か若者かによって日本のイメージに違いがある。植民地支配を経験した年長者の場合は，日本に対し反感と懐かしさの入り混じった複雑な心情がある。他方，若者の場合は，「日本のテレビドラマを見たから」と日本の大衆文化の影響が強い（陳・田中 2007）。また，北海道は，香港，台湾，シンガポールなど「雪のない国」にとって魅力ある観光地となっている。2007年の来道外客のシェアは，1位が台湾（約45%），2位が韓国（23%），3位が香港（15%）である。

❖ 中国人観光客

日本に来る中国人観光客に関しては，東京と大阪を結ぶゴールデンルートと呼ばれるパックツアーが中心となっている。こうした中で，デパートなどで中国人観光客がブランド製品を買いあさる様子が報道されたりしている。そして，2010年7月より富裕層に限られていた中国人観光客の条件が大幅に緩和され，中間所得層にまで拡げられた。これにより，中国人観光客の来日は10倍にまで増えると予測されているが，その観光のかたちがどのようになるかが大いに注目される。

(山下)

19　世界遺産——その理念とツーリズムにとっての意義

❖ ブランドとしての「世界遺産」

1972年，ユネスコ（UNESCO）総会において，人類にとって「顕著な普遍的価値」を有する文化遺産・自然遺産を国際的な枠組みで保護していくことを目的に，「世界の文化遺産及び自然遺産の保護に関する条約」が採択された（UNESCO 1972）。世界遺産とはこの条約に基づき，世界遺産リストに登録された物件（不動産）のことで，2010年末時点で，姫路城（日本），万里の長城（中国），マチュ・ピチュの歴史保護区（ペルー），グレート・バリア・リーフ（オーストラリア）など，911件が登録されている。

このように本来，世界遺産条約は国際的な遺産保護のための枠組みであるが，その一方で，物件の登録が，地域社会にとって地域振興の大きな切札となっていることもまた事実である。それは，「世界遺産」に登録されたという事実が，旅客誘致のための強力な世界的ブランドとなるからである。したがって多くの国や地域で，地域振興の観点から政策的に世界遺産登録を推進しようという動きが活発化している（山村・張・藤木編 2007: 2-11）。

❖ 世界遺産における「過度な観光商業化」の問題

しかし，たとえ世界遺産登録に成功したとしても，観光産業の適切な管理が行われなければ，来訪客の急増や，過度な商業化を招き，結果として遺産保護に深刻な影響を与えてしまう場合もある。たとえば中国雲南省の世界遺産・麗江古城（麗江旧市街地）では，1997年の世界遺産登録以降，急激に観光客が増え，ホテルやテーマパーク開発などの観光開発事業も進展している。これに対し，2007年の第31回世界遺産委員会では，過度な観光商業化が歴史的町並みの保存と少数民族の伝統文化の継承に負の影響を及ぼしているとして，中国政府に対して現行の保護政策を改善するよう要求を出している（UNESCO WHC 2007）。

ユネスコやイコモス（ICOMOS：国際記念物遺跡会議），IUCN（国際自然保護連合）が主催する国際会議においても，近年，遺産管理上の最も主要

なテーマとして観光管理が取り上げられるようになっている。

❖ **遺産保護と観光産業との関係性の定義**

先に述べたように、世界遺産登録制度の本来の目的は、世界的に見て重要な文化遺産や自然遺産をリストへ登録し

アンコール・ワット（カンボジアの世界遺産）

保護することにある。決して観光振興が目的ではない。ツーリズムとは、保全すべき世界遺産の価値を伝えるための「手段」として位置づけるべきものである。

この点に関連してイコモスは、1999年に「国際文化観光憲章」を作成、遺産保護とツーリズムとの基本的関係性について、明確な定義を打ち出している。すなわち、ツーリズムとは「最も重要な文化交流の手段」であり、遺産の価値・重要性を、地域社会内外のあらゆる人々に、現場で直接的に、あるいは知識としてアクセス可能にするための手段である、とした。そして正しく管理されたツーリズムは、大衆の文化遺産に対する理解を深め、遺産保護のために必要な資金や、世論の支持、政治的支援を得ることにつながるとしている（ICOMOS 1999, 2002）。

❖ **ユネスコ憲章に見る真の理念**

このようにツーリズムを、遺産価値を伝えるためのアクセス手段として位置づけることは非常に重要である。そうすることにより観光産業は経済活動としてだけでなく、文化交流活動、平和産業としての意味を持つ。つまり、世界遺産を旅することを通して、私たちは他国・他地域・他民族の文化や歴史をじかに見、肌で理解し、多様な価値観の存在を認めることができるのである。これこそが、教育や文化の振興を通じて戦争を防ぐという理念により設立されたユネスコが、世界遺産を登録している意義である。

私たちは世界遺産を旅客誘致のためのブランドとして考える前に、よくよくこの点を認識しなければならない。

（山村）

20　無形文化遺産保護条約──多様な文化を守るために

❖条約制定の背景

　1980年代から90年代を通して，ユネスコでは無形の文化遺産の保護のあり方に関する議論が継続的に行われてきた（日本ユネスコ協会連盟 2006: 55）。その背景には大きく次の2点がある。1点目は，グローバル化の進展により無形文化遺産の継承が世界的に危機的状況にあり，国際的な保護の枠組み整備が喫緊の課題となっていた点。2点目は，1972年に採択された世界遺産条約において登録文化遺産の地理的な著しい偏りが明らかになってきた点，である（河野 2004: 37-38）。とくに後者に関しては，世界文化遺産がヨーロッパ的な文化遺産の考え方を基準として，永続性の高い石造の建築遺産を中心に評価を行ってきたため，結果としてヨーロッパの建築が圧倒的に多く登録されるという事態を招いていた。世界には当然のことながら，建築のような有形の文化ではなく，無形の文化に重点を置く国々も多く，こうした国々を中心に，世界遺産リストは文化の多様性を表すものとなっていないという批判があがっていた。

❖無形文化遺産保護条約の採択と無形文化遺産の定義

　こうした議論の結果，2003年，第32回ユネスコ総会で「無形文化遺産の保護に関する条約（無形文化遺産保護条約）」が採択され，2006年に発効した。同条約では「無形文化遺産」を「慣習，描写，表現，知識及び技術並びにそれらに関連する器具，物品，加工品及び文化的空間であって，社会，集団及び場合によっては個人が自己の文化遺産の一部として認めるもの」と定義し（2条1項），具体的な例として以下（a）から（e）までの5つのカテゴリーをあげている。すなわち，「(a) 口承伝統（無形文化遺産の伝達手段としての言語を含む），(b) 芸能，(c) 社会的慣習・儀式及び祭礼行事，(d) 自然及び万物に関する知識・慣習，(e) 伝統工芸技術」（同2項），の5つである（UNESCO 2003）。

❖遺産価値へのアクセスの確保

　こうした無形文化遺産は，観光資源として，芸能や舞踊，民族音楽など

の鑑賞対象や,伝統工芸品などの消費対象といったかたちで活用されることが多い。同条約中,観光に関する直接的な言及はないが,13条「保護のための他の措置」の (d)-(ii) 項に「無形文化遺産の特定の側面へのアクセスを規律する慣行を尊重した上で無形文化遺産へのアクセスを確保すること」と明示されている。実は,ユネスコではアクセスという用語を,地域社会内外のあらゆる人々が,遺産の価値・重要性を理解する手段の意味で用いており,正しく管理されたツーリズムはそうした手段のうち極めて有効なものの1つであると位置づけている (⇒19)。したがって,この一文は,コミュニティにおけるルールやタブーを尊重したうえで,公開できる部分については,観光などの手法を用いて公開することで,遺産価値の理解を促進し,保護につなげる,という意味に解釈できる。

なお同条約では,無形文化遺産とは,「当該社会及び集団に同一性及び継続性の認識を与える」(2条1項) ものであり,こうした社会や集団が「無形文化遺産の創出・保護・維持及び再現に重要な役割を果たすこと」が,「文化の多様性及び人類の創造性を高めることに役立つ」(条約前文) としている。

❖「文化の多様性」と「平等」という思想

最後に,同条約が今後ツーリズム分野に与える理念的影響として重要な点を2点あげておきたい。1点目は,とくに先住民族社会における無形文化遺産の継承が,人類の文化的多様性に大きく貢献していることを重視している点である (条約前文)。2点目は,無形文化遺産がそれぞれの社会・集団のアイデンティティに直結する要素であるがゆえに,これら遺産間に価値の上下はなく,「すべて平等」である,という基本的立場に立っている点である。

有形の物件を対象とした世界遺産リストが,その傑作を選ぶというエリート主義とヨーロッパ文化に偏った評価基準によって,結果として登録遺産の数による国家間の文化的優劣を示すリストとなってしまっている点は否めない。無形文化遺産条約は世界遺産条約が持つこうした問題点に対する国際社会の1つの答えであり,今後の国際観光もこうした文脈を踏まえたうえで論じていく必要があろう。

(山村)

21　文化財保護法——文化の保護・継承から活用へ

❖ 文化財と国家

　文化財保護政策とは，政策実施主体となる国家のあり方や，そこで制定される法律と不可分の関係にある。これは，近代国家としての体制が成立して初めて，国家にとって保護すべき文化とは何か，といった問題が生じることを意味している。特に近代に成立する国民国家では，国家の「文化財」は，国家の主体である国民の文化を外縁的に規定する機能を持つ。B. アンダーソンが『想像の共同体』の増補として，新たに「人口調査，地図，博物館」という章を加えたのは，近代国民国家を表象する文化財や，それを具体的に展示する博物館の持つ意味の重要性を示している。

❖ 文化財の保護と破壊

　日本の文化財政策は明治時代に始まり，現在の文化財政策の基礎となる文化財保護法は1950年に制定され現在に至っている。この過程のポイントを簡単に3点に絞り指摘したい。第1は，文化財保護の政策とは常に文化財の破壊と表裏一体だという点である。日本初の文化財保護政策である1871年の古器旧物保存方，日本の文化財政策の原型となった1897年の古社寺保存法制定は，寺社や士族層が所有していた仏像，美術工芸品などの破壊・売却が背景にあった。また1975年の文化財保護法の第2次改正において，埋蔵文化財（地中に埋蔵された状態の文化財で，考古学的調査の対象となる）に関する制度が整備されたのも，高度経済成長に伴う国土の乱開発が埋蔵文化財の破壊に直接つながるからであった。文化財を法的に保護する政策は，常にこのような破壊の問題と表裏一体の関係にある。

❖「保護すべき文化」とは何か

　第2は，国家が考える「保護すべき文化」が，時代により異なる点である。現在の文化財保護法では，歴史的・芸術的・学術的などの理由により価値が高いとされる文化財を，有形文化財，無形文化財，民俗文化財，記念物，文化的景観，伝統的建造物群の6つの範疇に分類し，国や地方公共団体が指定している。しかし，これらの範疇は文化財保護法が成立した

時点から存在していたわけではない。無形文化財は第1次改正（1954年），民俗文化財，伝統的建造物群は第2次改正（1975年）により新たにつけ加えられた。これらは第二次世界大戦後の日本の社会状況の激変により，存続が危惧された領域といえる。しかしその一方で1960年代をピークに地域社会で行われた生活改善運動では，旧慣を改善し地域社会を「文化的」にする活動が積極的に進められた。これは明治以降の国家目標であった「発展」「近代化」が，戦後も長く政策目標であったことを意味している。また，かつては開発においてスクラップ・アンド・ビルドの対象であった，近代以降に建築された建造物なども，1993年に近代化遺産として重要文化財建造物の種別に加えられた。これは，近代そのものが歴史化したことを意味している（⇒89）。

❖ グローバルスタンダードの登場

　第3は，従来国家の枠内で考えられた文化財の概念に，新たにグローバルスタンダードが登場し，それにより従来の文化財の範疇に変更が加えられた点である。2004年の文化財保護法の改正で，新たに文化的景観という種別がつけ加えられた。この改正は1992年に日本が批准した世界遺産条約の枠組みが国内法に直接影響した事例である。

　このように，文化財の概念は時代により変化した。とくに2000年頃より，日本では文化財保護に関する政策が大きく転換する。それは，従来は保護に重点が置かれていた文化財政策に，文化財の活用による地域活性化が新たに加わったことである。これには，観光開発により地域経済の活性化を試みるという日本政府の方針転換がある。世界遺産指定を目指し，それを観光開発へと連動させるマーケティングはその典型といえる。

　この政府の方針転換，また地方自治体の合併に伴う行政改革により，文化財と観光の部署が統合される地方自治体が多く現れてきた。このように文化財は，現在は地域社会の文化資源と見なされる傾向が強くなり，それを生かした観光振興策が多く見られるようになった。しかし，文化財の保護と活用は多くの矛盾を含む。文化財保護の強化は，その活用の制限につながり，文化財の活用の推進は開発の弊害を文化財に及ぼす。この2点の両立・併存が，今後の課題といえる。　　　　　　　　　　　　　　　　（中西）

22 文化的景観——人と自然の相互作用を理解するための観光へ

❖ 景観——人間の営為と自然との結合の所産

1972年にユネスコ総会で世界遺産条約が採択され、78年に世界遺産リストへの物件の登録が始まると、登録物件の不均衡の問題が表面化してきた。具体的には、登録数の地理的不均衡（ヨーロッパ諸国の遺産登録数が圧倒的に多い）、文化遺産と自然遺産の数的不均衡（自然遺産の登録が少ない）、文化遺産の種別の不均衡（旧市街、教会建築など同種のカテゴリーの登録が多い）、などの問題である（→20）。1980年代に入ると、ユネスコを中心に、こうした不均衡を是正することで、世界遺産リストを文化の多様性を反映した信頼性のあるものにすべきだという議論が活発化していく。

こうした中で、ユネスコ世界遺産委員会が着目したのが、「人間の営為と自然との結合の所産」としての「景観」である。つまり、従来のように単なる「物件」（有形遺産、とくに不動産）だけを文化遺産として考えるのではなく、ある土地における人間の営みの歴史を、自然との相互関係の産物＝「景観」として一体化して捉えようという考え方である。こうした「景観」を、ユネスコ世界遺産委員会ではとくに「文化的景観（cultural landscape）」と呼び、文化と自然の両遺産を同一の制度で評価できるよう議論が進められていった（Fowler 2003）。

❖ 世界遺産における「文化的景観」概念の成立

こうして1992年の第16回世界遺産委員会において、文化遺産の概念が拡大され、その1つのカテゴリーとして、文化的景観の概念が正式に世界遺産制度に盛り込まれた（UNESCO WHC 1992）。なお、文化的景観としては、1993年のトンガリロ国立公園（ニュージーランド）の登録を皮切りに、棚田（フィリピン・コルディレラ地方）、森林墓地（スウェーデン・スコーグスシュルコゴーデン）、霊場・参詣道（日本・紀伊山地）、集落・自然景観（グルジア・アッパースヴァネティ）などが登録されている。

世界遺産委員会はこの文化的景観の考え方を、具体的に「広範囲にわたる文化的表現の複雑でダイナミックな性格に焦点を当てたアプローチ」と

呼んでいる（UNESCO WHC 1994）。このアプローチの特徴は，ある土地に居住する人間の文化的活動・生活にかかわるあらゆる自然的・文化的要素，有形・無形の要素，動産・不動産を不可分なものと考える点にある。そして，これら相互に作用し合う要素を，統合的なシステム＝「系」として捉えたものが，人間の生活の証としての「文化的景観」なのである。

なお，日本では，2004年に景観法が公布されるとともに，同じく同年公布された改正文化財保護法では文化的景観が

熊野本宮大社（参道）

文化財の一領域としてつけ加えられている。世界遺産委員会における議論はこうした国内の潮流にも大きな影響を与えたといってよい。

❖ ヘリテージツーリズムとエコツーリズムの統合に向けて

文化的景観が文化遺産として定義されたことは重要な意味を持つ。あらゆる文化遺産は単体では存在しえず，統合的なシステム＝「系」の中で初めて位置づけられることを示したからだ。こうした認識が広まるにつれ，ヘリテージツーリズムは，文化遺産単体の鑑賞から，その物件を取り巻く系を理解する行為へと，その目的をより明確にしてきている（⇒58）。

なお，こうした「系」の考え方をいち早くツーリズムに取り入れ実践してきたのはエコツーリズムの分野である（⇒55）。文化的景観の概念が成立したことにより，人間活動と自然環境との相互関係の考え方において，もはやヘリテージツーリズムとエコツーリズムとの間に本質的差異はほとんどなくなった。こうした「系」への，文化の側からのアプローチがヘリテージツーリズムであり，自然の側からのアプローチがエコツーリズムであるといえる。生態学的なアプローチ，伝統的生活様式や伝統文化の重視といった点で，ヘリテージツーリズムとエコツーリズムは文化的景観を接点としてその理念を共有し，統合の道を歩み始めているのである。

（山村）

23　ナショナルトラスト——市民が守る自然と文化

❖「美しい田園を守りたい」——立ち上がった3人の市民

　ナショナル・トラストは，1895年にイギリスで生まれた住民主導による自然環境や歴史的遺産などを守る活動である。正式名称を"The National Trust for Places of Historic Interest or Natural Beauty"（歴史的名勝および自然的景勝地のためのナショナルトラスト）という。ここでの"National"とは「国家の」「国立の」という意味ではなく「国民の」という意味である。

　18世紀から19世紀にかけてのイギリスは，産業革命と並行して農業革命が進行し，都市住民の食糧を確保するために郊外の開放農地や共用農地の囲い込みが行われていた。19世紀後半になると，都市住民の間での自然志向が強まり，わずかに残された共用地をレクリエーションのための開発用地にと確保する動きが強まった。美しい田園風景が次々と失われ，歴史的建造物が新たな開発のために取り壊されていくことを憂えた3人の市民運動家——弁護士のサー・R.ハンター，社会事業家で女性運動家のO.ヒル，牧師のH.ローンズリー——が，開発に対抗して自然や歴史遺産の保護のために土地を確保しようと立ち上げたのが，ナショナルトラストである。構想を作ったのはハンターで，彼は国民の共通の利益のために共用地を保護する土地所有団体を作る構想を，すでに1884年に持っていた。ナショナルトラストは数々の著名人を設立メンバーに迎え，初代会長をハンターに，1895年1月12日に正式に設立された（木原 1998）。

❖イギリス最大の土地保有組織に成長

　ナショナルトラストは，立ち上がると同時に多くの賛同者を得て瞬く間に成長した。絵本ピーター・ラビットシリーズの著者として知られているB.ポターも，ナショナルトラストの理念の支持者の1人である。彼女は湖水地方に所有していた農場や家など多くの物件をナショナルトラストに寄贈した。1907年にはナショナルトラスト法が成立し，ナショナルトラストの目的は，「美しい，あるいは歴史的に重要な土地や建物を国民の利

益のために永久に保存する」こととされた。トラストによって取得された資産は第三者に譲り渡すことも抵当に入れることもできないとされ，これによって寄贈者は，安心して財産をナショナルトラストに託することができるようになった。

2010年8月現在，ナショナルトラストは約2500km^{2}の土地，約1140kmの海岸線，6カ所の世界遺産，740以上もの建物や400を超える産業遺産，約60の村，5150の史蹟，76の自然保護区などを所有するイギリス（ただし独自のトラスト組織を持つスコットランドを除く）最大の土地保有組織となっている。メンバーシップ制度を取り入れ，世界中に360万人の会員と5万5000人のボランティアを持つ（National Trustウェブサイト）。

ナショナルトラストは公開が義務づけられているため，マナーハウス（荘園領主の邸宅）や修道院のように，それまで一般人が立ち入ることができなかった歴史的建造物などでも，ナショナルトラストの所有物になれば誰でも身近に接することできる。一方で，公開施設の維持管理はナショナルトラストが抱える課題の1つである。建造物は寄贈時と同じ状態を保つことが求められているが，老朽化に加え，来訪者の立ち入りによる負荷は増える。入場料や販売物の売上は維持管理費の資金源となるが，補修・修復や日常的な手入れ，植物の植え替え，掃除などの作業はボランティアによって支えられている。

❖ 日本のナショナルトラスト

ナショナルトラスト制度はいまや世界各国に導入されている。日本では，1964年に鎌倉・鶴岡八幡宮の裏山での宅地造成計画への反対運動として，イギリスの制度にヒントを得た作家・大佛次郎（おさらぎ）を中心に「鎌倉風致保存会」が設立され，土地を買い戻したのが最初である。その後「天神崎の自然を大切にする会」(1974年)，「しれとこ100平方メートル運動」(1977年) などが組織された。

現在，日本には主として自然環境や土地の確保に取り組む各地のナショナルトラスト運動団体をメンバーとする「社団法人日本ナショナル・トラスト協会」と，歴史的建造物の確保を目的とする「財団法人日本ナショナルトラスト」の2つの組織がある。 　　　　　　　　　　　（海津）

24 国立公園——環境と観光の意外に多様な関係

❖ 国立公園の成立

国立公園（National Park）は 2010 年現在，世界 140 カ国以上，約 1700 カ所にあり，その合計面積は日本の国土面積の約 10 倍に当たる 3 億 5500 万 ha にも広がる。国立公園は自然保護を目的に運営管理される。国際自然保護連合（IUCN）によれば，比較的広大な地域で人為の影響がなく，学術的・教育的価値があり，美しい自然的景観を持つ地域で，かつ国の機関が保護の方策を講じ，利用者は一定の条件の下で立ち入りが認められる地域が国立公園であり，これが国際的な定義となっている。

国立公園はまずアメリカで誕生し，その後，新大陸とヨーロッパの一部へと広がった。1864 年に誕生したアメリカのヨセミテ州立公園は実質的な最初の国立公園であり，アメリカ西部のイエローストーン国立公園が実質・名目ともに最初の国立公園となった（1872 年）。その後，アメリカ大陸，オセアニアやヨーロッパの一部に国立公園ができるが（オーストラリア〈1879 年〉，カナダ〈1885 年〉，ニュージーランド〈1887 年〉，スウェーデン〈1909 年〉，スイス〈1914 年〉），ヨーロッパの主要国に国立公園が成立するのは第二次世界大戦後である（イギリス〈1949 年〉，フランス〈1960 年〉，ドイツ〈1970 年〉）。この時間差は，国立公園とは何かを考えるうえで興味深い。

❖ 国立公園の類型

国立公園は，その管理運営の方法から，営造物型国立公園と地域制国立公園に分けられる。前者は，国立公園の土地を国が保有し管理を担うタイプで，初期の国立公園の多くがこれに当たる。後者は，国の役割は指定と管理に限定され，所有には及ばない。このタイプを早くから運用したのはイタリア（1922 年）であり，日本はイタリアの方法を取り入れている。またイギリス，フランス，ドイツなども地域制国立公園の制度をとっている。

この違いは，それぞれの国家の成り立ちに関係するといえるだろう。早くから営造物型国立公園が成立したアメリカ，カナダ，オーストラリア，ニュージーランドは，入植したヨーロッパ人が作った国家であり，国内に

は広大な「無主の」自然が広がっていた。そこを国家所有の土地とし，管理を行うのは比較的容易であった。一方，地域制国立公園の制度を取り入れている国家は，自然の地に見える場所でも，所有関係や利用権などが複雑に入り組んでいるため，そこを国家所有として管理することは困難であった。それが，この2つのタイプの国立公園を生んだといえる。

❖ 自然保護と観光開発

　国立公園は，人間による開発から自然を守ることが最大の目的であり，この理念は観光と一見矛盾するように見える。しかし，日本における1931年の国立公園法の制定の背景には，インバウンド観光振興の機運の高まり，国民のレクリエーションの場の創造という目的があった。したがって日本の場合，複雑な土地所有権・利用権を侵害せず，かつ開発の余地を残した地域制国立公園の制度が取り入れられた。

　1975年に始まったユネスコの世界遺産認定には，文化遺産とともに自然遺産の範疇があり，観光においても高い人気を集めている。また21世紀に入ると，CO_2削減といった世界的な課題が出てきたことで，自然環境保護の意識は世界中で高まりを見せている。このように，現在の国立公園の持つ意味は，その本来的意義である自然保護ばかりでなくなりつつある。

　だが，国立公園のあり方自体に問題がないわけではない。初期の営造物型国立公園を制定したアメリカ，カナダ，オーストラリア，ニュージーランドといった国家は，ヨーロッパ系移民を中心に作られた国家であった。したがって，それらの国家が「無主の」手つかずの自然を所有・管理したという表現は正確ではない。正しくは，そこにいた先住民の存在を無視，あるいは排除した結果が現在の国立公園の姿だといえるのである。

　途上国でも，営造物型国立公園の制度を取り入れた国では同様の問題が起きた。ニュージーランドを範に，1970年代中頃に営造物型国立公園の制度を取り入れたネパールでは，国立公園内が居住地であった先住民を軍隊が排除し強制的に移住させた，苦い歴史を持つ。自然保護を唱え，その自然環境を観光として利用するのは，現地から遠く離れた地の人々であり，現地で生活する人々にその利益が還元される機会は少ない。現地の人々の生活と自然保護の両立は，極めて難しい問題なのである。　　　　（中西）

25 サステナビリティ——持続可能な観光

❖ サステナビリティ概念の誕生

サステナビリティ（持続可能性）というキーワードが今日のように用いられるようになった契機は「国連人間環境会議」（ストックホルム会議, 1972年）に続く国連会議としてリオデジャネイロで1992年に開催された「環境と開発に関する国際連合会議（UNCED）」（地球サミット）であった。同会議は「持続可能な開発」が主テーマとなり，採択された「アジェンダ21」は，持続可能な経済開発のための行動計画をすべての自治体や業態が立案することが求められた。世界最大の産業とされた観光産業では，10年後の2002年を国連国際エコツーリズム年とし，それまでの10年間に各大陸・国・地域でサステナブルツーリズムを普及させ，その取り組みを2002年5月にケベック市（カナダ）で開催されるエコツーリズム世界サミットで報告した。

❖ 持続可能な観光の原則

世界観光機関（WTO 2004）は，「持続可能なツーリズム開発の指針と管理の実践は，マスツーリズムやさまざまなニッチ市場向けのツーリズムを含むあらゆるタイプの旅行目的地での，あらゆる形態のツーリズムに適用することができる。持続可能性の原理は，ツーリズムの発展における環境，経済，社会文化的な側面にかかわっており，長期間の持続可能性を保障するためには，これら3つの次元の間に，適切なバランスが取れていなければならない」と述べている（UNWTO 2004）。さらにそのためには，サステナブルツーリズムは「①環境資源を最適に利用しなければならない，②ホスト・コミュニティの社会文化的真正性を尊敬しなければならない，③存続可能な長期的な経済活動を保障しなければならない」の3つの要件が求められるとしている。

2008年10月第5回世界自然保護会議において，国際自然保護連合（IUCN）は，27の国際機関で構成するGSTCパートナーシップの策定により，持続可能な観光を実践する手引きとなる共通の枠組みとして，「世

ツーリズムの概念

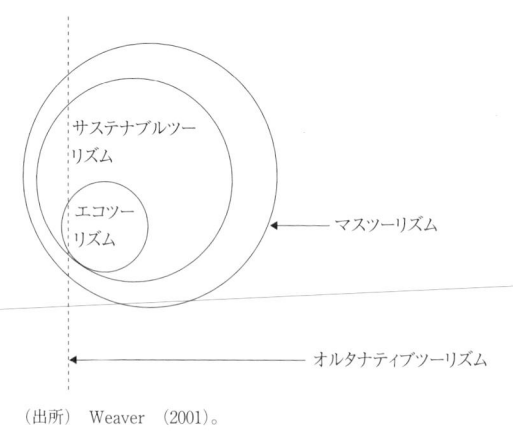

```
        サステナブルツー
        リズム
          エコツー
          リズム
                        ← マスツーリズム


        ←――――――――――――――→ オルタナティブツーリズム
```

(出所) Weaver (2001)。

界規模での持続可能な観光クライテリア（GSTC）」を発表した。このクライテリアでは，(1) 観光が地域コミュニティにもたらす社会的経済的利益を最大化すること，(2) 文化遺産に対する悪影響を減らすこと，(3) 地域環境への悪影響を減らすこと，(4) 持続可能性のための計画づくり，という4つの分野に重点を置いている。

❖ **サステナブルツーリズムとエコツーリズム**

　サステナブルツーリズムは持続可能な開発という理論的枠組みから観光を捉えた概念である。エコツーリズム（→55）においても，持続可能性は核となるコンセプトであるが，エコツーリズムが世界各地での具体的な環境保全と観光の矛盾への対応から生まれた概念であり仕組みであったのに対し，サステナブルツーリズムは具体的な地域や形態を問うものではなく，広くすべての観光において適用されるべき概念であり，エコツーリズムも含む包括的な考え方であるといえる。いいかえれば，サステナブルツーリズムの概念は，観光の形態や地域を問わず，観光事業が普遍的に原則とすべきものである。D. ウィーバーは，これを上図で表している（Weaver 2001）。

（海津）

26　エコツーリズムの推進——推進法の効果

❖ エコツーリズム推進事業

　環境省は，環境保護と経済振興を両立する国策を進めるうえで，エコツーリズムを国内全域に普及することが重要と考え，2003年11月から2004年6月にかけて有識者と関係府省の計27名で構成するエコツーリズム推進会議を開催した（→55）。

　会議の成果として，エコツーリズムの普及と定着のための5つの推進方策，①エコツーリズム憲章，②エコツアー総覧，③エコツーリズム大賞，エコツーリズムモデル事業，⑤エコツーリズム推進マニュアルが提起され，実行に移された。エコツアー総覧は2004年7月に開設され，全国のエコツアーおよびエコ宿情報を日本語・英語で公開している。エコツーリズム大賞は2005年度より開始され，全国のエコツーリズム推進地域や団体を表彰している。エコツーリズムモデル事業は，3カ年にわたって自治体のエコツーリズム推進を支援する方策であり，全国13地域（右頁上表）を対象に実施し，いくつもの先進的取り組みを生み出した。

❖ エコツーリズム推進法

　モデル地域は地域類型3に該当する里地里山からの要望が最も多く，農山漁村が地域文化や生態系を活かしてエコツーリズムに取り組むという，日本特有のアプローチがあることが明らかとなった。地域が主体となるエコツーリズムの推進をより支援するために，2007年6月に超党派の議員立法として成立したのがエコツーリズム推進法（右頁下図）である。主務官庁は環境省，観光庁，文部科学省，農林水産省の4省庁共管である。

　同法ではエコツーリズムの理念を「自然環境への配慮」「観光振興への寄与」「地域振興への寄与」「環境教育への活用」としている。地域ぐるみでエコツーリズムを推進する体制（エコツーリズム推進協議会）を構築し，国が定めた基本方針に則ってエコツーリズム全体構想を作成し，政府がこれを認定すれば認定自治体となり，構想書が法的根拠を持つ。構想書には自然観光資源の保護措置を記載することができるため，国立公園などの法

エコツーリズムモデル地域

地域類型	モデル地域
1　豊かな自然の中での取り組み	知床，白神，小笠原，屋久島
2　多くの来訪者が訪れる観光地での取り組み	裏磐梯，富士山北麓，六甲，佐世保
3　里地里山の身近な自然、地域の産業や生活文化を活用した取り組み	田尻，飯能・名栗，飯田，湖西，南紀・熊野

(出所) 環境省ウェブサイト。

的措置がない場所であっても，同法によって保全が担保される（愛知・盛山 2008）。

第1号認定地域は埼玉県飯能市（2009年）である。

❖エコツアーガイドの重要性

同法では，自然観光資源について知識を有し，案内または助言をする者としてガイドの存在を重視している。エコツーリズム推進にかかわる全国組織のNPO法人日本エコツーリズム協会等が，各地でガイド養成講習会を開催しているが，通訳案内ガイドや添乗員ではない自然や文化ガイドに関する資格制度や法令などは日本では未整備である。

（海津）

エコツーリズム推進法の枠組み

エコツーリズムとは
観光旅行者が，自然観光資源について知識を有する者から案内または助言を受け，当該自然観光資源の保護に配慮しつつ当該自然観光資源と触れ合い，これに関する知識および理解を深めるための活動

背景
○環境問題への関心の高まり
　→実際に自然とふれあい，その仕組みを理解することが重要
○観光による自然への悪影響（踏み荒らし，ゴミ散乱，混雑等）
　→自然保護に配慮した観光の推進

推進の枠組み

基本理念
○自然環境への配慮　○観光振興への寄与
○地域振興への寄与　○環境教育への活用

政府がエコツーリズム推進の基本方針を策定

地域ぐるみの推進体制の構築
○市町村は，事業者，NPO等，専門家，土地所有者，関係行政機関等による協議会を組織できる。
○協議会はエコツーリズム推進全体構想を作成し，エコツーリズムを推進。
　→エコツーリズムの実施の方法，自然観光資源（動植物の生息地等）の保護措置等を規定。

全体構想の認定・保護措置
○市町村は，主務大臣に対し，全体構想の認定を申請できる。
○認定された全体構想に係るエコツーリズムについては，国が広報に努めるとともに，各種許認可等で配慮。
○市町村は，認定された全体構想に基づき，保護を図るべき特定自然観光資源を指定できる。→汚損・損傷等の禁止，利用者の数の制限等が可能。

(注)　主務大臣：環境大臣，国土交通大臣，農林水産大臣，文部科学大臣
(出所)　環境省ウェブサイト。

27　環境協力金と環境負担金——観光と環境

❖ 資源の保全コストをどう捉えるか

　観光行動とは観光者が観光資源と出会い，体験することであるが，見方を変えれば観光は資源の消費の上に成り立つものということができる（→49）。大衆観光ブームの時代には，対価を支払う観光者には資源を浪費する権利まであるかのように見なされてきた。だが1992年の「環境と開発に関する国際連合会議（UNCED）」（地球サミット）がテーマとした「持続可能な開発」が一般常識になった今日，観光においても資源や地域を保全しながら活用することが求められている（→28）。

　自然地域や野生生物，生活文化などが観光資源となる場合，保全手段を明らかにするために事前の調査やモニタリング，専門家のアドバイスなどが必要となることが多い（→27）。また保全活動はさまざまな作業を伴う。このように保全を実現するためにはコストがかかるが，その費用を観光という楽しみを享受する観光者にも協力してもらって捻出しようという考え方を「受益者負担」という。いわば環境保全コストを観光者にも一部"負担"してもらおうという発想に立った呼称である。観光を通して資源の保全に寄与する方法であるが，その1つとして，環境協力金や環境負担金がある。環境協力金とは，環境保全や保護を達成するためにかかるコストを捻出するために観光者から徴収する金を指す。

❖ 多様な環境協力金

　環境協力金を制度として導入している地域の事例は，まだ多くはないが，少しずつ見られるようになってきた。世界自然遺産の屋久島では，山岳部利用対策協議会が主体となり，2008年4月から山岳部保全募金を創設し，登山道のトイレの屎尿搬出作業の人件費に充てている。1口500円で，各登山口や主要な観光施設，役場，フェリーなどに募金箱を設置している。募金であり，支払い強制力はないため，2010年には徴収者を配置するようになった。

　また財団法人自然公園財団は，公園内の駐車場を管理し，徴収した駐車

料金を国立公園のトイレ管理や美化清掃などの資金に充てている。沖縄県国頭村にある比地大滝(ひじおおたき)では，1人当たり200円の環境協力金を「通行料」として徴収し，滝までの道の清掃や整備に充てている。環境協力金を税金として徴収している自治体として，沖縄県伊是名村(いぜなそん)および伊平屋村(いへやそん)がある。島民を含め，沖縄本島からの航路利用者から一律船内で100円を徴収している。徴収金は村の税収として歳入に組み込まれ，美化や環境整備などの公共事業に利用されている。海外では，ガラパゴス諸島（エクアドル）が外国人観光者に対して1人一律100USドルの公園入園料を課している。

民間企業である星野リゾートのグループ会社ヤッホーブルーイング（長野県佐久市）で醸造している地ビール「軽井沢高原ビール」は，商品価格に自然保護のための寄付金を組み込んでいる。ビールを飲みながら環境保護に貢献する仕組みである。またJTB（株式会社ジェイティービー）では二酸化炭素排出量をオフセットするコストを組み込んだパッケージツアーを販売し，観光によって発生する環境負荷を軽減する試みを実践している。

❖ 環境協力金の課題

利用者に対して環境協力金を設定しようとするとき，問題となるのが金額の査定と徴収システムである。利用者の支払意思の事前把握が必要である。徴収金額を設定するために用いられる調査方法には，アンケートで支払意思額を尋ねる方法や，環境の価値を尋ねる仮想評価法などがある（⇒49）。それらの調査によれば，観光者の来訪意欲と設定金額には相関関係があることを示唆している（下村 2008）。

徴収システムには強制型や寄付型があるが，寄付型での徴収は100%の回収は困難であることがわかっている。だが地域制国立公園制度（⇒24）を敷いている日本では，公園入口にゲートを設けて一律的に協力金を徴収することはできない。また環境財の利用は無料であるという考え方もまだ根強い。屋久島でも試行錯誤を繰り返し，ようやく上記の制度が実施に至っている。

とはいえ，環境保全に多様な主体の参画が必要とされる時代となった今，観光が地域の自然や文化の質の維持に直接貢献する方法として，環境協力金はわかりやすいツールといえよう。

（海津）

28 モニタリング——環境と観光の定期検診

❖ モニタリングは定期検診

モニタリング（monitoring）は，公害対策や地球環境の変動など継続的なデータ把握の普遍的な手法として用いられてきた。本来の意味は，何らかの作用を講じた後の効果を継続的に監視・測定することである。モニタリングは定期検診のようなものであり，その重要なポイントは，対象の微細な変化を見逃さないことにある。

まちづくりや自然分野，福祉分野，教育分野などでもこの用語を使用する頻度が増えている。それに伴い，従来は専門的知見を有する研究者や科学者が行うものと考えられてきたモニタリング調査も，手法を簡便にアレンジしたり，チェックポイントを明確化したり，扱いやすい調査キットが開発されたりすることにより，市民でも参加できる手法になってきた。環境省は，全国を10の生態系に区分し，それぞれの区を代表し環境変化のモニタリングに適したポイントを計1000カ所選定し（モニタリング1000），住民参加を得ながら継続的な調査を実施している。

また同省が1973年から継続して実施している自然環境保全基礎調査（通称 みどりの国勢調査）では動植物の生息・生育状況を細目にわたって定期的に調べているが，1984年から2001年にかけて，調査項目に「身近ないきもの調査」を採り入れるようになり，「せみのぬけがら」一斉調査など，子どもでも参加できる調査を実施している。

❖ 観光分野におけるモニタリング

観光が観光地や観光者に負の影響を与えないため，また観光を通した持続的な地域運営を図っていくために，利用に伴う環境や地域社会への影響を継続的に把握することが必要であるという認識も並存している。これまで実施されてきた観光利用にかかわる調査としては，観光入込客数の年次調査や出入国統計など，主として人々の移動にかかわる統計調査が偏重されていた。しかしエコツアーや世界遺産観光などにより，自然地域や観光地整備がなされていない里山・里海などが観光・交流の場となる機会が

観光利用にかかわる影響評価項目

項目	内容
①観光利用実態	観光者数,利用動態,観光者属性,消費額の変化
②観光者への影響	顧客満足度など
③自然環境や空間への影響	動植物資源の生息・生育状況の変化
	利用する場所・ルートなどの状態変化（例：登山道など）
	景観の変化
	大気・水質・騒音等公害にかかわる変化など
④地域社会への影響	地域産業への影響,雇用創出効果,住民意識の変化など

（出所）環境省（2004）をもとに作成。

急速に増えている現在,観光利用による自然への影響は看過できないものとなっている。観光にかかわるモニタリング項目としては,①観光利用実態,②観光者への影響,③自然環境や空間への影響,④地域社会への影響などがある（表）。モニタリングは,継続的に調査を行うことにより,変化を分析する。同じ指標で調査を続けること,また調査結果を専門的視点から評価するための体制が必要とされる。

❖住民参加型モニタリングの必要性と順応的管理

磐梯朝日国立公園裏磐梯地区（福島県）では,地元住民やガイドらが設立した裏磐梯エコツーリズム協会が中心となり,近隣や全国にも呼びかけ,とくに利用頻度が高いトレッキングコース周辺の環境変化を定点撮影と踏査によってモニタリングしている。自然資源や観光利用に供する地域の維持管理にベストな手法はなく,賢明な利用（ワイズユース）とモニタリングからのフィードバックに適応した順応的管理との組み合わせが望ましいとされている。

（海津）

第3章

観光を仕掛ける装置

運輸技術から情報社会まで

ヒマラヤ前面の斜面に広がるヒルステーションの風景（インド・ダージリン）

29　移動のテクノロジー——鉄道と近代ツーリズムの誕生

　観光という新しい経験を可能にしたのは，19世紀が生み出した新しいテクノロジー，とりわけ鉄道の発達であった（山下 1999: 22-24）。世界で最初の本格的な鉄道が開通したのは1830年，マンチェスターとリバプールの間だったが，マンチェスターは当時の新しい工業革命の中心地，リバプールはイギリスと世界をつなぐ港湾都市だった。鉄道は工業革命を支え，維持し，発展させるテクノロジーとして出発し，19世紀を通して世界中に展開されていったのである。

❖パノラマ的な風景——観光空間の成立

　重要なのは，鉄道が旅を速く，快適なものにしただけでなく，世界の見方をも変えたという点である。W. シヴェルブシュは，鉄道がもたらした「時間と空間の抹殺」によって生み出された新しい風景——「パノラマ的な風景」——に対する新しい感覚について述べている。「窓からの眺めは」と，シヴェルブシュはシュテルンベルガーの言葉を引いている。「その奥行きを完全に失った。それは，どこへ行っても広がっていて，至るところで絵画的平面ばかりの，全く同じパノラマ世界の，一部にすぎなくなっている」（シヴェルブシュ 1982: 79）。

　この奥行きの喪失感覚は，1851年のロンドンでの第1回万国博覧会に出展された「水晶宮」（クリスタル・パレス）のようなガラス建築と同質のものだとシヴェルブシュは指摘する。すなわち，「大気の質を変えることなく，ガラスが水晶宮の内部空間を，外部空間と分離するように，鉄道の速度は以前は旅人がその一部であった空間から旅人を分かつのである」。

　この旅人が抜けてしまった空間は「タブロー（絵画）」になり，「パノラマ的にものを見る目は，知覚される対象ともはや同一的空間に属していない」（シヴェルブシュ 1982: 80）。さらに，車窓の外に展開されるこの「パノラマ的風景」は，写真，絵はがき，文学，映画，雑誌，旅行ガイドブックによってさらに客体化され，強調され，洗練されていく。風景は「名所」となり，名所観光が成立する。

❖ 観光のまなざし

 こうして，J. アーリが「観光のまなざし (tourist gaze)」と呼ぶ，風景に対する独特な切り取り方が成立する。アーリは述べている。「この (観光という) 体験の一部は，日常から離れた異なる景色，風景，町並みなどにたいしてまなざしもしくは視線を投げかけることなのだ」(アーリ 1995:2)。

 このまなざしは D. マッカネルのいう観光の「枠づけ」でもある。マッカネルによれば，「観光とは単なる商業活動ではなく，同時に歴史，自然，伝統のイデオロギー的な枠づけであり，権力が自らの必要から文化と自然を改造する枠づけである」(MacCannell 1992:1)。ここでは観光は (とりわけ権力が) 世界を独特の仕方で見て，切り取り，さらに創り出していく方法として登場してくる。

❖ 近代ツーリズムの誕生

 近代観光のもう 1 つの特徴は，それが一部のエリートのためではなく，大衆の楽しみとして展開されていったことである。この点で大きな貢献をしたのは，イギリスの T. クックである (本城 1996)。クックは，1841 年，禁酒運動の大会参加者 485 人 (一説に 570 人) をレスターからラフバラーまで借り切った列車で運んだ。レスターとラフバラーの距離は 18 キロメートル，この旅行は日帰りの短いものだったが，鉄道を利用して割安な団体旅行にしたてたという点では，この旅行は近代ツーリズムの誕生をつげるものだった (→4)。

 その後クックは，リバプールやスコットランドへの団体旅行を組織し，1851 年にはロンドンで開かれた第 1 回万国博覧会への旅行を企画して大きな成功を収める。さらに，1855 年のパリ万博をきっかけにヨーロッパ大陸へのツアーを開拓し，1866 年にはアメリカ，1869 年にはパレスチナとナイル川，そして 1872 年には世界一周ツアーを企てていくのである。

 こうして，鉄道や汽船という移動のテクノロジーの発達とともに，団体割引，ホテル・クーポンなどといった新しい旅行のシステムが作り上げられ，近代的な旅行業 (パック旅行とトラベラーズチェック) が確立されていったのである。クックが「近代ツーリズムの創始者」(ブレンドン 1995) といわれるゆえんである。

(山下)

30 鉄道敷設と霊場——私鉄は何を運んだか

❖ 鉄道網と近代国家

19世紀以降,西欧諸国は産業化の進展に合わせて,国内鉄道網の拡充につとめた。大量輸送を可能にした鉄道は,国家発展にとって最重要となる社会基盤だったからだ。日本も明治以降,近代国家としての発展とともに全国に鉄道網が拡充された。その後,1906年に鉄道国有法が成立し,官設鉄道と17社の私鉄が一元化され,日本の物流の大動脈として国有鉄道が成立する。この鉄道網は,第二次世界大戦後の1949年に国有企業体としての日本国有鉄道(国鉄)へと引き継がれ,1987年の国鉄民営化によるJRグループの発足を経て現在へ至る。

鉄道国有化は,鉄道が日本の基礎的社会基盤,産業基盤として位置づけられ,また国家と鉄道が不可分の関係にあったことを示している。したがって,1964年の東海道新幹線の開通,1970年の日本万国博覧会(大阪万博)の開催,そして同年に始まる,国鉄による「ディスカバージャパン」キャンペーンまで,国鉄が「観光」を前面に押し出す例は多くない。国有鉄道として,物流の基幹を担うという意識が強かったのである。

❖ 私鉄と沿線文化

一方で私鉄は,公共性の強い国有鉄道とは異なる私企業である。利潤追求という目的は,私鉄沿線に独特の文化・社会を創造した。1910年に梅田～宝塚間に開業した,現在の阪急電鉄の創業者小林一三の業績は有名である。沿線の住宅地開発から,宝塚歌劇団の創立(1914年),そして日本初のターミナルデパート「阪急百貨店」の梅田駅開業(1929年)など,小林は現在の沿線開発の先駆けとなる事業を進めた。ちなみに,阪急百貨店の大食堂は,当時まだ大衆食ではなかったカレーライスを廉価で提供し,カレーライス普及のきっかけを作ったともいわれる。

❖ 郊外の目的地としての寺社

もう1つ,私鉄の発展史の中で忘れてならないのは,観光,とくに寺社といった霊場と鉄道との関係である。大都市の場合,都市部から郊外へ放

射状に路線が敷設される私鉄が多いが，郊外のターミナル駅の近くには観光地が形成されている。首都圏では新宿と小田原（箱根），江ノ島を結ぶ小田急電鉄，池袋と秩父を結ぶ西武鉄道，浅草と日光を結ぶ東武鉄道はその代表例だろう。さらに，ターミナル駅付近，あるいは沿線に参詣者が多い，有名な大寺社があるケースもまれではない。前述の路線にも，神奈川県中部の大山阿夫利神社，秩父三四カ所観音霊場，日光東照宮といった一大参詣地が含まれている。また，京浜急行電鉄は神奈川県川崎市にある川崎大師への，京成電鉄は千葉県成田市にある成田山新勝寺への参詣者輸送を目的として設立され，近畿日本鉄道の伊勢への路線拡張は伊勢神宮への参詣者輸送を目的としていた。

川崎大師駅

この傾向は，首都圏，関西圏以外の地方における私鉄の発展でも同様に見られる。福岡県太宰府市にある太宰府天満宮と西日本鉄道，香川県仲多度郡琴平町にある金刀比羅宮と琴平電鉄，島根県出雲市の一畑薬師・出雲大社と一畑電車など，地方においても私鉄と寺社は深い関係にある。

❖ 鉄道は何を運んだのか

国有鉄道と私鉄の性格の違いは，日本の観光史を考えるうえで興味深い事例といえる。国有鉄道の場合，国家発展，経済発展のための社会基盤という特徴を持つのに対し，私鉄はあくまで大衆とそのニーズの下に発展した。この特徴は，そのまま日本人の観光史にも反映されている。とくに新幹線の登場以前，私鉄は巡礼（→5）を含めた大衆観光のニーズに積極的に対応していたのである。日本の観光史を語る場合，寺社参詣は江戸時代の伊勢参宮の興隆という枠内で語られることが多いが，霊場と私鉄の持つ関係は，明治以降も，大衆の寺社参詣への希求が途絶えることがなかった点を物語っている。比喩的にいえば，国鉄は「近代」や「国家」を運んだが，私鉄は「大衆」とその「思い」を運んだのである。　　　　（中西）

31　空港——大交流時代を支える最重要拠点

　国際間の大交流時代を支えるのは、もっぱら航空路である。空港は鉄道なら駅に相当するが、最近の世界の主要な空港を見ると、単なる駅という概念を大きく超えている。滑走路は4000mクラスが最低でも2本、大きなところは6本。巨大なターミナルビルは、まず24時間眠ることがない。まるで1つの都市であり、レストラン群・ショッピングモールはおろか、ホテルやプール、スポーツジム、ところによっては博物館まで備えている。広いターミナルビルの中を移動するのに、電動のタクシーが行き来する。乗り継ぎ客はシャワーを浴び、サウナでリフレッシュする。巨大空港には100社を超える航空会社が飛び込み、世界百数十都市と常時空路で結ばれている。国際交流の実力はその国の主要な空港を見ればいい。

　さてハブ空港というのは、特定航空会社にとっての基幹空港のことである。アメリカの航空会社が1970年代末頃から採用した、基幹空港を中心とする航空便の路線展開を「ハブ＆スポーク・ネットワーク」と呼んだ（自転車の車軸とスポークからの連想）。このシステムはハブ空港から放射線状に、短距離空路が複数の地方都市をつなぐ。ハブに集められた旅客はそこから長距離幹線航路に積み替えられ、大都市や外国へと輸送される。また、ハブ空港Xを中心にA空港・B空港・C空港・D空港があったとすると、ABCD間の移動はすべてX乗り継ぎで行われる。A→B、B→C、あるいはB→D、D→Aなどのように地方空港間の直行便はない。このシステムは航空便の運行効率が格段にいい。同一機材を揃え、便数を増やして稼働率を高めることで、運賃も下げられる。デメリットは、ハブ以外の地方空港間の移動に、すべてハブでの乗り換えが生ずることである。

❖仁川でつながる日本各地と世界

　成田空港は2009年現在、世界40カ国110都市と結ばれている。滑走路は4000mと2180m（10年に2500mに延長）が各1本。しかし1969年の開港以来、成田は欠陥空港と呼ばれてきた。というのも、長距離大型機用の離着陸滑走路が1本しかなく、1日のうち夜11時から朝6時のほぼ3

分の1が閉じられ、そして国内便や鉄道などへの乗り継ぎ機能が劣悪であるからだ。おそらく、羽田の国内便乗り継ぎに3時間半所要というのは世界最悪であろう。

　こうした状況に比べて、韓国の仁川（インチョン）空港を例に、成田の状況との比較をしてみよう。滑走路は3750mが2本、4000mが1本、今後もう2本が計画されている。就航している航空会社は58社が40カ国122都市へと、こちらは現行の成田とあまり変わらない。しかしこの空港の利便性が抜群であることと、日本と中国までの全体を視野に入れた国際ハブを目指している点が、成田を大きく圧倒する。すでに仁川は日本各地25空港からのハブとなっており、各地からの旅客を仁川経由で世界各地へ送り出している。日本の各地は成田や羽田ではなく、仁川を通して世界とつながっている。世界からもまた同じである。さらに、同じような機能を果たす空港が上海、香港、バンコク、シンガポールと目白押し、それほど各国ともに、大交流時代を支えるハブ空港を重要視しているのである。

❖ 空の「鎖国」はいつ解ける

　日本は2009年になってようやく、前原誠司国土交通大臣（当時）が羽田を国際ハブに、と声を上げた。成田の状況は大きく変えられず、羽田を24時間空港にするのが国際ハブとしては手っ取り早い。しかも羽田はすでに国内ハブになっているから、24時間空港にすれば国際・国内のハブが兼ねられる。羽田がカバーしきれない分を成田でまかなう。前原大臣はJRに対しても新幹線の羽田乗り入れ検討を要請した。他国では当たり前の、空路と鉄道網の結合である。ちなみに、国際線と国内線乗り継ぎの合理性と利便性を高めるため、成田と羽田をわずか15分のリニア鉄道でつなぐという案が、すでに1989年の時点で提案されている。

　ざっと半世紀前に行われた成田空港の設計では、滑走路は3本だった。それがいま、大交流時代の日本の空は無残である。97もある国内空港に、満足に機能しないハブ空港。2009年現在、およそ60社が乗り入れ、まだ60社を「待たせている」成田空港では、現行乗り入れ中の航空会社もさらに便数を増やそうと試みているところだ。日本の空の「鎖国」が解けるのはしばらく先であろう。

（小林）

32 ヒルステーション——風景の発見と避暑地の成立

❖軍事から避暑へ

　ヒルステーションは宗主国が植民地の山地部に，冷涼な気候条件を利用するために建設した都市空間である（Inagaki 2009）。ヒルステーションはインドをはじめとして植民地化されたアジア全域に点在し，北アフリカなどにも例を見ることができる。紅茶で有名なインド西ベンガル州のダージリン，日本人のリタイアメントコミュニティとして知られるマレーシアのキャメロンハイランドなどはイギリスが作り出した典型的なヒルステーションである。

　もともとヒルステーションの役割は地政的・戦略的要衝を押さえ，冷涼な気候を利用して安全に軍隊を駐屯させることであった。このため英領インドが清と対峙したヒマラヤの前面には，ダージリンをはじめ後年インドの夏の首都となるシムラなど，代表的なヒルステーションが林立している（Kennedy 1996）。

　しかし開発の進展とともに軍事的な目的に加えて，気候条件を利用した療養，沿岸都市の暑さや湿気から逃れる避暑の場として利用され始める。これに伴って植物園，競馬場などの余暇施設が作られ，さらには植民者の子弟のための学校などが設置され避暑地化が進展する（Kanwar 1991）。

　この経緯からして，ヒルステーションは避暑地・リゾート開発の先駆けと見なしてよい。また旧植民地の余暇空間として，現在につながる観光のポストコロニアル状況が生じる場所としても興味深い（→66）。

❖植民地の維持装置としての余暇空間

　植民地経営の中心は，本国との交易の基点である沿岸部の植民都市であった。しかし熱帯，亜熱帯地方の沿岸都市の多くは，酷暑と湿度のために，西欧的な生活を営める場所ではない。一方ヒルステーションでは冷涼な気候の下，温帯の花卉類に囲まれた本国風の家に住み，温帯の野菜や果物からなる食生活，さらには競馬，クラブなどの社交の場を通じて西欧的なライフスタイルが可能である。酷暑の期間，気候条件にむしばまれる沿岸都

市から，植民者たちは擬似的西欧空間であるヒルステーションに居を移し，また家族をヒルステーションに居住させた。ヒルステーションは生活を通じて西欧人としてのアイデンティティを維持するための，いわば安全装置として機能していたといえよう。このため多くのヒルステーションは，コルカタ（カルカッタ）とダージリン，ホーチミンシティ（サイゴン）とダラットのように，沿岸植民都市を母都市とする組み合わせで成立している。

擬似的な西欧的景観はヒルステーションの特徴である。多くのヒルステーションは軍事的な探査の結果「発見」される。「発見」とは他者の土地に，西欧人が湖水地方などの自らの絵画的風景を見出すことにほかならない。ヒルステーションはその出発から恣意の産物であり，「風景の発見」以降，針葉樹の植林などによって自然環境が改変され，バンガロー，ホテル，学校，教会の建設など擬似西欧的な人文的景観が形成されていく。

❖ 戦後のヒルステーション

植民地時代の末期には一定の現地化が進行する。インドでは藩王たちがこぞって別邸いわゆるサマーパレスをつくり，植民者の子弟に限られていた学校も植民地の上層階級の子弟を受け入れるようになる。ヒルステーションは戦後旧植民地の独立で終焉を迎える。ヒルステーションはまぎれもない植民地主義の所産である。しかし旧植民地の人々は植民地主義に反対する言説（意見）と，その所産であるヒルステーションを擁護する言説とを巧妙に使い分け，新興の国民国家の中でも，ヒルステーションは命脈を保ち続ける。

ヒルステーションはオリエントの中に恣意的に作られた西欧的空間であり，旧宗主国の人々にとってノスタルジックな場所である。周縁的な性格から旧植民地の人々にとってもエキゾティックで特別な空間と見なされ，その独特な西欧的景観から新婚旅行先として人気が高く，訪れる国内旅行者も数多い。また旧植民地の経済成長によって生まれた富裕階層にとって，ヒルステーションにおける別荘所有はステータスシンボルとして機能している。今後とも観光の枠組みの中で，ヒルステーションは独特な位置を維持し続けていくことになるだろう（稲垣 2009）。　　　　　　（稲垣）

33 観光地とリゾート——日常化する観光,通過型から滞在型へ

❖リゾートとは何か

　観光地は観光行動の対象となる一過性の空間であり,リゾートは一定の頻度で訪れ日常生活を一時的に移転させる余暇空間である。週末の慰安旅行に対応した温泉地は観光地の典型であり,年に何回か訪れる別荘地はリゾートの代表である。一般的な理解のうえでは類似性はあるものの,観光地とリゾートは異なった余暇需要に対応する,異なる余暇空間といえよう。しかし現実の事例を見るかぎり,この差異は明確ではない。

　ハワイの温暖な気候を求めて半定住する高齢者は少なくない。またコンドミニアムを所有・賃貸して一定期間,生活する人々も多い。これらの人々の多くは特別なレジャー活動を行っているわけではなく,異なる生活圏で普段の日常生活を行うことで,レジャー効果が生じると見なすことができよう。この側面から見ればハワイはリゾートである。反面主要な観光スポットを団体バスで回り,ショッピングに多くの時間を費やす観光客も少なからず存在する。この意味でハワイは観光地としても機能している。

　この二重性は,観光地とリゾートが宿泊型余暇空間として連続的で比較可能な存在であり,ハワイがその両極に位置することに起因している。また観光地という概念が空間的性格を指すのに対し,リゾートという概念にとって重要なのは,空間の形態よりはそこで行われる余暇活動の形態や性格であるという視点の差も,両者の関係を考えるとき,避けて通ることのできない問題である (Farrell 1982, Mak 2008)。

❖バブル経済下のリゾート開発

　1980年代後半のバブル経済の時代には,「観光地からリゾートへ」という標語が喧伝された。総合保養地域整備法いわゆるリゾート法が制定され,リゾート開発という名目でゴルフ場,スキー場,マリーナなどを中核とした大型宿泊基地が次々と計画された。しかし多くがバブル経済の崩壊で頓挫し,完成したものの行き詰まり破綻した例も少なくない。期待された経済効果,雇用効果は発生せず,逆に地元自治体の財政負担のみが残った事

例も多い。80年代のリゾートは失敗であったと結論づけることができよう（佐藤 1990）。

しかし観光地からリゾートへという当時の方向性が間違っていたと結論づけることは早計である。従来国内の観光地の多くは，資源に寄生するかたちで自然発生的に始まり，小規模で無秩序な開発が横行し，混乱した空間と化していたことは事実である。こうした観光地の現状を打破するため，資源をより有効に利用し，計画的で質の高い，長期滞在にも耐えうる余暇空間を作り出そうとした意図は評価されるべきであろう。また政策的視点から見ても，所得の増大，余暇時間の増加，余暇体験の深化という社会的要因を背景に，所得消費的で受動的な短期間の観光から，より能動的な長期の余暇へという流れは必然であったと見なすことができる。

❖時間消費型余暇への転換

現在余暇の趨勢は所得消費から時間消費へと大きく移行している。従来の所得消費型で短期の観光に替わり，リゾート型余暇の拡大は著しい。リゾートの特徴は日常生活の移転であり，日常性からの脱出を特徴とした従来型の観光とは大きく様相が異なる。スペイン，黒海沿岸などにリゾートが発達した大衆観光下のヨーロッパの例でも典型的なように，リゾートはリゾート客の発地（発地とは旅行者が出発する地域，着地とは旅行目的地を指す）より物価水準の低い，いわば生活の楽な地域に展開していった。リゾートでは支出性向の高い従来型の観光に比べ，支出単価は低下する。これを反映して受け皿としての余暇空間が備えるべき機能も変わらざるをえない。日本でも従来からの温泉地では大型旅館が倒産し，温泉つきのマンションに転用され，新たに分譲マンションとして建て替えられる例も多い。これはある面で温泉観光地の衰退としても捉えられるが，反面では社会の高齢化を背景としたリゾート化の進展でもある。通過型観光に比べて，より日常性に近い余暇形態であるリゾート化の進展に伴い，従来型の観光産業の提供する施設・サービスは需要と乖離しつつある。観光産業自体も変化を要請されている。同時に地域もリゾート化という新しい余暇ニーズに対して対応を模索すべき時期にきている。

（稲垣）

34　温泉——日本的リゾートの成立

❖ 温泉とリゾート地

　温泉が観光地を形成する事例は，日本に限られたわけではない。とくにヨーロッパでは，古くから温泉がリゾート地（⇒33）の中核になる事例が見られる。ヨーロッパ諸言語において温泉を意味する"spa"の語源となったベルギーのスパ，ドイツのバーデン・バーデンはその代表だろう。これらの温泉は，主に療養・保養といった医学的目的を中心に利用され，この傾向は現在でも続いている。

❖ 日本の温泉と宗教

　日本の温泉利用も，基本的にはヨーロッパと同じく治療を起源としていたようだが，温泉文化が仏教の影響を強く受けている点に特徴がある。古くからの日本の温泉地の開湯伝承には，空海（弘法大師），行基といった僧侶が登場する話が多い。

　日本の宗教的特徴と温泉の関係を示す好例は，和歌山県田辺市本宮町にある，湯の峰温泉の「つぼ湯」だろう。この温泉は熊野本宮大社近くに位置し，熊野詣，熊野信仰とも深く関係する。中世の説教をもとに近世初期に作られた説教節に登場し，その後の浄瑠璃，歌舞伎でも演じられた小栗判官と照手姫の物語では，物語の後半，死んだ小栗は閻魔大王の裁きにより，異形の餓鬼阿弥の姿でこの世に送り返され，このつぼ湯の薬効によりもとの姿を取り戻すというくだりがある。温泉の効能がそのまま熊野の霊験として語られるのである。

❖ 温泉の大衆利用の始まり

　日本における温泉利用は江戸時代にさかんになる。この時期から，日本的リゾートとしての温泉という形態が整いだすが，その担い手が庶民層だった点がヨーロッパとの違いといえるだろう。江戸時代，現在の兵庫県にある有馬，神奈川県の箱根，群馬県の草津などは湯治場として多くの湯治客が訪れていた。湯治客は自炊をしながら1週間を「一回り」として滞在し，だいたい2～3週間ほど滞在するのが常であったようだ。この湯治も

基本的に治療，保養が目的であり，現代の有給休暇のようなかたちで武士が湯治に行くことは許可されていた。

また，十返舎一九の滑稽本である一連の『膝栗毛』のシリーズは，19世紀前半，庶民の間に温泉地での湯治が定着していたことを示す史料である。1814年出版の『東海道中膝栗毛』の続編，『続膝栗毛』第10編（1820年）は草津温泉への旅を題材にしている。

別府駅前の油屋熊八像

❖ 近代的な温泉観光地，別府

明治に入り，鉄道をはじめとする交通網が整備され，大規模な近代的温泉観光地が誕生する。以下では，日本の温泉観光地の代表といえる大分県の別府と由布院について述べてみたい。別府は江戸時代，既に多くの湯治客を集める温泉地であったが，1871年に別府港が完成，1873年に大阪―別府間の航路が完成することにより，大衆観光地としての基礎が作られた。

また，「別府観光の父」とも呼ばれる油屋熊八の功績にも触れるべきだろう。旅館・ホテル経営から出発した油屋は，1928年にはバス会社を設立し，現在の別府観光の定番ともいえる「地獄めぐり」を考案，そしてそこを日本初の女性バスガイドの案内つき定期観光バスのルートとした。そのほか「山は富士，海は瀬戸内，湯は別府」というキャッチフレーズの考案など，彼は時代を先取りするさまざまな新機軸を打ち出した。同時に油屋は，由布院の中谷巳次郎とともに，文人墨客を接待するための日本的な別荘を由布院に建て，日本的な高級温泉リゾート地としての由布院の基礎を築いた。

別府では現在でも，湯治の伝統を受け継ぐ貸間旅館（食事は自炊で賄う部屋貸し旅館）が現役で頑張っている。別府から由布院にかけては，多様な階層の人々を対象にした多様な日本的リゾートが混在する地，近代の温泉観光が濃縮された地といえるだろう。

(中西)

35　万国博覧会——万博が生み出した世界旅行やマスツーリズム

❖万国博覧会の誕生と帝国主義的まなざし

　大航海時代以降，ヨーロッパの貴族たちは世界各地の物珍しい動植物などの標本を蒐集し，邸宅の私的な陳列室に並べ立てた。17世紀中頃になると，標本間の同一性・差異性の関係を比較して分類・序列化し，世界の自然史を整理づけようとする博物学がさかんになる。18世紀中頃にはC. リンネやG.L. ビュフォンなどの博物学者が活躍し，1759年にロンドンの大英博物館，1793年にはパリの国立自然史博物館（およびルーブル美術館）が一般公開された。同時に，世界各地の動植物や人々に関する記録や旅行の記録も数多く出版されるようになっていた（吉見 2010）。

　この18世紀の後半，ヨーロッパの人々は博物館や本を通して，広く世界（の自然や人々）を見渡す視線を獲得し始めていた。それはあくまでもヨーロッパを中心とし，その高みから周縁地域へと向けて見下ろすような帝国主義的・植民地主義的な俯瞰のまなざしであった。こういった世界を俯瞰する視線が，パリやロンドンで繰り返し開催されていた産業博覧会へと持ち込まれ，大衆娯楽の大祭典へと発展したものが万国博覧会である。

❖万国博覧会と世界観光

　1851年開催のロンドン万博では鉄とガラスで造られた「クリスタルパレス」に欧米諸国の工業製品や植民地が提供する原材料などが並べられただけで，まだ産業博覧会の延長上にあった。しかし，当時すでにイギリスではロンドンを中心に鉄道網が整備され，また『パンチ』や『ロンドン画報』といった雑誌が毎号のように万博の様子を伝えたため，600万人が訪れた。団体観光旅行の組織化を進めていたT. クックは博覧会クラブを作って旅行・博覧会見学代金の積立制度を始め，また，顧客に博覧会ガイド誌も提供して，自らの旅行業を発展させた（ブレンドン 1995）。

　1867年のパリ万博では100以上のエキゾティックなパビリオンが造られ，たとえばエジプトやメキシコの神殿に並んで，芸者たちが接待をする日本風の茶屋まであった。78年のパリ万博からはフランスやその他の国

が支配する植民地を紹介するスペースが大きく拡大され，89年のパリ万博では植民地の諸民族を会場内の「原住民集落」に住まわせ，その「未開性」を展示するようにさえなった。万博のために造られたエッフェル塔が天空から会場やパリの街を俯瞰することを可能にし，会場に敷設された小型鉄道が世界各地のパビリオンや「原住民集落」を通覧することを可能にした。こうして万博は人々に世界観光のあり方を教えた（⇒57）。

❖ 万国博覧会とオリンピック，テーマパーク

第1回の1896年アテネ大会を除けば，オリンピックは第2回の1900年パリ大会，第3回の04年セントルイス大会，第4回の08年ロンドン大会と，いずれも万博に付随して開催された。セントルイス大会では，万博の「原住民集落」に集められた諸民族の運動会の方が人々の好奇心を集めた。北海道からアイヌの人々も参加させられた（Starr 1904）。オリンピックが万博から独り立ちするのは，ナチスドイツが聖火リレーや巨大スタジアムでの開会式典を発明してショーアップを図った36年ベルリン大会からである。

また，いまや観光の重要な舞台であるテーマパークは万博の申し子ともいえ，たとえばディズニーランドはアメリカをテーマとする博覧会のようである（⇒37）。1955年にディズニーランドを開園したW. ディズニーは64年のニューヨーク万博にプロデューサーとしてかかわり，そこで開発されたさまざまな展示技術（ライド式観覧システムなど）をディズニーランドへと導入している（「イッツ・ア・スモール・ワールド」はもともとはニューヨーク万博のために作られたものである）（能登路 1990）。

❖ 万国博覧会の時代を過ぎて

19世紀後半に生まれ20世紀を通して発展してきた万博であるが，もはやかつてほど人々の関心を集めることは困難になってきているともいわれる。万博が世界旅行やマスツーリズムの思想とシステムとが生まれ発展するのを支え，また，オリンピックやテーマパークにも大きな影響を与えてきた歴史を踏まえると，21世紀の観光の行方を考えようとする作業には万博の思想（たとえば世界の見方・見せ方）を再考してみることが有意義であることがわかるだろう。

（葛野）

36 テーマパーク——都市娯楽からグローバルなレジャー空間へ

❖ テーマパークと遊園地

　テーマパークとはテーマ性を強調した遊園地を意味する。日本ではテーマパークと遊園地を区分する用例が多いものの基準は恣意的であり，テーマパークと遊園地，アミューズメントパークとの間に決定的な差は存在しない。テーマ性を訴求するテーマパークに対し，旧来型遊園地の多くも何らかのテーマ性を取り入れ，キャラクターなどを用いることが多く，どこに両者の境界を置くかは明確ではない。テーマパークと遊園地は連続的な存在であり，テーマパークは遊園地の発展型ということができよう。

❖ 都市娯楽の登場

　近代的な意味での遊園地の出現は19世紀中期のヨーロッパに遡る。その後社会の発展段階に対応し各国で多発的に出現することになる。しかし遊園地の発生は相互の関連を持たないローカルな出来事であった。遊園地の出現を支えたのは，都市の成立とそれに伴う都市的娯楽の必要性という，近代産業社会がつくり出す巨視的な流れである。

　遊園地は2つ起源を持っている。1つは17世紀以降，都市内に成立したプレジャーガーデンであり，もう1つは時期を限って開催される移動カーニバル，見世物などの興業である。プレジャーガーデンは17世紀頃からイギリスで発展した都市内公園である。散策路，植物園，温室，音楽会用のバンドスタンドなどの設備を備えて，都市住民の域内レクリエーションに応えていた。一方移動カーニバルや見世物の常設化は，労働と余暇の二項対立的関係が固定化され，制度的な余暇時間が誕生したことを意味する。これに伴い時を限って生じる従来の祝祭的余暇空間が，遊園地というかたちで恒常的な都市娯楽に転化していった。

　遊園地の成立には，大量輸送を可能にする交通機関の発達が欠かせない条件である。交通機関の発達は，短距離移動を伴う日帰り可能な行楽地として，都市近郊に遊園地を成立させた。英仏海峡に面したブライトンは海上に建設されたピアと呼ばれる施設によって知られている。ピアの上部は

遊具，娯楽施設が集積した遊園地である。ピアが建設されるのは，鉄道開通以降のことである。いったん都市近郊の海浜リゾートとして成立したブライトンは，鉄道開通によってより大衆的な日帰り行楽地，遊園地に変身する。かつてアメリカを代表する遊園地であったニューヨーク近郊のコニーアイランドも同様である。日本でも宝塚をはじめとして遊園地の多くが私鉄の沿線開発の一環として建設されたことはよく知られている。

❖ テーマパークの現在

都市近郊に発生した行楽地におけるリゾート的性格は，鉄道の発達でより遠距離へと移動する。コニーアイランドを例にとれば，ニュージャージー，ヴァージニア，フロリダと次第に南下しカリブ海に達する。一方コニーアイランドはリゾート的性格を失う反面，遊園地として繁栄することになった。しかし都市の拡大とともに日常生活圏に取り込まれ，都市娯楽としての基盤を失い終焉を迎える。商業施設が集積した現代都市が，それ自体が祝祭性を持ち近郊の都市娯楽を必要とはしない。遊園地はテーマ性を強化し，強い誘客力を持ったテーマパークとして再生する。ウォルト・ディズニー・ワールド・リゾートは中南米の市場を意識し，その後ディズニーは海外展開を加速化した。テーマパークはグローバルな文脈の中で，都市娯楽から広い誘致圏を持った観光施設へと変身した（⇒巻末16）。

他方テーマパークはさまざまなかたちでポストモダン状況に置かれている。ディズニーランドはシミュラークルとして本物／ニセモノという対立を超えたハイパーリアリティを生み出している（Baudrillad 1981）。またバブル期のずさんな計画でのテーマパークが次々と撤退する中，堅調な集客を見せるナガシマスパーランドや富士急ハイランドは「絶叫マシーン」を呼び物にしたテーマパークである。そこでは「世界最大」「世界最高速」など若干の記号性はあるものの，安全確保という前提の下，恐怖という感覚が純粋に商品化されている。さらに電鉄系遊園地が廃園する一方，設備，規模とも劣った浅草の花やしきは生き残った。これは消費の階層性が崩壊するポストモダン状況を反映している。テーマパークはグローバル化，近代の超克という2つの文脈で，極めて現代的な消費の事例を提供している。

（稲垣）

37　ディズニーランド——アメリカ的レジャーの典型

❖アメリカの「聖地」

　ディズニーランドは1955年，子どもと大人とを問わず，すべての人にとって「地上で一番幸せな場所」として，ロサンゼルス郊外のアナハイムに誕生した。テーマパークの元祖ともいわれ，ミッキーマウスなどのディズニー・キャラクターが活躍する「夢と魔法の王国」とうたわれている。

　あえて1つしか作らなかった入口から中央の「セントラル・プラザ」へと「メインストリート USA」が延びており，これはディズニーの生まれ故郷であるミズーリ州マーセリンをモデルに「古き良き町並み」を再現したものである。「セントラル・プラザ」の周囲には「アドベンチャーランド」「フロンティアランド」「ファンタジーランド」「トゥモローランド」の4つの独立したテーマランドが放射状に配置されている。

　W. ディズニー自身が開園式で「ここは，大人が過去の楽しい日々を再び取り戻し，若者が未来の挑戦に思いを馳せるところ。ディズニーランドはアメリカという国を生んだ理想と夢と，そして厳しい現実をその原点とし，同時にまたそれらのために捧げられる」と述べた通り，アメリカの過去と未来がディズニーランドの最大のテーマだともいえる。能登路雅子は「共通の伝統や歴史感覚の欠如したこの国の人々……種々雑多なアメリカ人たちを統合する場として，ディズニーランド以上に効果的な文化装置はないといってよい」と述べ，ディズニーランドをアメリカ人たちにとっての「聖地」と説いている（能登路 1990）。

❖テーマパーク型遊園地——アメリカ的レジャー

　ディズニーランドは開園後の7週間で100万人の来場客を迎え，その後，1971年にフロリダのウォルト・ディズニー・ワールド・リゾート，83年に東京ディズニーランド，92年にパリのユーロ・ディズニーランド（現パルク・ディズニーランド），2005年に香港ディズニーランドと世界的な展開を進め，いずれでも成功を収めている。

　テーマパーク型遊園地は世界各地に大小さまざまなものがある。中でも

最も古いとされるのが1843年にデンマークのコペンハーゲンにできたチボリ公園で、ディズニーランドはこのチボリ公園を参考にして構想されたといわれる。しかし今日、有力なテーマパーク型遊園地は、アメリカとアメリカからの社会・文化的影響が極めて濃い日本などに集中している。

世界のテーマパークを来場者数で順位づけると、2009年現在で、上位25カ所のうち、1位のマジック・キングダム（ディズニー・ワールド内）から8位までのすべて、11位、17位の計10カ所がディズニーのテーマパークである。アメリカにあるもの（すべてがフロリダかカリフォルニアにある）が合計で12カ所、また、アメリカ以外にあるもののうちの4カ所がディズニーのテーマパーク、1カ所がユニバーサル・スタジオのテーマパークであることも考え合わせると、テーマパーク型遊園地とはすなわちアメリカ的なレジャー施設であり、レジャー・観光活動においてこそ「アメリカ化」あるいは「ディズニー化」と呼ばれる社会・文化現象が極端に進んでいることを確認できるだろう（→巻末16）。

❖ ディズニーランドの社会・文化論

世界的に大きな成功を収めたディズニーランドだが、学術的研究の対象として広く関心を集めてきたわけではない。数少ない社会・文化論的研究としては先述の能登路（1990）の「聖地」論があり、そこでは人々を引きつける仕組みの1つとして「『本物そっくり』を超えた『本物以上の本物らしさ』」という「超リアリズム」が注目されている。この視点は、いち早くディズニーランドを「錯綜したシミュラークル（もはやオリジナルへの言及を必要としない模造品）のあらゆる次元を表す完璧なモデル」と喝破したフランスの思想家J.ボードリヤール（1984）の「ハイパーリアル」論を援用したものだろうが、ボードリヤールは、実在などしないアメリカを創り上げることは「冷凍された子供じみた世界への小児的退行」であるとまで踏み込んでいた。また社会学者のG.リッツァ（1999, 2001）は、ディズニーランドはマクドナルドやパッケージ型観光旅行と同様に、①効率性、②計算可能性、③予測可能性、④高度な管理、を徹底的に追求する仕組みであり、意外なもの・思いがけないものには決して出会わないところにこそ現代人にとっての狭量な快適さがあると指摘している。　　　　（葛野）

38　ホテルからホームステイまで――演出される宿泊空間

　D. マッカネルは，観光とはオーセンティシティ（真正性）を求める行為だとし，観光においてオーセンティシティがいかに演出されるかを論じた（MacCannell 1973）。観光空間においてはこの「オーセンティシティの演出」が特に重要になる（山下 1999: 第6章）。室内装飾に漁網をあしらった海鮮料理屋，厨房を見せるレストランなどはその例である（⇒83）。

❖ 楽園の演出

　宿泊空間においても，オーセンティシティは演出される。たとえば，インドネシア・バリ島の場合を見てみよう。サヌール，クタ，ヌサドゥアといった地区には高級リゾートホテルが数多く建っている。そして建物のかたちや吹き抜け天井の様式に，バリ建築の要素を取り入れつつ，「楽園バリ」が演出されている。こうした「バカンス村」では，バロンダンスやケチャなどのバリの芸能が楽しめ，機織（はたお）りの実演も村の中で観ることができる。D. ブーアスティンが論じた，ホテルの周囲には本当のトルコが横たわっているにもかかわらず，トルコ的様式の模倣（もほう）があるだけのイスタンブール・ヒルトンでトルコを経験する観光客のように（Boorstin 1961），バリの観光客もホテルという演出された小宇宙の中でバリを経験するのだ。

❖「バリに住む」という感覚

　しかし，マッカネルが依拠しているE. ゴッフマン（1974）の用語を使えば，本当のバリは，フォーマルで，疎遠な社会関係が支配する「表領域」ではなく，インフォーマルで，親密な関係が卓越する「裏領域」の中にある。バリにおいて裏領域に近いところで宿を演出しているのは，「コテージ」「バンガロー」あるいは「ホームステイ」などと呼ばれるタイプの宿舎である。内陸部のウブド地区ではプリと呼ばれる王族の屋敷の一部が，しばしばホームステイ先として観光客に提供されている。プリはいくつかの建物群からなっているが，主人が住むグドンと呼ばれる母屋以外の建物を観光客に提供しているのだ。ここでは観光客は極めて家族的な雰囲気の中で滞在する。主人がガムラン音楽やダンスを教えることもある。主

人と一緒に儀礼の見学に行くこともある。この観光のかたちは人類学でいう「参与観察」に近いものとなり、「バリに住む」という感覚を与える。

❖ ミソワライ・ホームステイ・プログラム

バリ・ヌサドゥア地区「観光村」の門

ホームステイといえば、マレーシア・サバ州の東海岸、キナバタンガン流域に位置するバトゥプティ村のミソワライ・ホームステイは、村人が共同で運営する点でユニークである。「ミソワライ」とは現地の言葉で「1つの家」という意味で、地域社会の文化と家族的なホームステイの精神が象徴されている。「ホームステイは、別れのときには涙するほどの観光客とホストファミリーとの絆を作り出す」のだ。

ホームステイ・プログラムの重要な点は、村の生活に参加しつつ、地域社会の文化と自然を味わうことにある。ホームステイのパンフレットには、観光客が村の中ですべきこととすべきでないことについて注意を喚起したうえで、リバークルージング、川漁、ジャングルトレッキングから農作業、踊りの鑑賞、結婚式に至るまで村の生活に参加するためのさまざまなプログラムが提示されている。宿泊する部屋の提供はこのプログラムに参加している村人がローテーションで行う。食事は基本的に村人が食べるものと同じである。

❖ 演出される宿泊空間

観光客は異郷を旅するわけだから、宿は観光には不可欠なものである。そして、宿泊空間がどのように演出されるかによって旅の印象は大いに異なってくる。と同時に、旅の宿は旅行中くつろぐことができる「ホーム」でもある。そうした意味で観光を考えるうえで宿泊空間は極めて奥深いテーマなのである。

(山下)

39　メディア——観光地の創造

❖近代以前のメディアと観光の関係史

　メディア（情報媒体）が観光地の創造に直接影響を与えた典型的な事例は，日本を例にすると，戦後の高度経済成長期に見られる現象である。だが，メディアと観光の歴史は意外にも古い。

　マスツーリズムの成立以前の，観光の原型ともいえる巡礼（→5）においては，既に絵図が信者獲得に利用されている。中世から近世にかけて熊野比丘尼が信者獲得のため，「熊野那智参詣曼荼羅」「熊野観心十界曼荼羅」を見せながら熊野詣の功徳を説いた「絵解き」は，メディアの観光利用の原型といえるだろう。また18世紀後半に始まり19世紀に多く出版された一連の『名所図絵』は，畿内や江戸の地域情報について挿絵を多用して解説し，ガイドブックが担うような実用性に耐えうる内容も備えていた。

❖ガイドブックの登場

　見知らぬ地への関心が観光行動の強い動機づけである一方，観光行動には目的地や移動手段に関する情報が不可欠である。その意味で，近代のマスツーリズムにおいてメディアは極めて重要な位置を占める。欧米においては，19世紀前半から旅行者のためのガイドブックを出版したイギリスのマレー社，ドイツのベデカー社の果たした役割は大きい。時代は飛ぶが，1970年代から登場する，バックパッカーのバイブル的存在であった*"Lonely Planet"*シリーズは，いまや世界のガイドブック市場のシェア第1位であり，日本でも1979年に発売が開始された『地球の歩き方』シリーズは，若者の海外旅行の必携書となっている。また近年のインターネットの発達は，旅行業の枠組み自体を揺るがすほどの影響力をはらんでいる。メディアのあり方自体が，その時代の観光のあり方に大きく影響されるし，逆に影響を及ぼしているともいえるのである。

❖メディアによる観光地の創造

　現代のメディアと観光の関係を考える際，近代に発達したメディアが逆に観光地を創造する，という現象に注目する必要がある。映画，テレビ，

音楽といった領域で顕著な現象といえるだろう。

ここでは日本の例をいくつか取り上げてみたい。映画の舞台が観光地となった典型は，東京都葛飾区柴又である。1968年のテレビドラマに端を発し，69年から95年まで，全48作品にものぼる山田洋次原作・脚本の『男はつらいよ』シリーズは国民的映画とも呼ばれ，渥美清演じる主人公「フーテンの寅次郎」の生家「とらや」が柴又の帝釈天参道(たいしゃくてんさんどう)に設定されたことで，柴又は一躍観光地となった。「わたくし，生まれも育ちも葛飾柴又です」で始まる寅次郎の口上は，下町・柴又のイメージ形成に決定的な意味を持ったといえる。

柴又の「とらや」

テレビドラマが創造した観光地としては，北海道の富良野市をあげることができる。富良野は，1981年に連続ドラマとして放映され，その後，2002年まで8編のスペシャルドラマが放映された『北の国から』（倉本聰脚本）シリーズの舞台となった。このドラマにより，観光地としてはほぼ無名に近かった富良野が突如として観光地となったのである。ドラマの初期のロケ地は現在整備され，ロケで使用された家などがそのまま保存されている。また，2003年からNHKの衛星放送で放映された韓国のテレビドラマ『冬のソナタ』は，「韓流」という一大ブームを日本で巻き起こし，ドラマのロケ地を日本人観光客が大挙して訪れるという社会現象が起きた。

その他，NHKの日曜夜8時の時代劇，通称「大河ドラマ」や，同じくNHKの朝の「連続テレビ小説」の舞台は，いまや地域の観光活性化にとって最も重要な媒体の1つだといえる。また音楽では湘南海岸とサザンオールスターズ，漫画では美水かがみの4コマ漫画『らき☆すた』の舞台となった埼玉県北葛飾郡鷲宮町（現久喜市）など，メディアによる観光地の創造例は枚挙にいとまがない（→90）。これは，観光地が本来的に情報と不可分の関係にあることの証左ともいえるだろう。　　　　　　（中西）

40　写真——観光の小道具の大きな役割

　多くの観光客にとってカメラなくして観光は考えられないだろう。S. ソンタグは,「カメラをもたない観光旅行は不自然に思われる。写真はその旅行が行われ, 予定通り運び, 楽しかったことの文句のない証拠になる」と述べている（ソンタグ 1979: 16-17）。

❖ バリ——イメージの楽園

　オランダ領東インドに医師として赴任していた G. クラウゼは, 1912 年から 1914 年までバリで過ごし, バリの自然と生活を約 4000 枚の写真に収め, 写真集を 1922 年に刊行した（Krause 1922）。この写真集は, その後この島を訪れる人々に大きな影響を与えた。名著『バリ島』を著した M. コバルビアスもこの写真集を見て, その島を見てみたいという望みをおさえきれず, 1931 年にバリを訪れたという（コバルビアス 1991: 9）。

　バリ観光誕生の源泉の 1 つにクラウゼの写真集があることは, 観光という行為がある種のまなざし——「観光のまなざし」（アーリ 1995）——の中で成立するということを改めて認識させる。クラウゼがカメラを通して切り取ったバリのイメージが観光市場に流布し, そのイメージを追い求める無数の観光客たちを生み出していく。観光にとって重要なのはイメージなのだ。

❖ 写真は経験の証明か？

　こうした写真が喚起する観光的想像力の中で, 観光客は旅行に出る前にガイドブックを読み, ガイドブックに書かれている場所を訪れ, そしてガイドブックの通りかどうか, 確かめる。そしてガイドブックに載っているのと同じような写真を撮ってくる。それゆえ, 観光客はしばしば現実を目で見る前にカメラを構え, シャッターを押した後は何も見ない。旅行の経験はある意味でカメラという暗室の中に消えていくのである。だから, ソンタグは述べている。「写真撮影は経験の証明の道ではあるが, また経験を拒否する道でもある。写真になるものを探して経験を狭めたり, 経験を映像や記念品に置き換えてしまうからである」（ソンタグ 1979: 16）。カメ

ラを持っていては本当の経験はできないというわけだ。

❖ 映画『カンニバル・ツアーズ』から

パプア・ニューギニアのセピック川流域の観光を扱った『カンニバル・ツアーズ』（食人観光）という映画（D. オルーク監督, 1987年）がある。ここに登場する欧米からの観光客は遊覧船で、ときにはモーター・カヌーでセピック川をクルージングする。観光客たちは川辺の村に立ち寄り、おみやげを買い、「原住民」の写真を撮りまくる。

バリの娘（Krause 1922）

印象的なのは、あるドイツ人観光客のセリフだ。「君たちは昔人食い人種だった。ここで人を殺したのか。よし写真を撮ろう。君との思い出のために」。しかし、これはいったい何の思い出なのか。ここで証拠立てられているのは欧米の観光客が見たい「未開」ではないか。こうして今日、観光客はカメラのファインダーの中で「未開」を再生産し続けるのである。

しかし、映画が映し出しているように、実は「未開人」などどこにもいない。そこにいるのは観光客のカメラの前で「未開人」を演じている人々だ。なぜセピックの人々は観光客を許すのか。「金のためだ」とある村人はいう。彼らはカメラ1台につき2キナの写真料をとる。こうして、観光客は普段とは違う空間と時間を買い、現地の人々はそれを売るのである（山下 1999: 第10章）。

❖ 写真を批判的にみる視点──観光写真学

『カンニバル・ツアーズ』において、観光客が写真を撮りまくる様子が映し出されているということは、映画の制作者であるオルークのカメラは写真を撮る観光客に向けられていたということになる。つまり、写真を撮る人を撮っているわけである。それは写真を撮るという行為を批判的に見る視点である。そのような視点から、観光写真学とでも呼ぶべき研究分野を切り開くことができないだろうかと筆者は考えている（山下 2007）。

（山下）

41　情報社会とツーリズム——21世紀の観光の枠組み構築に向けて

❖観光における「生産者」と「消費者」

19世紀中葉にヨーロッパで観光の大衆化が生じて以降,「観光」とは一貫して「地域資源を商品として取引・消費する仕組み」として考えられてきた。すなわち,商品化された地域資源＝観光資源を「生産・提供する側（producer）」と「消費する側（consumer）」という二分法によって捉え,いかに商品を生産するか,そして消費するかが語られてきた。こうした捉え方は現在でも主流であり,たとえば現在日本でさかんにその重要性が喧伝されている「発地型観光」から「着地型観光」への移行についても,アクターを「生産者」と「消費者」の二項対立で捉え,その間での資源取引を考えるという点においては,従来の枠を一歩も出ていない（山村 2009a）。

❖情報インフラの普及と観光の枠組みの大変革

しかし実際には,こうした枠組みが,2000年頃を境に大きく変わりつつある。それは,インターネットに代表される情報インフラ（基盤）が台頭してきたことによる大変革である。こうした情報インフラの普及は,旅行会社を通さない航空券の購入やホテルの予約を可能としただけでなく,旅行者個々人に強力な情報収集・発信ツールを与えた。この点は,「情報インフラの台頭が観光のあり方に与えた最も本質的かつ重要な変化」である（石森・山村 2009）。これまで観光に関する情報は,「発地型」であれば旅行代理店などの企業が,「着地型」であれば地域の観光業者などが発信することが常であり,旅行者が発信することはほとんどなかった。しかしインターネットの普及や情報端末の進化は,ブログやホームページを通して,旅行者間での目的地に関する情報の発信・受信を可能とした。さらにソーシャル・ネットワーキング・サービス（SNS）は,これまで出会うことのなかった人々を,共通の趣味のもとに結びつけ始めた。こうして,ネット上で旅に関する新たなコミュニティの形成が進んだ。こうした中,単に消費行動を行うのみならず,自らが観光の情報発信者としてガイドブックを作成したり,現地でボランティアとしてイベントの運営や商品開発に

企画段階から携わったりする旅行者が現れるようになっている（⇒90）。

❖ 観光における生産消費者の登場とその文明史的意義

こうした現象は，A.トフラーがその著書『第三の波』（Toffler 1980）の中で「プロシューマー（prosumer）」=「生産にかかわる消費者（生産消費者）」という概念で説明したものである。すなわち「第三の波」=「脱工業社会としての情報社会」においては，生産者と消費者との差異が技術革新によって減少し，プロシューマーが台頭する，という観点である。このことは，従来の観光の捉え方，すなわち消費行為としての観光，商品としての地域資源という概念自体の再定義が必要であることを意味する。

同書の中でトフラーは，「第二の波」=「産業文明」（産業革命を契機に成立した社会）における消費者と生産者の分離した状況から，「第三の波」=「情報社会」への移行の特徴を大きく6つの点で説明している。すなわち，①規格化→多様化，②専門化→一般化，③同時化→適時化，④集中化→分散化，⑤極大化→適正規模化，⑥中央集権→分権化，である。まさにマスツーリズムからオルタナティブツーリズム（⇒54）への移行をめぐる議論もこの流れに当てはまる。観光が人間の創り出した文化である以上，当然このように文明史の中に観光のあり方を位置づけることができるはずである。

❖ 観光を捉える枠組みのパラダイムシフト

「旅行会社やイベント企画会社，航空・運輸業界が有しているような従来型の観光開発手法」ではなく，旅行者・地元個人商店・商工会といった，観光の専門家ではない「一般」の人々が多様なかたちで連携することで，従来の「観光商品」の定義では括れない多様なかたちの交流が生み出されている（山村 2010）。こうした変化が他に先駆けて表れているのが，「アニメツーリズム」である（⇒90）。これらの変化は，まさにトフラーが指摘するように，生産体制が分散化し，仕事の単位が「より小さく，より人間的に」なっていることを表している（Toffler 1980）。新たな観光の形態としてのニューツーリズムや着地型観光の議論もこうした文明史的見地から大局的に捉えることで，単なる旅行商品開発・消費論を超えて，より本質に迫ることができるのではないだろうか。

（山村）

第4章

ツーリズムビジネス

観光産業の仕組み

ワイキキビーチから臨むダイヤモンドヘッド

42 ツーリズムビジネス——観光経済学の視点から

　観光を経済学的に捉えるならば，観光は，観光に必要な種々の財・サービスを需要する観光者とそれらを供給する主体（たとえば，民間企業，政府や地方公共団体，そして非営利組織など）から構成されている。以下では，観光にかかわる財・サービスの市場での取引を通じて利益の獲得を目指している民間企業に焦点を当て，ビジネスとしての観光を考えてみよう。

❖ツーリズムビジネスの目的

　観光者は，さまざまな資源や財・サービスを消費しながら，各自の観光目的を達成しようとする。それらの資源や財・サービスは，多くの場合，民間の企業が提供している。民間の企業の目的は，観光者に提供する資源や財・サービスの生産自体ではなく，それらの財・サービスの生産・販売を通じて利潤を獲得することにある。たとえば，旅館やホテルで提供されるいわゆるホスピタリティは，単に「おもてなし」ではなく，その「おもてなし」を通じて多くの宿泊客を獲得し，利潤の獲得機会を広げるためである。もちろん，どの宿泊施設もより多くの宿泊客を獲得するためには，提供するホスピタリティの質を向上させなければならない。それを怠った宿泊施設は他の宿泊施設との競争に負け，企業として存続することが困難になるからである。

❖ツーリズムビジネスの特徴

　ツーリズムビジネスは，たとえば，航空会社，旅行代理店，レストラン，テーマパーク，そしてさまざまなエンターテイメント産業を指しているが，その際立った特徴は提供される生産物が在庫の不可能なサービスであるという点である。旅行業は，旅行に必要な財・サービスの手配，仲介のほかに，旅行に必要ないくつかのサービス商品を個別に購入し，それらを組み合わせ旅行商品（パッケージ商品）として造成し販売する企業であるが，旅行商品は一般に価格競争にさらされやすい商品でもある。それは，商品自体がサービスであるということとその商品製造に際立ったあるいは特別な技術を必ずしも必要としないという特性のためである。したがって，価

格の変化，とくに価格の引き下げに潜在的な観光者は敏感に反応し，安い商品に対する需要は増加するが，そうでない商品は需要が激減するといったことが生じうる。これは，観光商品に限らず，航空会社が提供する旅客サービスや宿泊施設が提供する宿泊サービスでも同様に生じる——とくに，日本の場合には国内線を運行する航空会社数が少ないために価格競争的とは必ずしもいえないが，国際線では同一路線を多くの航空会社が運航しているために，価格競争的であるといえよう。このような現象は，経済学的には需要の価格弾力性が高いと表現される。したがって，観光にかかわりを持つ企業は，顧客獲得のためにさまざまな価格決定手法を用いて，利潤の最大化を目指しているのである。その代表的な価格の決定方法は，価格の差別化や最大収益の確保を目指したイールドマネジメント（⇒93）であり，これは一種の価格の差別化である。

❖ 新たなビジネスモデルの模索

成功しているどの企業もある種のビジネスモデルを持っている。ビジネスモデルとは，W. S. リースによれば，企業が彼らの顧客に対して価値を創造することによっていかに利潤を獲得するかという物語のことである（Reece 2009: 42）。多くの企業はその顧客に対して価値を創造するが，ライバルとは異なる何らかの戦略を持たずにより多くの利潤を生み出すことはできない。T. クックが考案した旅行業は，まさに新しいビジネスモデルの提示であった。旅客輸送業や宿泊業との価格交渉を行い，それらの商品を組み合わせ1つのパッケージとして新たな商品の製造販売を通じて，顧客が商品を個別に購入するときよりも安価な価格で提供し，新たな価値を顧客に提供したのである。また，最近の新たなビジネスモデルはLow-Cost Carrier（LCC）と呼ばれる航空会社の戦略である。LCCの特徴は，点と点を結ぶ運行航路のみを有し，空港は主要空港を利用せず，航空機は運営費用削減のためにある特定の型の航空機だけを使用し，機内食は提供せず，航空券は彼らのウェブサイトにより販売を行なうといった費用削減努力による安い航空運賃の実現にある（⇒45, 46）。　　　　　　　（小沢）

43 観光の経済的インパクト——観光支出の経済波及効果

　観光は，人々の移動と滞在にかかわるために，多数の人々がある場所を訪れることによって，その場所や地域に何らかの影響を及ぼす（それをインパクトという）。観光のインパクトは，①経済的インパクト，②社会-文化的インパクト，そして③環境へのインパクトの３つに大別できる。以下では，「観光の経済的インパクトないし効果」について述べよう。

　観光の経済的インパクト（効果）とは，観光者や訪問者の支出金額がさまざまな企業の取引に影響を及ぼし，それが国や地域経済全体に影響を及ぼすことをいう。観光（者）支出の経済的効果として，以下に４つ示す。

❖ 所得創出効果

　これは次のような一連の連鎖，すなわち，観光者の観光支出によって創出された財・サービスに対する需要が観光企業や産業の売上高を増加させ，それが当該企業や産業の付加価値を増加させ，付加価値の増加は当該企業や産業で働く従業員の給与を増加させ，さらに給与の増加に伴う消費支出の増加が他の企業や産業の売上高を増加させ，それらの企業や産業に従事する人々の所得を増加させる，といったかたちで経済全体として所得が初期観光支出を上回る（下回る場合もある）所得を創出していくことをいう。

❖ 雇用創出効果

　雇用創出効果とは，上に述べた観光企業や産業の売上高の増加が当該企業や産業の生産の増加を伴い，生産増加のためには新たな雇用が必要とされ，その連鎖により新たな雇用が創出され，雇用が拡大される効果をいう。

❖ 投資誘発効果

　これは，観光者支出の増加により観光財・サービスに対する需要が増加すると，その需要を満たすためには供給の増加が必要となる。供給の増加には新たな投資が必要とされるが，その投資は観光支出の増加から誘発されて生じるということを意味している。

❖ 税収効果

　この効果は，観光支出の増加による消費税の増加や所得創出効果による

所得税の増加や企業の売上の増加による法人税の増加に伴う効果をいう。

❖ 観光所得乗数

　観光の経済的インパクトがどのくらいの規模になるかを予測したり計量したりする伝統的な手法は，J. M. ケインズによって定式化された乗数理論を観光に適用したものである。ケインズのモデルの基本的な考え方は，国内総生産（GDP）や地域内総生産の規模は，国や地域全体の需要水準によって決定されるというものである。したがって，国や地域の総需要水準が高くなると，その需要増加に応えるために生産活動が活発になり，総需要が満たされる水準まで国や地域全体の供給は増加し，総需要と総供給が一致する点で均衡国内総生産や均衡地域内総生産（均衡GDPや均衡地域GDP）が決定される。それゆえ，海外あるいは地域外からの観光者数が増加し，それに伴って彼らの支出額が増加するならば，その結果，GDPや地域GDPは増加すると考えられる。

　たとえば，次の例を考えてみよう。ある地域に域外からの観光者が増加し，彼らの観光支出額が1万円増加し，それが宿泊施設に支払われたとしよう。この1万円はホテルの収入の増加を意味するが，他方では，ホテルは，たとえば，ハウスキーピングやレストランで利用する食材などを外部に依存しているならば，それらに対する支払をしなければならない。したがって，ホテルに残る金額は1万円以下になるであろう。しかし，売上は以前より多くなっているので，ホテルの付加価値は増加し，ホテルの従業員の給与は増加する。他方，ホテルから支払われた企業や農家の収入は増加し，そこで働く人々の所得を増加させ，消費もまた増加する。彼ら従業員などの所得増加分のうち消費増加の割合が仮に6割（これは限界消費性向と呼ばれる）であるならば，初期観光支出1万円の所得創出は2.5倍の2万5000円になる（支出額がすべて域内に残ると仮定）。2.5が乗数の値であるが，乗数は $\{1\div(1-限界消費性向)\}=1/(1-0.6)=2.5$ となる。乗数の値が大きければ大きいほど，初期観光支出増加の所得創出効果はますます大きくなる。

（小沢）

44　観光産業の市場構造——観光にかかわる産業は競争的か

❖観光産業と産業組織論

　観光産業とはどの産業を指しているのであろうか。たとえば，観光産業の代表的な産業であると多くの人々が考えている宿泊産業（ホテルや旅館）を考えてみよう。いま，読者が，宿泊産業に従事している従業員や経営者に，「あなたのホテルあるいは旅館は観光産業ですか」という質問をしたとしよう。従業員や経営者は，恐らく，「私どものホテル（あるいは旅館）は宿泊というサービスを提供する企業です」と回答するであろう。航空会社もまた同様に，「私どもの企業は旅客サービスを提供する企業です」と回答するであろう。しかしながら，これらの企業の顧客の多くを旅行者あるいは観光者が占めていることも事実であろう。観光産業とは，通常，観光をする側，すなわち旅行者や観光者の視点からの産業分類である。しかし，産業は，一般に，どのような生産物を生産しているかに基づき，分類されている。自動車を生産し供給している企業は自動車産業に属し，さまざまな書籍や雑誌を出版している企業は，出版業界に属している。

　産業の専門的な経済分析は，「産業組織論」という経済学の1つの研究領域で行われている。産業組織論とは，「ミクロ経済学を応用して産業組織・企業行動を分析する学問分野である。産業組織とは……企業内の組織（垂直的に統合されているか分離されているか，事業部制を採用しているかどうかなど），一産業内での企業と企業の間の関係，産業間の関係，および企業と国家の関係を含んでいる」（泉田・柳川　2008: 3-4）。

❖伝統的な産業組織論と新産業組織論

　産業組織論は，伝統的には市場構造-市場行動-市場成果パラダイムと呼ばれる考え方，すなわち市場構造（ある市場における企業数と買い手の数や市場シェアの集中度，参入障壁の程度などによって規定される）が企業行動（企業の価格決定，広告や宣伝，設備投資など）を決定し，市場行動が市場の成果（資源配分の効率性，企業の生産効率，利益率など）に影響を及ぼすとの考え方である。

しかし，1980年代に入り，利益率は企業数とは独立であり，企業数が少ない産業であっても利益率は高いとの実証結果を踏まえ，従来の産業組織論で主張されてきた企業数の多寡により，利益率や効率性を論じることの意義が失なわれた。それに代わって，効率性は，企業数というよりもむしろ政府による規制によるのであり，不必要な規制をむしろ撤廃すべきであるとの考え方が支配的となった。ここで，市場重視の政策がとられるようになった。

夕方のワイキキビーチ

❖ 競争と集中度

日本の観光に密接にかかわる産業における競争を分析するための単純な手法は，4社集中度という概念を用いることである。この概念は，ある産業内の企業の生産物販売市場シェアの上位4社の市場シェアの割合を測定し，その割合によって競争的であるか否かを判定しようとするものである。

たとえば，2008年度の4社集中度を計算すると，ホテルの4社集中度は22.4%となり，日本のホテル業は競争的であると見なすことが可能である（『日経産業新聞』2009年7月28日）。また，国内航空は，2航空会社の市場占有率のみで91.2%に上り，4社集中度は96.8%となり，極めて独占的であることを示している。国内旅行業の海外旅行取扱額により海外旅行の4社集中度を計算すると，50.8%となり，寡占化傾向にあるといってもよいかもしれないが，国内旅行業の国内旅行の4社集中度は44.7%であり，海外旅行と比較すると，競争的といってもよいであろう。（小沢）

45 観光財・サービスの需要と供給——分類と市場における価格決定

観光者が消費する生産物は観光生産物（tourist product）といわれている。観光生産物とはいったい何を指しているのであろうか。

M. T. シンクレアと M. J. スタブラー（2001:68）は，観光生産物を「輸送，宿泊施設，飲食，天然資源，催し物やその他の観光施設，そして商店，銀行，旅行代理店，ツアーオペレーターなどのサービスを含む複合的生産物である」と定義している。これは，観光生産物を観光供給の側から見ると，多様な供給者と多様な商品やサービスから構成されていることを意味する。このほかに，観光をする際の気候や天候，都市・市町村の景観や自然景観，文化的な遺産，海浜や海洋，河川湖沼といったものまで含めて考えることもできる。

❖ 観光者が消費する財・サービス

観光者は，いったい何を消費しているのであろうか。経済学では，4つの基準に従って，資源や財・サービスを4つの範疇に分類している。

観光者は次頁の表で示したすべての財・サービスや資源を消費している。たとえば，私的財・サービスにはホテルや旅館，レストランが存在し，クラブ財には，会員制のゴルフクラブ，テニスクラブ，スイミング・スクールやエステが，共有財・サービスには町並み，自然の景観や海浜・海洋生物が，そして公共財・サービスには鉄道やバス，国立公園や水道などが存在する。これらの資源や財・サービスは，市場で取引の対象になっているものとそうでないものとが存在し，市場での取引には，観光者がどのくらい購入可能かを決定するために価格が必要である。もちろん，公共財は一般的には租税によって供給され，したがって無償で供給される場合が多い。

❖ ホテルの客室料金の決定

以下では，市場で取引される資源や財・サービスの価格と取引量の決定を，ある観光地やリゾートに立地するあるホテルの価格と客室販売量の決定を仮説的な数値に基づき説明しよう。図の右下がりの直線はホテルの客室需要曲線，右上がりの直線は客室供給曲線を示している。この仮説例で

資源や財・サービスの分類

	競 合 性	非競合性
排 除 性	私的財・サービス	クラブ財・サービス
非排除性	共有財・サービス	公共財・サービス

(注) 排除性とはその対価を支払わない人は消費できないということ(非排除性とはその逆で,対価を支払わなくても消費できるということ),競合性とは誰かがある財・サービスのある量を消費するとその量は他の人は消費できないということ(非競合性とは同一の量を誰もが消費できるということ)を,それぞれ意味している。

は,ホテルの逆需要関数 $P = 53000 - 4Q$,逆供給関数 $P = 4000 + 3Q$ として描かれている。図の縦軸にはホテルの1泊当たり客室料金(価格)が,横軸には1カ月当たり客室販売数(取引量)が測られている。

ホテルの客室料金の決定

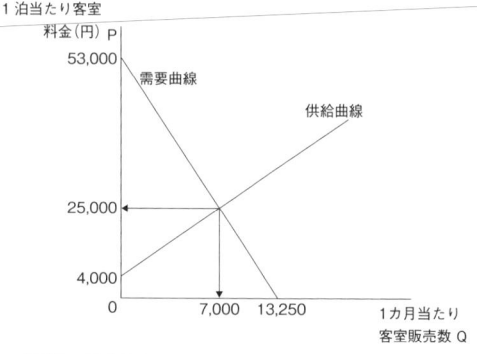

(出所) 筆者作成。

1泊当たりの客室料金(価格)Pと客室販売数Qは需要曲線と供給曲線の交点によって決定され,1泊当たり客室料金=25,000円,客室販売数(1カ月当たり)=7,000室となる。客室需要=客室供給のときの客室料金は均衡価格と呼ばれるが,需要と供給が一致しない場合には,客室料金の変化(料金の上げ下げ)を通じて需要=供給が実現される。

また,極めて短い期間,たとえば,半年程度を考えるならば,客室供給量を増加させることはほぼ不可能であるから,その場合には,客室供給量は不変であり,供給曲線は横軸のある点から垂直になり,それゆえ客室料金は需要曲線の移動のみに依存して決定され,客室需要の増加(減少)はその料金を上昇(下落)させる。

(小沢)

46 観光需要の弾力性——価格弾力性，所得弾力性および交差価格弾力性

一般に，観光需要というと，ある観光地への観光客数あるいは入込客数を思い浮かべる読者が多いであろうが，経済学的には，観光需要とは観光にかかわる財・サービス（たとえば，航空機の座席，JRの座席，ホテルの客室，レストランの料理など）に対する需要を指し，財・サービスに対する代表的な弾力性の概念としては，価格弾力性，所得弾力性，そして交差価格弾力性が存在する。

❖ 需要の価格弾力性

最初に，需要の価格弾力性について説明しよう。

　　需要の価格弾力性＝(財・サービスAの需要量の百分比変化)
　　　　　　　　　　÷(財・サービスAの価格の百分比変化)

需要の価格弾力性の概念は，弾力性の値が1より大きいか，1より小さいか，あるいは1に等しいかによって，価格の変化（上昇・下落）に応じて，財・サービスを生産し販売している企業の売上に影響を及ぼすという意味において，重要な概念である。

G. I. クローチによれば，日本人の海外旅行の目的地における価格弾力性は1以下であり（Crouch 1995），特に，日本人の東南アジア旅行は価格の変化にほとんど左右されないとの研究結果が得られている（ただし，弾力性は人々の考え方などが変化すれば変化する）。

❖ 需要の所得弾力性

次は，需要の所得弾力性であるが，それは，以下のように，定義される。

　　需要の所得弾力性＝(財・サービスAの需要量の百分比変化)
　　　　　　　　　　÷(所得の百分比変化)

需要の所得弾力性の概念は，所得が増加するとき，需要量が増加する財・サービスと，反対に需要量が減少する財・サービスが存在することを私たちに教えてくれる。前者のような財・サービスは正常財（normal goods）と呼ばれ，正常財・サービスは贅沢品と必需品に分けられる。贅沢品の所得弾力性は1より大であるが，必需品のそれは正であるが1より

イギリス人旅行者の目的地別弾力性

観光目的地	価格弾力性	所得弾力性	交差価格弾力性		
			ポルトガル	スペイン	イタリア
ポルトガル	2.85	0.04	—	0.88	0.19
スペイン	1.30	1.15	0.88	—	0.49
イタリア	1.07	1.05	0.19	0.49	—

（注）価格弾力性は通常負の値をとるが，ここでは絶対値で示した。
（出所）Papatheodorou（1999: 619-630）をもとに作成。

小さい値をとる。また，所得の増加に伴って需要が減少するような財・サービスは劣等財（inferior goods）と呼ばれている。

❖需要の交差価格弾力性

最後は，需要の交差価格弾力性であるが，それは，以下のように定義される。

　　需要の交差価格弾力性＝（財・サービスAの需要量の百分比変化）
　　　　　　　　　　　　÷（財・サービスBの価格の百分比変化）

需要の交差価格弾力性の概念は，2つの異なる財・サービスの間にどのような関係が存在するかを教えてくれるという意味において，重要である。たとえば，ある2つの財AとBの交差価格弾力性がゼロより大きいならば，B財の価格の上昇によって，B財の需要量は減少するが，B財に代えてA財の需要量が増加することを意味し，したがって，それら2つの財は代替財と呼ばれる。反対に，それら2財の交差価格弾力性が0より小さいならば，2財は補完財と呼ばれる。航空運賃・JRの新幹線の運賃と宿泊需要の間には補完関係があるが，国内航空旅客サービスとJR新幹線は代替関係にあるといわれている。

❖イギリス人の目的地別価格，所得，交差価格弾力性の計算例

表は，上に示した3つの弾力性の値をイギリス人旅行者の目的地別の弾力性として計算したものであり，それらの数値から，例えば，ポルトガルとスペインへの旅行価格が上昇（下落）すると，その上昇（下落）率以上に彼らの旅行需要は減少（増加）することが読みとれる。　　　（小沢）

47 観光需要予測——観光産業や観光政策にとって重要

❖観光需要とは

　観光の急激な世界的拡大に伴い，観光需要予測の重要度はますます高まっている。そのような背景の下，観光需要予測の理論的・技術的な研究は急速に進展しつつある。

　観光需要予測というと，多くの人々は観光者数あるいは訪問者数を思い浮かべるであろうが，必ずしもそうではないことに注意すべきである。観光需要予測とは観光市場における観光生産物に対する需要を予測することであるが，観光生産物は，ホテルの客室，レストランの食事，あるいはまたある目的地への訪問者数であるかもしれないからである。多くの場合，私たちは，どのくらいの消費者が存在するか，どのくらいの観光財・サービスが販売されるか，そして観光者は観光目的地においてどのくらい支出するか，といったことに興味を持っている。とくに，これらの予測は，観光（関連）企業や産業，地域の行政や政策立案者にとっては，将来の販売戦略や観光戦略の立案という観点から，重要な意味を持つであろう。

❖観光需要予測とは

　予測（forecasting）とは，D.フレクトリングによれば，「基本的に，将来を予測するためにある現象の過去に関する情報を組織化するための過程」を意味している（Frechtling 2001: 8）。そして私たちはある現象の過去に関してさまざまな仕方で組織化することができる。1つの方法は客観的な数量データを数学的ルールに基づき操作することであり，これは数量的ないし定量的手法（quantitative methods）と呼ばれている。もう1つは現象に関する専門家の見解を用いて分析する手法であり，これは質的ないし定性的手法（qualitative methods）と呼ばれている。前者はある現象についての過去の情報を数学的モデルに基づいて組織化する。対して，後者は予測変数に関する過去の情報を数学的ルールよりもむしろ専門家の判定や判断に基づいて組織化するという点において，両者は異なっている。

❖観光需要の予測手法

　観光需要予測の多くは，実際には定量的手法による予測が主流である。定量的な需要予測は，①因果モデルと呼ばれているエコノメトリックスと②非因果モデルと呼ばれる手法（その多くは時系列分析——time series methods）に分けられる。

　エコノメトリックス・アプローチでは，観光需要とその決定因の間の量的関係を推計するために回帰分析がしばしば用いられる。この種のモデルを用いた予測では，従属変数と独立変数の間の関係を求めるために，通常は，過去の訪問者数，発地住民の目的地における観光支出，そして宿泊日数が主要な従属変数である。それに対して，独立変数は状況に応じてあるいは推計主体の予測目的などに応じてさまざまな変数を取り上げることができる。主要な変数としてしばしば用いられる変数には，発地の所得水準（1人当たり），発地と比較した目的地での相対的な観光財・サービスの価格，競合的目的地の観光価格，国際観光の場合には為替相場，さらに旅行費用やマーケティング，そして観光広告の変化などが存在し，それらの変数がどの程度観光需要に影響を及ぼしているかということを知りたいという場合に有効である。その反面，エコノメトリックスによる観光需要の予測は，以下に述べる時系列予測手法と比較して，時間と費用，そしてより大量の統計データが必要とされる，という難点を持っている。

　時系列分析では，フレクトリングによれば，「変数の過去の過程がその将来を予測するための重要な鍵であると仮定」し，したがって，趨勢を形成する背後にある因果関係については考慮せず，観光需要の過去の趨勢を将来にまで引き伸ばし，それに基づき観光需要を推計するという方法がとられている。（Frechtling 2001: 20）

❖定性的予測手法の長所と短所

　定性的予測手法は，主観的予測とも呼ばれ，専門家の経験や判断に依拠することが多い。定性的予測手法の長所は，それほど手間がかからないこと，統計学の専門的な技術や知識をそれほど必要としないことであるが，専門性の欠如や判断にバイアス（偏り）が生じやすいという短所もまた持っている。

　　　　　　　　　　　　　　　　　　　　　　　　　　　　（小沢）

48 観光財・サービスの価格の差別化——航空運賃,宿泊料金,テーマパークの料金

価格の差別化とは,同一の財・サービスあるいは非常によく似た財・サービスに異なった価格が付与され販売される場合をいう。たとえば,航空運賃は同じ便であっても,運賃は異なる場合がある。また,マクドナルドのある商品の価格は,地域によって異なる。なぜこのような価格づけが可能なのであろうか。以下では代表的な価格の差別化方法を説明しよう。

❖ 第1次価格の差別化

これは,財・サービスの販売単位ごとに異なった価格を付与し販売するケースをいう。しかし,このような販売をしていては,誰も購入しなくなるかもしれない。にもかかわらず,ホテルの客室料金は1週間の間でも相当数の料金が存在していることを考慮すると,あながち第1次価格の差別化が存在しないとはいえないであろう。

❖ 第2次価格の差別化

これは,ある財・サービスをいくつかの束にし,その束ごとに異なった価格を付し販売する,いわばまとめ買いのケースをいう。まとめて購入すると安くなるということはしばしば見かける。たとえば,直接消費者に販売するわけではないが,航空会社が座席を旅行業者へ販売する場合に,座席の販売単位が多くなるほど,座席単位当たりの価格が安くなることはよく知られている。チャーター便などもこの種の例と考えて差し支えないであろう。というのは,チャーター便の座席当たりの運賃は,同一の目的地までの定期運行航空運賃よりも安く,それは,飛行機1機のすべての座席を購入することを意味するからである。

❖ 第3次価格の差別化

これは,消費者が自らの属性を売り手に表明し,その属性に応じた価格を付与する差別化方法である。たとえば,JRの通勤定期料金と学生の通学定期料金の違い,居酒屋の女性客と男性客に対するアルコール類の価格の違い,商用目的の旅行者と観光目的の観光者との航空運賃の違いなどにしばしば見受けられる。商用旅行者はたとえ運賃が高くても,利益を獲得

するためには航空券を購入しなければならないが、余暇時間を利用した観光の場合、おそらく運賃が安い時期に航空券の購入をするであろう。映画館や劇場の入場料金の年齢による違いもまた第3次価格の差別化である。この種の価格差別化は、購入者の属性の違いを利用した差別化であるが、それが実施可能になるのは、属性の違いがそれぞれの購入者の需要曲線の傾きの違いとなって表れるからである。この点は、たとえば、旅客輸送サービスに関していえば、商用旅行者の需要曲線の傾きは観光者のそれと比較して急であり、それゆえ航空座席需要量は運賃の変化に対して敏感に反応せず、それに対して、後者の需要曲線はその傾きが水平に近く、それゆえ運賃の変化に敏感に反応する。

❖ 他の価格の差別化方法

以上の差別化のほかに、季節（時間）や場所の相違による価格の差別化が存在する。季節（時間）による差別化は、オンシーズンとオフシーズンの観光ではしばしば見られる現象である。JRの成田エキスプレスの料金は繁忙期ではそれ以外の時期と比較して高くなっている。

また、観光生産物と呼ばれる生産物の多くはサービスであるから、それをある場所や地域から別の場所や地域へ移動させることは不可能である。したがって、同一のサービスであっても、販売場所や地域が異なれば、異なった価格を設定することが可能になる（現在、場所や地域による価格の差別化は、マクドナルドの販売商品の一部で実際に行われている）。

重要な点は、企業が価格の差別化を実施する理由は、購入者のことを考えてのことではなく、企業が利潤の最大化を達成するための1つの方法であり、より多くの利潤の獲得を目指して実施するということである。

しかし、価格の差別化が実現可能となるためには、第三者が生産された生産物を安い地域や時期に購入し、価格が相対的に高い地域や時期に転売不可能であるという条件が必要である。そうでなければ、価格は、相対的に安い地域や時期には上昇し、相対的に高い地域や時期では下落し、したがって、価格は時間の経過とともに平準化し、同一の価格へ収斂し、価格の差別化は消滅すると考えられるからである。

（小沢）

49　観光資源の評価——経済学的評価手法

　観光者が消費する財・サービスや資源は多様である。山岳観光であれば，山や河川湖沼，自然景観などが消費され，海浜観光であれば，海や浜辺，海洋生物，海浜景観などが消費の対象となる。しかし，これらの資源は，価格が存在せず，所有権が不明確であるために，観光者はそれを評価し，購入することができない。そのような性質を持った資源の評価を推計するための代表的な評価手法としてトラベルコスト法，ヘドニックプライシング法，そして仮想評価法をあげることができる。

❖ トラベルコスト法（travel cost method：TCM）

　TCM は，人々が観光地へ訪問するために負担しなければならない時間と旅行費用が目的地までのアクセスの価格（料金）を表しているという基本的な前提に基づき，人々の支払意思を推計しようとする手法である。TCM によってある観光地やその資源を評価するためには，①当該観光地や資源までのゾーンの決定，②その決定したゾーンからの訪問者数に関する情報（統計），③それぞれのゾーンの人口1000人当たり訪問率，④それぞれのゾーンからの観光地や観光資源までの平均旅行距離と旅行時間を求める必要がある。

　これらの情報に基づき，1人当たり訪問回数を旅行費用や他の変数，たとえば，性別，年齢，所得水準や教育水準などに関連づける方程式を回帰分析を用いて推計し，平均的旅行者の需要関数を推計する。通常，旅行費用や時間が増加すればするほど，当該観光地・資源への訪問者数は少なくなると考えてよいから，TCM によって推計される需要関数は旅行費用を縦軸に，旅行（訪問）者数を横軸に測ると右下がりの曲線になる。TCM はこの需要曲線を用いて，経済的便益としての消費者余剰（消費者余剰は消費者の支払意思を表わす需要曲線と消費者が実際に支払う価格との差によって測られる）を推計し，その推計値が当該観光地あるいは資源の経済的価値を表すと見なす評価手法である。

❖ ヘドニック・プライシング法（hedonic pricing method：HPM）

　この手法の基本的な前提は，市場財・サービスの価格は，その財・サービスが提供する属性に依存するという考え方に基づいている。M. J. スタブラーらの研究によれば，市場における消費者の顕示された選好を考えることによって消費者の選好を引き出そうとする間接的な手法である（Stabler *et al.* 2010:387）。通常はある場所や資源にある価値を置くために代理変数を用いるが，市場で取引される地価が代理変数として用いられ，人々の住宅地や住宅選択の決定の分析などにしばしば用いられている。というのは，人々が住宅地を決定するときには，その立地場所の環境などが望ましいものであれば，その評価は高くなると考えられるからであり，それはまた観光地についても同じことがいえるからである。

　たとえば，いま2つの地域AとBに有名な観光資源が存在するが，観光地Aは都心にあり，町並みなどの都市景観は無残な姿をさらしており，さらに騒音や排気ガスが激しい観光地であるが，観光地Bは素晴らしい自然景観を有し，騒音や排気ガスが存在せず，清浄な空気に包まれている観光地であるとしよう。このとき，人々は観光地Bの資源に対しては高い支払意思を顕示するであろう——換言すれば，Bが高く評価され，観光地Bが選択されるということである。

❖ 仮想評価法（contingent valuation method：CVM）

　この手法は，観光者や利用者，そして消費者の観光地や観光資源に対する支払意思について彼らから直接聞き取りを行い，それに基づき，彼らの支払意思額を求め，その支払意思額を統計的に処理し，1人当たり支払意思額を推計し，その推計値を当該観光地や観光資源の経済的価値と見なすというものである。

　この評価方法は人々への聞き取りのみに基づく評価であり，TCMと比較して，評価に必要な情報量が少なくてすむという利点を持っている。しかし同時に，人々に対して直接支払意思額の聞き取りを行うため，人々の現実の行動に基づいた評価ではないという意味において，質問の仕方や方法によって異なる支払意思額が表明されるのではないかという疑問を持つ専門家が存在していることにも注意すべきである。　　　　　（小沢）

50　観光税の経済分析——東京都の宿泊税を例に

❖ 観光税とは

　観光に課税し，税収を獲得しようとしている国や都市，町は世界中でかなりの程度存在する。東京都の公式ウェブサイトに掲載されている宿泊税の概要によれば，東京都は，宿泊税創設の目的を「国際都市東京の魅力を高めるとともに，観光の振興を図る施策に要する費用に充てるため，ホテル又は旅館の宿泊者に一定の負担を求める法定外目的税として創設」することとしている。納税義務者は都内のホテルあるいは旅館の宿泊者であり，税率は，1人1泊1万円以上1万5000円未満の場合には100円，1万5000円以上の宿泊には200円とする旨を定めた従量税（従量税とは購入1単位〈1泊〉当たり○○円と定めた税）であり，2002年10月1日に施行された。また，税収は年平均15億円を見込んでいたが，2006年度は約12億9000万円，2007年度は約14億900万円，2008年度は約14億4900万円であり，当初見込まれた税収額をいずれも下回っている。

❖ 税は誰が負担するのか

　問題は，この法定外目的税の経済的な負担と帰着はどうなるかということ，換言すれば宿泊者は100円ないし200円の宿泊税をすべて負担するのか，それとも一部を負担するのかという点である。この種の問題は課税の帰着と呼ばれるが，それは実は，簡単な需要・供給図を用いて説明できる。

　東京都の客室供給・客室需要として，現実的なケースは客室供給曲線がある範囲にわたって右上がりであり，客室需要曲線は右下がりであるようなケースであろう。宿泊税の帰着は次頁の図を用いて説明できる。図に描かれている右下がりの外側の直線は宿泊税課税前の東京都の客室需要曲線であり，内側のそれは課税後の東京都の客室需要曲線であり，右上がりの直線は東京都の客室供給曲線である。宿泊税が課される前の均衡市場客室料金は需要曲線と供給曲線が交差する点，つまり図のP'である。

　宿泊税はホテルや旅館の客室を利用する宿泊者に課されるから，ホテルや旅館に対する客室需要曲線は，他の事情が不変であるかぎり，課税額に

宿泊税の帰着

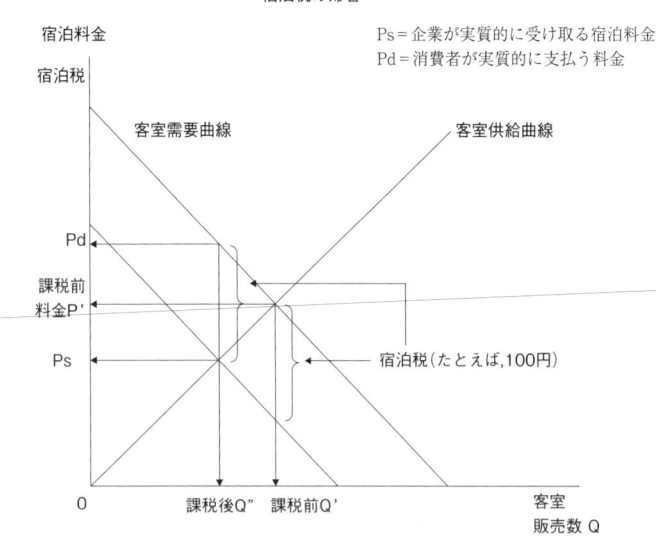

宿泊料金
宿泊税

Ps＝企業が実質的に受け取る宿泊料金
Pd＝消費者が実質的に支払う料金

客室需要曲線　　客室供給曲線

Pd
課税前料金P'
Ps

宿泊税（たとえば,100円）

0　　課税後Q"　課税前Q'　　　　客室販売数 Q

等しい大きさだけ，下方へ移動するであろう。したがって，新たな課税後需要曲線と供給曲線が交差する点で客室料金が決定される，つまり Ps である。しかし，宿泊税が課されているために，その宿泊税の納税義務者は宿泊者であるから，宿泊料金は課税後需要曲線と供給曲線が交差する点から上に課税分だけ価格は上昇し，Pd になる。Pd－Ps が宿泊税である。

以上から，宿泊施設が実際に受け取る価格は Ps（これを供給価格という），消費者としての宿泊者が支払う客室料金は宿泊税を含めて Pd である。ここで，宿泊者が宿泊税のすべてを実質的には負担していないということに注意されたい。宿泊施設が実質的に受け取る料金は低下する。これは，宿泊税の一部をホテルや旅館が実質的な供給価格の下落によって負担していることを意味している。これはまた，消費者としての宿泊者が課された宿泊税のすべてを実質的に負担せずに，ホテルや旅館に転嫁していることを意味している。どちらがどの程度負担するかは，宿泊需要曲線と供給曲線の相対的な傾きに依存する（詳細は井堀 1998:8 章を参照）。　　　（小沢）

51　観光地の選択——古くて新しい問題

　ある観光者がある特定の観光地をどのようにして選択（決定）しているのか，という問題を解決してくれる理論は，残念ながら，現在のところ存在していない。まさに，古くて新しい問題である。以下では，代表的な観光地選択モデル，①観光地選択の確率モデルと，②属性モデルをそれぞれ説明しよう。

❖観光地選択の確率モデル

　このモデルは，ある観光者がある特定の観光地を選択する確率はすべての他の観光地に対する当該観光地の効用に比例するという仮説に基づき構築されている。観光地選択の確率モデルは，観光者の嗜好は同一であり，潜在的な観光者はすべての観光地について等しい知識を持っているという仮定の下で，以下のような数値例を用いて説明することができる。いま，観光地が3カ所（a, b, c）存在し，それらの観光地それぞれの平均客室料金と客室数，そして効用は次頁の表のようであると仮定しよう。

　以上から，ある観光地 i の効用，平均客室料金，そして客室数をそれぞれ，Ui, Fi, Ri とすると，観光地 i の効用は $Ui = Ri/Fi$ によって示され，ある特定の発地（たとえば，東京）j からの観光者が観光地 i を選択する確率 Pji は，すべての観光地の効用の和 $\Sigma(Ui)$ でそれぞれの観光地の効用を除し求められる。すなわち，$Pji = (Ri/Fi)/\Sigma(Ri/Fi)$ である。これらの計算結果は，表の第4列と第5列に示されている。表の値から，各観光地を選択する確率を求めると，$Pja = (3.333/9.953) \times 100 = 33.487\%$，$Pjb = (3.462/9.953) \times 100 = 34.78\%$，$Pjc = (3.158/9.953) \times 100 = 31.729\%$ となり，これらの数値が a, b, c それぞれの観光地を選択する確率を示している。

❖観光地選択の属性モデル

　このモデルは，人々の効用は財・サービスそれ自体を消費することから得られるのではなく，それぞれの財・サービスが持っている「属性」から効用を獲得するという考え方に基づき，それゆえ質の選択をも考慮に入れたモデルであるといってよいであろう。いまある観光地 A と B の属性が

観光地選択の数値例

観光地	平均客室料金 F	客室数 R	観光地 i の効用	効用の和 = 9.953
a	9,000 円	30,000 室	$U_a = 3.333$	
b	13,000 円	45,000 室	$U_b = 3.462$	
c	19,000 円	60,000 室	$U_c = 3.158$	

観光地選択の属性モデル

2種類 (x, y) 存在し，それらの属性は当該観光地1泊当たり属性であり，その属性はベクトルで表すことが可能である。属性モデルは属性ベクトルの概念を用いて，以下のように説明できよう。

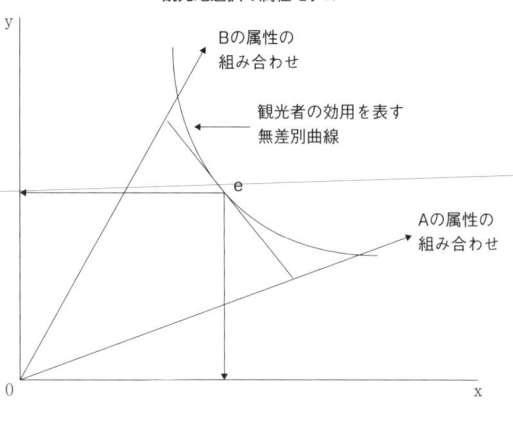

図の縦軸には観光地 A と B それぞれの属性 y が，横軸には属性 x が測られている。右上がりの2本の直線がそれぞれの観光地の属性の組み合わせを表した属性ベクトルである。左上方にある右上がりの直線が観光地 B の，そして右下方にある右上がりの直線が観光地 A の属性ベクトルである。属性ベクトルを結んだ右下がりの直線は，属性フロンティアないし属性機会集合と呼ばれ，潜在的な観光者が与えられた条件の下（たとえば，支出可能な所得とそれぞれの観光地に宿泊する費用〈料金〉を所与として）で消費可能な属性の束を表している。また，右下がりで原点に凸な曲線は，潜在的な観光者の効用を表す無差別曲線である——無差別曲線とはある特定の無差別曲線上ではどの点も効用は等しく，曲線が右上方に位置するほど，効用水準は高くなるという性質を持っている。この観光者は属性フロンティアと無差別曲線が接する点 e を選択する。この点で観光者の効用が最大化されるからである。

重要なことは，以上のどちらのモデルでも，観光者がある特定の1つの観光地を選択するということが明確に説明できないことである。(小沢)

52　観光地ライフサイクル——バトラー・モデルの長所と短所

　観光地にも栄枯盛衰が存在することを，プロダクトライフサイクルからの類推として最初に説明したのは，地理学者のR. W. バトラーである（Butler 2006）。彼が提示した観光地ライフサイクル・モデルは次頁の図を用いて説明することができる。

❖バトラーの観光地発展の6段階モデル

　バトラーは，観光地の栄枯盛衰を次のような6段階に分けて説明した。第1段階は「探検段階」と名づけられ，少数の冒険家のような人々が訪れる程度の秘境といった類の場所ないし地域である。第2段階は「住民参加段階」と呼ばれ，少数の訪問者による口コミなどを通じて，訪問者が増加し始め，地域住民が観光にかかわり，宿泊施設やレストランなどが設けられていく段階である。第3段階は「発展段階」であり，訪問者が急激に増加し始め，まさに観光地として必要な施設などの条件を満たし，観光が地域のリーディング・インダストリーとなるような段階を指す。それを経ると，観光地は成熟化し，第4段階の「完成段階」に進むが，その段階では観光者や訪問者の急増により，地域住民と訪問者の間での軋轢の高まりや環境の悪化に伴い，観光産業から撤退する企業も現れるようになり，観光者や訪問者の減少が目立ち始め，観光地は収容力の限界範囲に入る。さらに観光者数の減少が続くと，第5段階の「停滞段階」に入る。「停滞段階」では観光者数は横這いとなり，観光地の活動は停滞し始め，観光地の再生へ向けた取り組みが行われなければ，観光地として必要な施設などが劣化し，訪問者の増加を期待しえないような状況に追い込まれる。そのまま放置すれば，第6段階の「衰退段階」入りを余儀なくされ，観光地は消滅し，他の観光地に取って代わられるであろう。しかし，再生に向けた何らかの再開発が行われるならば，観光地の再生は可能であり，観光地は停滞段階から脱し，訪問者の増加が期待される。そのためには，観光地あるいは観光におけるイノベーションの実現が不可欠である。いずれにせよ，バトラーの功績は観光地の栄枯盛衰を鮮やかに描いて見せた点にあるといっても

バトラーの観光地ライフサイクル・モデル

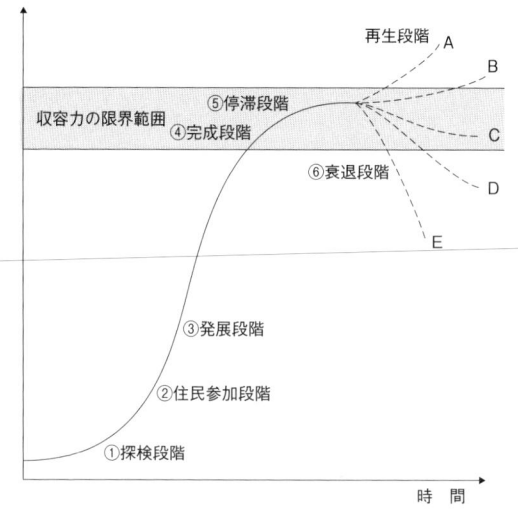

観光者数／時間軸上に、①探検段階 → ②住民参加段階 → ③発展段階 → ④完成段階 → ⑤停滞段階 → ⑥衰退段階 と推移し、停滞段階以降はA（再生段階）・B・C・D・Eの5通りの分岐が示される。収容力の限界範囲は完成段階・停滞段階の水準に帯状に描かれている。

（出所）Butler（2006:5）をもとに作成。

過言ではない。

❖ バトラー・モデルの短所

しかしバトラー・モデルには短所も存在する。第1に，横軸に測られている時間が半世紀あるいはそれ以上にわたり，したがって特定の観光地の観光者数の統計的把握が極めて困難であるということ，第2に，ある段階から別の段階へと移行する際の転換点が不明瞭であるという点である。バトラー・モデルでは，ある観光地がどの段階に位置しているかは観光者数の変化でのみ測られている。しかし，現実の観光地の観光入込統計を時系列で見ると，図に描かれたようなサイクルを描く観光地は極めて少ない。第3の批判は，縦軸にとった数値は観光者数なのか，それともその対前年変化率を測るのが望ましいのかという問題であるが，この点については現在のところ決着はついていない。　　　　　　　　　　　　　　　　（小沢）

第5章

さまざまな観光実践

マスツーリズムからポストモダンツーリズムまで

エスニックツーリズムから先住民族観光へ
(フィンランド共和国ラップランド県イナリ郡で
先住民族サーミ人が運営するトナカイ牧場)

53　マスツーリズム——大衆観光の光と陰

❖ 階級的観光から大衆観光へ

現代観光の大きな特徴は，社会の構成員の大多数が参加可能なことであり，この状況を大衆観光（マスツーリズム）と呼ぶ。もはや観光は特定の社会階層に限定された現象ではない。しかし歴史的に見ると「誰でも気軽に旅を楽しめる」条件が整ったのは比較的近年になってからにすぎない。それ以前，生活の必然を伴わない自発的な旅は，イギリス貴族のグランドツアーに見られるように，旅に必要な条件を自ら整えることのできる一部の階級だけに許される極めて限定されたものであった。庶民の旅は，巡礼（→5）など宗教的な情熱に支えられた苦難の道行きであった。

❖ 大衆観光の成立要件

大衆観光が始まる時期は一様ではない。イギリスではすでに19世紀から大衆観光は一般化した。アメリカでは1920年代，日本では戦前から萌芽が見られるとはいえ，本格化したのは高度経済成長が軌道に乗る1960年代からといえよう。大衆観光の成立には，時間的要件と経済的要件が必須である。時間的要件とは制度的な余暇の成立であり，労働時間と余暇時間が明確に区分され，自由裁量可能な余暇時間が法的に保証されることを意味する。一方で経済的要件とは，所得が向上し，旅行に費やす可処分所得が生まれることを意味している。いわば大衆観光の成立は，一定の時間的，経済的余裕を持った中産階級の成立と軌を一にしている。

観光者側の要件として，時間的，経済的な要件は極めて重要である。しかしこの2つの条件が満たされたとしても，大衆観光が爆発的に拡大するわけではない。供給側の条件整備が不可欠である。大衆観光の始まりは，T.クックが企画した，禁酒大会への汽車旅行だといわれている。クックは大衆を団体に編成することで，規模の経済を実現し，団体旅行とすることで，旅行の知識や経験を不要とすることに成功した。また汽車という大量輸送の新技術が利用されたことも重要である。団体化による規模の経済は旅行費用を大幅に低減させ，所得増大と相まって旅行の相対価格は急速

に低下する（ブレントン 1995）。

大衆観光の成立と爆発成長には，交通機関などモビリティを支える社会的基盤と，観光サービスの存在が不可欠である。アメリカで大衆観光が成立する1920年代はアメリカが世界最大の経済力を持つに至った時期であり，自動車が普及し道路網が全米に張り巡らされた時期でもある。日本では大衆観光が急成長する1960年代が，同様の時期に当たる。

❖ **大衆観光を超えて**

大衆観光の特徴として商品化をあげることができる。観光商品とは，予期される観光体験が流通過程に乗り，取引きされることを意味する。観光サービスの供給者，生産者にとって，商品の根幹である観光体験が偶発的に生じる状況は好ましくない。許容範囲の観光体験を，継続的かつ確実に生産しなければならない。そのため偶発的な出会いや光景に伴う感動は，制度化されコントロール可能な擬似イベントに置き換えられていく。これが大衆観光における体験がオーセンティシティを欠き，希薄化したものとして批判される原因である。また大衆観光の大きな特徴である団体旅行も，匿名性による無責任な行動の原因となりやすく，批判されることが多い。

これらの批判にもかかわらず，観光がレクリエーション効果を持ち，人々の福利厚生に寄与するならば，特定の人々だけがそれを享受できた時代から，社会の構成員の多くが享受できる条件を整えたという，大衆観光の社会的役割は高く評価することができよう。最近は大衆観光の問題点を克服するという名目で，「大衆観光ではない観光」いわゆるオルタナティブツーリズムが主張されることが多い。しかしオルタナティブツーリズムといえども，提供しているのは観光商品であり，観光における制度化の一変種として基本構造は大衆観光と同一である。大衆観光のメカニズムを抜きにして現代観光を考えることができない以上，大衆化を前提とした差異化にしかすぎない。他方で観光者は観光経験の蓄積をもとに，ニーズや嗜好を変化させていく。そこで生じるのは自らを大衆と見なさないマスツーリストという矛盾した存在である。むしろ現在の課題は，新しい観光者像を前提とした，オルタナティブツーリズムを通じて従来型の大衆観光の現象的問題点を地道に修正，補正していくことであろう。　　　　（稲垣）

54　オルタナティブツーリズム——新しい時代の観光

❖新しい観光のあり方への模索

　1960年代，世界の観光は大衆化が進み，マスツーリズムの時代を迎えた（→53）。1980年代になると，マスツーリズムを超えたポスト・マスツーリズム時代の観光を編み出そうという模索が始まり，マスツーリズムに代わる新しい観光という意味で，代替の観光＝オルタナティブツーリズム（alternative tourism）と呼ばれるようになった。

　マスツーリズムブームは，それまで非日常的活動であった観光をしやすいものにし，日常生活の延長に定着させたが，一方でさまざまな弊害を発生させた。これまで観光をする機会がなかった人々が団体として足を運ぶようになったことで各地で観光者向けの施設の大型化などが行われたり，自然環境の破壊や伝統的な生活文化の変容，土地開発，あるいは治安の低下などの弊害が発生するようになった。南北間の経済格差などを利用してさかんになった国際観光がマス化すると，地域内の経済構造を歪めたり，先進国による資源の搾取を生んだりすることもあった。こうしたマスツーリズムのあり方に疑問を呈し，弊害を回避した理想的な観光を生み出す必要があるという意識が，オルタナティブツーリズムという言葉に象徴されているのであり，特定のツーリズムの形態を指す名称ではない。

❖オルタナティブツーリズムのツアータイプ

　オルタナティブツーリズムという用語は，主として北米や西欧において普及し，マスツーリズムの負の要素を取り払ったり，マスツーリズムでは実現できない旅のスタイルを求めるものなどが具体的なスタイルとして提案された。たとえば，訪問先の住民の持つ文化を尊重し，交流を求めるエスニックツーリズム（→57），自然環境を保全しながら観光を楽しみ地域振興に結びつけるエコツーリズム（→26, 55），個人の特定のニーズに合わせて企画されたツアーを意味するスペシャル・インタレスト・ツアー（SIT），施設や装置に頼らないソフトツーリズム，人工的な空間ではなく自然や地域をアトラクションとするネイチャーベースドツーリズムなども

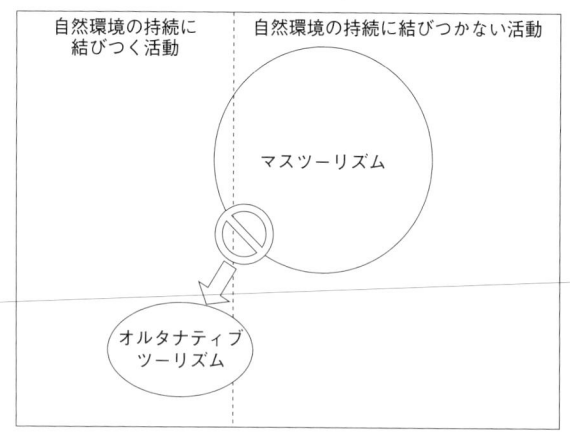

```
                    オルタナティブツーリズム
┌─────────────────────┬─────────────────────┐
│ 自然環境の持続に    │ 自然環境の持続に結びつかない活動 │
│ 結びつく活動        │                     │
│                     │   ┌─────────┐       │
│                     │   │         │       │
│                     │   │マスツーリズム│    │
│                     │   │         │       │
│                     │   └────⊘────┘      │
│                          ↙               │
│         ┌─────────┐                       │
│         │オルタナティブ│                    │
│         │ ツーリズム │                     │
│         └─────────┘                       │
└─────────────────────┴─────────────────────┘
```

(出所) Orams (2001: 26) をもとに作成。

含まれていた（安村 2001）。M. B. オラムスはオルタナティブツーリズムをマスツーリズムに比べて環境への負荷が少なく，質の良いものとして上の図で整理している（Orams 2001）。マスツーリズムから派生したものというとらえ方である。マスツーリズムに比べて規模は小さい。

❖オルタナティブツーリズムからサステナブルツーリズムへ

しかしオルタナティブツーリズムは，あくまでも非マスツーリズムという見方が存在することを明示したにすぎず，それ自体が質的な内容を持つわけではない。依然として，観光事業はマスツーリズムを志向することに変わりはなく，観光者の大半はマスツーリズムの参加者であった。観光者の視点からいえば，旅のスタイルのバリエーションが多様化したと見ることができるが，新しい観光の誕生という観点からすると過渡的なものであったといえる。

現在は，より理念的な背景によって生まれたサステナブルツーリズムの方がマスツーリズムの対置概念として用いられるようになり（⇒28），オルタナティブツーリズムという用語はあまり使用されていない。（海津）

55 エコツーリズム──自然と地域文化の魅力をいつまでも保ち,楽しむ

❖ シンプルな概念,困難な実現

　エコツーリズムとは,生態系や地域固有の文化など地域資源を守りながら観光を推進し,地域活性化を図ることを目指す考え方である。それまで観光と環境保全は相容れないものと見なされてきたが,これを覆して観光事業の中に自然保護や地域振興の考え方を組み込み,観光事業を自然保護のための資金調達方法として捉え,観光者を自然保護や地域振興の協力者に育てる発想へと切り替えたことが,エコツーリズム誕生の背景となった。

　エコツーリズムの定義は多様に存在するが,その概念は極めてシンプルであり,右頁の図1の三角形に集約することができる。

❖ エコツーリズムの誕生は「環境の時代」の入口

　エコツーリズムの発祥地にはいくつかの説がある。1つは1978年にミラーが作成したラテンアメリカの国立公園計画であり（Blamey 2001）,もう1つはコスタリカに移住したアメリカ人クエーカー教徒たちが,周囲の環境を傷つけない旅のスタイルを主張し,そのような旅人を「エコツーリスト」と呼ぶようになったことが発端といわれている。東アフリカ諸国では,野生鳥獣を密猟やハンティングによる絶滅の危機から救い,地域住民を違法ハンターから合法的なガイドへと生まれ変わらせようと,1980年代から政府主導で人材育成を行い,獲る観光から観る観光への転換を図ってきたが,1982年にバリ島（インドネシア）で開催された国際自然保護連合（IUCN）は世界国立公園会議でこのことを取り上げ,自然保護のための資金調達手段として観光に着目し,"エコツーリズム"が提起された。1992年にカラカス（ベネズエラ）で開かれた第4回会議で,エコツーリズムは議題として取り上げられている。

　国連は,世界規模の産業である観光における持続可能な開発のあり方としてエコツーリズムの普及を重視し,2002年を国際エコツーリズム年と定め,同年5月にカナダのケベック市で世界サミットを開催した。

図1 エコツーリズムの概念

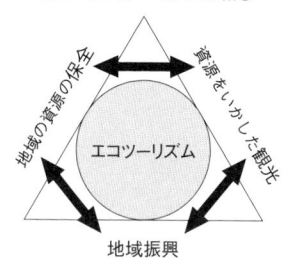

図2 5つの主体

（出所）海津・真板（1999）をもとに作成。

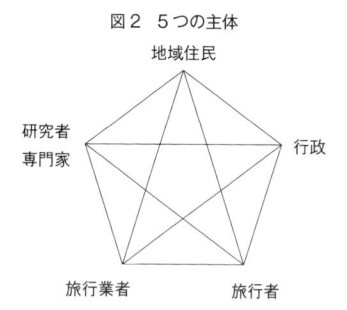

（出所）海津・真板（1999）をもとに作成。

❖ 多様なエコツアー

　エコツーリズムの考え方を理念とするツアー商品（⇒96）はエコツアーと総称される。エコツアーのテーマや内容は，国や地域，担い手などによって多様である。大陸と島嶼や里山では大きな違いがある。大陸では人跡未踏の地を意味するウィルダネスと呼べる土地が残されており，野生動物とのふれあいや，大自然に挑む体験などができるが，島嶼や里山では固有の生態系の体験や，生活文化を通した自然と人とのつながりなどがテーマとされることが多い。

　図1に示したエコツーリズムの概念を実現するためには，地域住民をはじめ，研究者や行政，観光者，旅行会社など多様な主体が参画することが必要であり，図2の5つの主体が必須であり，とくに地域住民が主体となることが必須である（海津・真板 1999）。

❖ 日本型エコツーリズム

　日本にエコツーリズムが導入されたのは，環境庁（当時）が西表（いりおもて）国立公園においてエコツーリズム資源調査を開始した1991年とされる。西表島では1996年に住民主体で西表島エコツーリズム協会（現NPO法人西表島エコツーリズム協会）を立ち上げた。国内先進例としては，ほかに小笠原，屋久島，やんばる，裏磐梯（ばんだい）などがある。日本のエコツーリズムの特徴は，多様な生態系と，自然と人のかかわりの文化の機微を宝と捉え，地域づくりとして地域住民主導で行われることである。このようなアプローチを日本型エコツーリズムと呼ぶ。

（海津）

56 グリーンツーリズム――農と食をめぐる観光

❖ 発祥地ヨーロッパのグリーンツーリズム

　グリーンツーリズムは農村観光，農業観光のことであり，ヨーロッパが発祥の地である。都市化の傍らで過疎化する農村の振興対策や農村景観の保全などを目的として，各国政府主導で導入された観光戦略がその起源であった。1970年代以降，増加した余暇時間を農村でのんびり安価に過ごすという都市住民の新しいライフスタイルの提案として年次有給長期休暇制度を取り入れた国々から徐々に普及が進んだ。呼称はさまざまあり，国によって，ルーラルツーリズム，アグリツーリズム，ツーリズム・ベールなどと呼ばれている。

　1936年に世界に先駆けて「バカンス法」を制定したフランスでは，労働者階級であっても14日間の有給休暇が確保され，農山漁村で長期休暇を過ごす市民が増えた。イギリスでは1970年代から有名観光地よりも農山漁村やナショナルトラスト（→23）観光を楽しむスタイルが好まれるようになり，グリーンツーリズムが普及している。ドイツは古くより「農村で休暇を」事業が進められ，景観美化運動コンクール（『わが村は美しく』）が1961年から継続して行われるなど，グリーンツーリズムの伝統国である（安島 2009）。

　これらの国々の共通点は，農家民宿の整備が政府により奨励されていること，都市住民の間に農山漁村のライフスタイルへの憧れがあることである。食糧生産地に近いところで長期滞在し，景観を愛で，土地の人々との交流を楽しむ自然な交流が実現している。

❖ グリーンツーリズム法と日本のグリーンツーリズム

　日本のグリーンツーリズムは，ヨーロッパの先進例に学び，観光農園における収穫体験，農作業体験などによる地域振興の一環として実施されている。普及のきっかけとなったのは，農林水産省が，山村地域活性化のために，農家が副業的に農業体験を提供する交流事業として提唱したことに始まる（1992年）。1994年には「農山漁村滞在型余暇活動のための基盤整

備の促進に関する法律」（通称グリーンツーリズム法）が成立した。観光者を国外や既存観光地ではなく農山漁村に向かわせ，観光業と農林漁業との連携によって消費を促すことにより，地域振興に直接結びつけようという政策の具体化である。法律では農村（山村・漁村）滞在型余暇活動を「主として都市の住民が余暇を利用して農村（山村又は漁村）に滞在しつつ行う農作業（森林施業又は漁ろう）の体験その他農業（林業又は漁業）に対する理解を深めるための活動」と定義している。

　同法は，滞在と体験の双方に主眼を置き，地域が主体となって行うグリーンツーリズムの支援を目的として，体験施設や宿泊施設の整備に関する規制緩和などに関する措置が盛り込まれている。しかし現実には，日本では農家民宿などは運営が難しいとされている。その理由として，①農家民宿を営むためには家屋の構造上の制約が大きい，②接客に不慣れな家族での宿の経営には困難がある，③ヨーロッパのような長期休暇の取得は日本人には困難，④滞在すべき農村や農村地域の減少，などの阻害要因があげられている（村上 1998）。

❖オーライ！ニッポン会議と民間の活動

　近年の農山漁村の人口減少，食の安全性の重視，地産地消の推進など副次的な要因によって，里地・里山・里海に注目が集まるようになった。総務省は，2002 年 9 月から 2003 年 3 月までプロジェクトチームを設け，都市と農山漁村の共生・対流の推進に取り組んだ。その成果が「オーライ！ニッポン」運動である。これは，各種活動主体の取り組みを活発化し，都市と農山漁村を互いに行き交う新しいライフスタイルの普及・啓発に取り組むことを目的としている。推進団体として，2003 年 6 月 23 日に「都市と農山漁村の共生・対流推進会議（通称：オーライ！ニッポン会議）」が発足した。2008 年度には，総務省・文部科学省・農林水産省の連携事業として，全国 2 万 3000 校の小学校 5 年生の子どもたちが農山漁村での 1 週間程度の宿泊体験活動に参加することを促す「子ども農山漁村交流プロジェクト——120 万人・自然の中での体験活動の推進」が実施された。

　一方でオーベルジュ（農園・レストラン付きホテル）や市民農園など，民間の活動も多様な展開を見せている。　　　　　　　　　　　　　　　（海津）

57　エスニックツーリズム——権利回復のための観光に向けて

❖ 文化の直接体験を第一義的な目的とした旅行

　エスニックツーリズムとは、観光研究分野において、一般に「自らとは民族的あるいは文化的背景を異にする人々と接触することを主たる動機とする旅行行動」として用いられてきた語である。通常、ホスト社会の文化を「直接体験する」ことを「第一義的な目的」とした旅行のことをいい、ツアーにおけるアトラクションとしての民族文化ショー鑑賞など、「二次的な位置づけの体験」は含まない (Harron and Weiler 1992)。

　なおエスニックツーリズムにおける異文化の直接体験とは、具体的には、「集落や現地住民の家庭を訪問し、その土地の慣習や儀礼、舞踊、工芸、その他の伝統的な活動を見学・体験・学習する」というかたちを取ることが多く、その際には「先住民族 (indigenous people) との顔の見える交流」といった人間的要素が重要となる (Harron and Weiler 1992)。

❖ 「先住民族観光」という考え方の重要性

　このようにエスニックツーリズムは、もっぱら観光におけるゲストの体験内容に着目した分類である一方、1990年代ごろより、ホスト側の主体性に着目した分類として「先住民族観光」という用語が注目されるようになってきた (Butler and Hinch eds. 1996, Ryan and Aicken eds. 2005 など)。具体的に先住民族観光とは、「先住民族が管理面や提供する資源面で直接関与する観光活動」と位置づけられる (Butler and Hinch eds. 1996)。このように先住民族観光が注目されてきた背景には、国連総会で「先住民族の権利に関する国際連合宣言」が採択されたりするなど (United Nations 2007)、先住民族の権利回復に関する国際的な関心の高まりがある。

　先住民族の権利に関する問題は、西欧列強の植民地経営による土地や資源の収奪、社会体制・宗教・生活様式など無形文化の破壊に端を発する。特に近年は、多国籍企業による生物資源や伝統医療知識の不正利用など、先住民族の文化や知的財産の侵害も大きな問題になっている (常本 2005)。こうした問題は、先住民族観光にも同様に当てはまる。すなわち、そもそ

も先住民族観光は、その歴史的成立経緯において植民地主義や南北問題と不可分の関係にあるし、また観光産業がその土地の資源に依拠する産業である以上、先住民族観光における観光資源の問題は、先住民族の土地や知的財産の所有権の問題に直結する。

観光客と踊るミャオ族（中国貴州省青曼村）

なおこうした先住民族と観光に関する問題に対して、国際記念物遺跡会議（ICOMOS）は、国際文化観光憲章（→19）の基本原則の1つとして、とくに「ホスト社会と先住民族コミュニティの関与」という項目を設け、「土地あるいは重要な場所について伝統的な権利と責任を有する先住民族は、文化遺産の保護と観光のプランニングに関与すべきである」と明記している（ICOMOS 1999/2002: Principle 4）。

❖日本の先住民族問題と観光研究の今後

日本には、列島北部周辺における先住民族であるアイヌ民族の権利回復の問題がある。明治以降の同化政策以降、2008年になってやっと「アイヌ民族を先住民族とすることを求める決議」が衆参両院で採択されたことからもわかるように、政府並びに国民の多くは先住民族問題に関して無関心でい続けた。こうした背景もあり、観光についても、先住民族の社会や文化に配慮したものであったとはいいがたく、現在でも観光に対して否定的な感情を持つアイヌ民族の方も多い。その一方で、北海道各地でアイヌ民族が主体となった観光振興への動きも本格化しつつある。

アイヌ民族を含め先住民族が抱える顕著な課題は、雇用・貧困、土地・資源・知識に関する権利、文化と誇り、の大きく3つに大別できよう。観光はこれら3点のいずれにも深くかかわる極めて重要な産業である。観光研究者は、単なる研究対象としてではなく、身近な社会問題として、先住民族観光のあり方を考えていかなくてはならない。　　　　（山村）

58 ヘリテージツーリズム——観光を通した文化の保存，継承，そして創造

❖ ヘリテージツーリズムの国際的定義

ヘリテージツーリズムとは，アメリカ・ナショナルトラストによれば，「過去・現在における物語や人物についての本質を表す場所や活動を体験する方法」と定義される（National Trust for Historic Preservation 2003）。また，UNWTO（世界観光機関）は，「自然史，人類の遺産，芸術文化，哲学，他の国や地域の文物に浸る行為」と定義している（UNWTO 1992）。

一方，日本においては，ヘリテージツーリズムという用語が"近代化遺産"観光と同義で使われることが多い（⇒89）。これは1990年代以降，産業遺構の保存・活用と観光振興を結びつける動きが地方自治体・産業界において活発化した際，ヘリテージツーリズムという用語が多用されたことに由来する。しかしこの国内での用法は，国際的用法と比べ，極めて限定的な用法であり，必ずしもヘリテージツーリズムの本質を伝えていない。

❖ ヘリテージとは何か

英語 "heritage" の原義は，相続される財産，受け継がれる遺産・伝統の意である。つまり，先代（過去）から，いま生きる私たち（現在），そして子孫（未来）へと，ある社会・集団（場合によっては個人）が，継承すべき歴史的・文化的価値を認めた物事・事象がヘリテージである。このようにそもそもヘリテージという概念の根本には，世代を超えて継承しようという，人間の「価値判断」「意志」「思い入れ」がある。したがって，継承すべき歴史的・文化的価値が認められた対象であれば，景観や自然環境もヘリテージとして位置づけられる。UNWTOによるヘリテージツーリズムの定義に「自然史」が含まれることや，世界遺産が文化遺産・自然遺産・複合遺産から構成されていることなどが，その好例である。

❖ ヘリテージ概念の拡大——システムとしてのヘリテージへ

1990年代以降のヘリテージをめぐる国際的な議論で注目すべきなのは，ユネスコの世界遺産における「文化的景観」概念の導入（⇒22）や「統合的アプローチ」に関する議論（2004年。「有形文化遺産及び無形文化遺産の保

護のための統合的アプローチに関する大和宣言」）などに代表されるように，ヘリテージを単体としての文化資源や自然資源ではなく，それらに付随する社会的・文化的要素ならびに有形・無形の要素を含めた包括的概念＝システムとして捉えることが一般化してきている点である。これは，ある文化資源・自然資源を次世代に継承するためには，

歴史的町並みとナシ族住民の暮らしに触れる
（中国雲南省麗江）

その資源を生み出した自然環境，社会的・文化的な営みや価値体系・思想・物語，維持・継承の技術や保護のための法制度，といった，資源そのものと一体となって価値を形成する抽象的・動的要素が，システムとして必要不可欠であるという考え方による。いいかえれば，ヘリテージとは，「資源」と「人間」とを結びつける「多様な社会的・文化的「関係性」を集合的に指した概念」（山村 2006: 115）であると再定義できる。

❖ ヘリテージツーリズムの必須要件

こうした本質的観点に立てば，たとえば，歴史的建造物など，ある資源単体を造形的・表面的に見せる・見るだけの行為はヘリテージツーリズムではない。その建物の設計に込められた思想，材料の構成と産地，建築技術，そこでの生活様式，保護のための法制度など，その建物の継承に関わる関係性＝システムについての包括的な情報が提供され，ホストもゲストもそうした情報を学習すること，そしてそれによってツーリズムが，建物の保護・継承に何らかのかたちで貢献することがヘリテージツーリズムとしての必須要件となる。

（山村）

59 アーバンツーリズム——まち歩き，あるいは身近なものへの興味

❖観光地としての都市

　日本におけるインバウンド観光地はどこだろうか。日本政府観光局（JNTO）が編集した訪日外客訪問地調査2009によれば，関東，中部，近畿，北部九州の都市圏に外国人観光客が多く訪れる傾向にある（⇒巻末15）。

　これにはもちろん，外国人観光客の窓口である国際空港とのアクセスが関係している。しかし，関東や近畿の都市住民からすれば，東京と大阪を日本の代表的観光地と見なすことに若干の違和感を覚えるかもしれない。だが日本人がヨーロッパ観光をする際，必ず訪れる場所はロンドン，パリ，ローマといった都市部だという点を考えれば，やはりインバウンド観光において都市は最も重要な観光地なのである。

　このように，都市は常に観光の現場である。18世紀にイギリス貴族層の子弟教育として始められた，現代観光の原点であるグランドツアーは，ヨーロッパの伝統的文明や最先端の文化に触れることを目的としていた。したがって，そのツアーの訪問先はフランスやイタリアの都市部となった。日本のインバウンド観光の訪問地の上位である東京，大阪，京都でいえば，東京と大阪は近世に，京都は中世に起源を持つ都市である。日本の場合，高度経済成長期の都市への人口集中により，都市住民の中に「観光＝都市からの脱出」という意識が芽生えるが，全体的な傾向でいえば，交通の結節点を形成し，消費や先端的文化の中心地であり，数百年前からの伝統的都市での都市観光＝アーバンツーリズムは，間違いなく観光の中心なのである。

❖近代の都市住民と観光

　高度経済成長による可処分所得の増加，高速鉄道網の整備などにより，1960〜70年代は日本人による国内観光が興隆した時代であった。この牽引役は国鉄（現在のJRグループ）で，「ディスカバー・ジャパン」キャンペーンの実施，永六輔が日本全国を旅するテレビ番組「遠くへ行きたい」

のスポンサーの開始（ともに1970年）に見られるように，人口増で膨張した都市住民が都市を脱出し地方を旅する，というのがそのコンセプトであった。これは，マスツーリズムの主体である都市のホワイトカラー層をターゲットにしたマーケティングであった。都市住民にとっての「観光」は，都市からの脱出と地方の自然・文化の再発見であったといえる。

❖ 都市観光の変化

　1980年代になると，都市住民の観光＝都市からの脱出という図式とは明らかに異なる「観光」行動が現れ始める。それは，都市住民自身が，身近な都市の生活空間にまなざしを向ける「まち歩き」という方向性である。その象徴的存在は，1984年に創刊されたタウン誌『谷中・根津・千駄木』だろう。この地域で育った編集長の森まゆみは，自らにとって身近な都市空間をフィールドワークという手法で取材し，地域の持つ良さを雑誌で表現した。もちろん，観光振興を目的として創刊されたわけではなかったが，雑誌の人気とともにこの地域は「まち歩き」観光地へと変貌し，上記の3地区を示す「谷根千」という造語は一般的に使われるまでに至った。

　この転換期を経て，アーバンツーリズムは大きく変貌する。都市の持つさまざまな場が「観光地」として対象化され始めるのである。現在，東京を訪れる外国人旅行者に最も人気がある「観光地」は築地市場であるし，「大人の社会科見学」と銘打った都市の工場見学ツアーは，大手旅行代理店が商品化するほどの人気である。また，観光におけるまち歩きの重要性を決定づけたのは，2006年4〜10月に行われた「長崎さるく博」（「さるく」は，まちをぶらぶら歩くという意味の長崎弁）だろう。「日本ではじめてのまち歩き博覧会」と銘打たれたこのイベントでは，自らの目線で観光客を案内する地元の市民ガイドが組織化され，成功のうちに終了した。

　この変化は，観光の質の世界的な変化を表しているかもしれない。観光の対象が，地域に根ざした「生活文化」そのものへと，あるいは，観光がハードの消費からソフトの消費へ，物の消費から意味の消費へと徐々に変化している証左なのかもしれない。私たちは，近代の生み出した「観光」の転換点に，いままさに立っているのである。

　　　　　　　　　　　　　　　　　　　　　　　　　　　　（中西）

60 スポーツツーリズム——イベントツーリズムの可能性と課題

❖ イベントツーリズムとしてのスポーツツーリズム

　オリンピックやサッカーのワールドカップなど，スポーツの国際大会では海外からも含めて数多くの人々が開催地を訪れる。各種の博覧会や祭りと並んで，集客力の大きなイベントツーリズムの1つと位置づけられる。

　2008年に新設された観光庁も2010年に「スポーツツーリズム推進連絡会議」を組織して，「『観るスポーツ』『するスポーツ』はもちろん，国際スポーツイベントの誘致・開催などの『支えるスポーツ』も含めた，総合的なスポーツ観光の推進により，インバウンド拡大および国内観光振興を図ること」を目指している（観光庁 2010a）。

❖ 趣味・生きがいとしてのスポーツ（ツーリズム）

　人々には，それぞれが日頃の生活の傍らで大切にしている趣味や生きがいがある。それはウォーキングやジョギング，トレッキングや釣りなども含めて各種の「するスポーツ」であったり，プロあるいはアマの競技の「観るスポーツ」であったりする。特定のジャンルの音楽，絵画，陶芸，料理・お菓子作りなども，「観る（聴く）」こと・「する（作る）」ことの両方を含めて大切な趣味であり生きがいであることだろう。

　観光は「非日常」といわれてきた。だからといって，これら大切な趣味や生きがいとはまったく関係のないことまでが，「非日常」的経験を味わえる観光といった意味づけだけで魅力的になりうるのかどうかと問うと，そうではないだろう。人々が「（どこへ行くのでも何をするのでもよいから）観光旅行が生きがい」などといえるような時代，いいかえると，有名な自然景観や歴史遺跡，美術館や博物館への訪問なら誰にとっても魅力的な経験になると思ってもよい時代は，すでに終わっているのではないだろうか。

　それでもなお「非日常」という概念を前向きに用いるとすれば，釣りが趣味の人ならそれぞれに憧れの川や海があるだろうし，スキーが生きがいの人には夢のスロープがあるだろう。「観るスポーツ」が趣味の人であれ「するスポーツ」が生きがいの人であれ，国際大会の会場は自分の趣味・

生きがいと確かに結びついた憧れ・夢の「非日常」だといえるし，だからこそ多くの人々を引きつける。たとえば，日頃のジョギングの先にある「非日常」としてのホノルルマラソンや東京マラソンへの参加，それこそが観光全体の中でもいまや最も理想に近い経験かもしれない。

　スポーツを愛好する人は，健康ブームも手伝って確実に増えている。ただし，すべてのスポーツが同様に人気を集めているわけではない。スキー人口は1993年の1860万人をピークにいまや半分以下に減っており，スノーボード人口を単純合算しても3分の2程度である（日本生産性本部 2010）。その動向の確実な把握こそが，観光業界にとっては死活問題となる。

❖地域づくりとしてのスポーツとスポーツツーリズム

　スポーツは人々の趣味や生きがいに結びつき，また，健康の増進も支えるため，各地の自治体も大きな関心を寄せている。たとえば，サッカーのJリーグ設立の際にはドイツの地域密着型の総合スポーツクラブ制度がモデルになったが，これに注目してドイツへ視察団を送る自治体は多い。そしてJリーグは「百年構想」で，「サッカーに限らず，あなたがやりたい競技を楽しめるスポーツクラブをつくること」や「『観る』『する』『参加する』。スポーツを通して世代を超えた触れ合いの輪を広げること」を目指している（Jリーグ公式ウェブサイト）。

　また，スポーツイベントの開催を通して地域振興を図ろうとする自治体も少なくない。イベントの開催には競技施設の建設やその他のインフラ整備も伴い，その経済波及効果に期待する人々が少なくないからである。また，イベントの運営では地元住民のボランティア参加が生まれ，その「支えるスポーツ」の側面が住民と訪問者との交流を進め，そして住民の間で地域への関心や自信が強まることにもつながりうるからである。

　ただし，イベントの多くは一過性のものである。経済効果の計算は開催時期前後の短期間に限定したもので都合よくごまかすことなく，大会終了後に長期にわたって生じる施設維持費の公費補填も含めた収支を客観的・実証的に積算・検討することが必須である。また，仮に税金を投入するなら広く住民・国民の合意のもとで透明性を確保しながら行うべきで，それでこそ「支えるスポーツ」となる（朝倉 2004）。　　　　　　（葛野）

61 メディカルツーリズムとヘルスツーリズム——高度な医療と多様な健康法を求めて

❖ 旅行の起源とヘルスツーリズム

ヨーロッパでも日本でも，観光旅行の起源といわれる宗教的巡礼（⇒5）や温泉旅行（⇒34）の目的には病気の回復や健康の増進が含まれていた。また，温泉旅行と並んで後にリゾート地（⇒33）や別荘地の形成へとつながっていく海水浴と高原での滞在・散策（トレッキング）にも同様な目的が含まれていた。つまり観光旅行はもともと，日常生活の場から一時的に離れて心身の健康の回復を希求する活動でもあった（姜 2003）。

近年，このように心身の健康の回復を目指した観光活動を，海外の医療施設で専門的治療を受けるための旅行であるメディカルツーリズムも含めて，ヘルスツーリズムと呼ぶ動きが強まっている。とくにメディカルツーリズムについては，経済産業省が健康関連サービス市場の創出を目指して「医療産業研究会」を，観光庁は訪日外国人観光客の増加を目指して「インバウンド医療観光に関する研究会」を立ち上げている。

❖ メディカルツーリズム——医療のグローバル化

海外の医療施設へ出かけて手術などの高度な治療を受ける理由は多様だが，主に3つがあげられる。①費用の安さ；たとえばアメリカの場合，自国での医療費が極めて高く，医療保険に入っていない人々は費用の比較的安い東南アジア諸国やインドへ向かうことになるし，雇用者側も医療保険負担の軽減を目的に海外での治療を勧める。②治療の迅速さ；ヨーロッパでは医療保険が充実しているが，手術治療を受けるには，長期間，順番を待つことが多く，アメリカや東南アジア諸国，インドへ向かう人々が多い。③医療の水準；アジア，中東，アフリカ，中南米の富裕層が，自国では享受しにくい高度な医療を求めて海外へ出かける。アジア，アフリカからは東南アジア諸国やインドへ，中東からはアメリカや東南アジア諸国，インドへ，中南米からはアメリカへ向かう人々が多い（日本政策投資銀行 2010）。

アジアでのメディカルツーリズム先進国はタイ，シンガポール，マレーシア，インドなどだが，これらの国々では医療に関する貧富の格差・地域

間の格差が甚だしく，外国人が高度な治療を受ける傍らで自国民がそれを受けられない状況が当たり前になっており，深刻な社会問題となっている（豊田 2007）。日本でも医師不足や地域医療の崩壊，医療を受けられない貧困層の増大が深刻化しており，医療の産業化やツーリズム化を安易に進めることに関しては日本医師会も含めて反対論が根強い。医療関係者の養成や医療機関の建設，医療研究には巨額の税金が投じられているのだから，受け入れ外国人の制限枠を設けることや収益を自国民のための医療態勢の整備に優先して用いるための税制の導入等が必要だろう。

❖ ヘルスツーリズム——多様な健康観

健康志向・病気予防意識の高まりの中で，医療は狭義の病気治療だけにとどまらなくなっている。メディカルツーリズムの分野でも，がん検診（最新の陽電子放射断層撮影＝PET検診など）や脳ドックの健康診断を中心に据えた商品が注目・人気を集めている。2010年に訪日個人観光ビザの発給条件が緩和された中国人の動向がとくに注目されており，外務省や厚生労働省は医療ビザの創設についても前向きになりつつある。これら健康診断や視力矯正，歯列矯正，美容形成，肥満改善，禁煙などの場合，上述の手術などと比べると，検診・治療の合間や前後に近隣の観光地を訪れる保養・レジャー活動を組み込みやすい（姜 2003）。

興味深いのはインドのアーユルヴェーダやヨガ，東アジアの漢方や鍼灸，あるいはタイのマッサージや韓国のアカスリまで，訪れる国や地域に特有の広義の医療が多様に用意されている点である。狭義の近代西欧医療に限らず，世界の多様な医療が注目されていることの反映だろう。この種のツアーは健康に良い保養・レジャー活動を複数組み合わせていることも多く，(メディカルツーリズムよりも) ヘルスツーリズムと呼ぶのがふさわしい。

ヘルスツーリズムの動向を，とくに医療施設が集中しているわけではない地方の受け入れ側から考える場合，「医食同源」との言葉も受け止めながら地元特有の安全で健康的な食を提供することや，食材の収穫や調理への観察・参加の機会を提供することも有意義だろう。　　　　　　（葛野）

62 スタディツーリズム──社会問題発見型の主体的学習

❖ オルタナティブツーリズムとしてのスタディツーリズム

近年，大学・高校の教員や NGO（非政府組織）・NPO（非営利団体）の職員など，特定の地域やジャンルの専門家が学習テーマを設定して企画・引率する研修旅行として，スタディツーリズムがさかんに行われている。旅行先の自然や社会・文化・歴史に関して，参加者が主体的な学習を行うことが重視され，それゆえに事前および事後の学習活動にも一定の時間が割かれる点に特徴がある。

従来の観光旅行の多くが同じような有名観光スポットを順番に訪れ，ガイドブックに紹介されたものをただなぞるだけで終わってしまうことへの反省や批判，つまりはマスツーリズム（⇒53）への反省や批判として現れてきたオルタナティブツーリズム（⇒54）の1種ともいえる（山中 2001）。

❖ 社会問題を発見するスタディツーリズム

スタディツーリズムがマスツーリズムへの反省や批判として行われると，それは社会問題発見型・社会批判型の内容へと向かいやすい。たとえば発展途上国のスラムの住民，大規模自然災害の被災者，紛争の難民，戦争の被害者，植民地支配の犠牲者の現実に目を向け，可能な場合は当事者から「生の声」を聞こうとする研修旅行である（高橋優子 2008）。とりわけキリスト教系の高校や大学ではスラムへの訪問が頻繁に行われ，そこでは一定のボランティア活動の実践が組み込まれている場合も少なくない。そうでない高校でも，沖縄戦の犠牲者や元従軍慰安婦（韓国のソウル）から話を聞くプログラムを組み込んだ修学旅行を実施している例は珍しくない。

これらスタディツアーの学習活動では，①「参画性」（自らの問題意識を携えて参加する），②「状況性」（問題の現場に自らの身を位置づける），③「関係性」（企画・指導者，参加者，現地の人たちの相互関係の中で「動的情報」が生まれていく），④「連結性」（現場での学習を既存の学習や将来の活動実践へとつなげる），といった特性が目指されている（渡辺 2001）。

「光（ばかり）を観る」のではなく「影（こそ）を観る」という点に注目

して，ダークツーリズムと呼ぶ向きもある。多くの生徒や学生，観光旅行者にとって貧困や死や戦争ほど非日常的なものはなく，スタディツーリズムという文脈を超えても旅行商品として成立しうるものなのかもしれない。

❖ 新たなスタディツーリズムとしてのエコツーリズム

スタディツーリズムは，オルタナティブツーリズムの１典型であるエコツーリズムへも接近する（⇒55）。エコツーリズムのガイドは参加者の学習活動の指導者や助言者になるが，地元の住民であることが多く，そこで学習される知識は学校で学ぶものとは異なる知のあり方になるだろう。

たとえば，フィールドワークを通して世界の諸民族の社会・文化について考察する文化人類学には「民族科学（ethno-science）」や「民俗知識（folk-knowledge）」，さらには「その地の知識（local-knowledge）」といった概念がある。知の内容にとどまらず，学び方，目的，使い方，そもそも知るということとはどういうことなのか，改めて考える機会を与えてくれるものがフィールドワークであり，それはスタディツーリズムが目指すところでもあるだろう。ここに，人類学を典型としたフィールド科学がツーリズムに有意義にかかわっていく回路が開いている（小長谷 2007）。

❖ スタディツーリズムからツーリズムスタディへ

たとえば発展途上国のスラムを訪れるスタディツーリズムの場合，そこで目にする人々の生活は，すべて貧困という文脈で見られてしまうかもしれない。あるいは逆に，貧困であるにもかかわらず（いや，必要以上に豊かではないから）人々はたくましく，子どもたちは目を輝かせていると見られてしまう可能性もある。このいずれもがスラムへの視線としてはステレオタイプであるが，旅行の目的意識が社会問題発見や社会批判の色を濃く持つ場合，このようなステレオタイプの再生産や強化がかえって生じやすい。また，いくら当事者の「生の声」をじかに聞くといっても，どのような立場にあるどのような人であれ，その語りの調子や内容は，あくまでも語る人と聞く人との関係に左右される（山中 2001）。スタディツーリズムは，訪れる側の人々が，自分たちと訪れる先の人々との関係性という視点からツーリズムという行為や仕組みについて考えを深めていく，自省的な「ツーリズムスタディ」へと発展するべきだろう。　　　　　　（葛野）

63 ワーキングホリデー——休暇・観光と就学・就労をつなぐもの

❖ 徐々に増加するワーキングホリデー利用者

　海外で休暇や観光を楽しみながら，滞在費用を補うための一時的で付随的な就労が認められる制度がワーキングホリデー（以下 WH と記す）である。国際的視野を持った青少年の育成や両国間の相互理解・交流の促進を目標に掲げた二国間協定に基づく制度で，日本は 1980 年のオーストラリアを最初に，ニュージーランド，カナダ，韓国，フランス，ドイツ，イギリス，アイルランド，デンマーク，台湾，香港との間に協定を結んでいる（日本ワーキング・ホリデー協会ホームページ）。

　WH ビザの発給は 18～30 歳の若年層に限られ（アイルランドだけは 18～25 歳），滞在も多くは 12 カ月間が上限であるため，利用者の実数はわずかだが，それでも 80 年の制度開始以来，協定国の増加に伴って徐々に増えている。法務省（入国管理局）によれば，2007 年に日本人に対して発給された WH ビザは 2 万 941 件，WH を目的に訪日した外国人は 5758 人である（法務省 2008）。

❖ ワーキングホリデーという経験

　厚生労働省（職業能力開発局海外協力課）が 2004 年に WH および国際インターンシップの経験者（6411 人。男性 19％，女性 81％）を対象に実施したアンケート調査によれば，参加動機の上位 3 つは「海外で生活をしたい（80％）」「語学力を強化したい（57％）」「海外に対する漠然とした憧れ（38％）」であった。WH 経験者（および国際インターンシップ経験者）の最終学歴は高校卒が 20％（7％），専門学校卒 20％（7％），短大卒 26％（20％），大学卒 27％（52％），在学中 4％（13％）で，当時の大学進学率が 40％強であることを考えると，かなり低いといえる。観光旅行などの短期滞在を除いた海外生活の経験を以前から持っていた人は 19％（35％）であった。

　休暇・観光が主な目的であるため，就学・就労期間には国ごとに上限が定められており，本格的な就学・就労を通して専門的な知識やスキルを身につけることは難しい。若者たちが就く職業は，それが短期の一時就労で

ある以上，条件は決して良くない。日本からの観光客に対応するお土産屋店員やツアーガイド，日本食レストランの店員として働く人が多いと指摘され，WHを斡旋する業者もこの種の仕事を推薦する例が多い。上記の厚生労働省のアンケート調査でも，就労実績は「飲食業・宿泊業」が44％となっている（国際インターンシップでは「教育・学習支援」が75％）。

参加者としては就労をただ単に休暇・観光滞在の費用を補填するための手段と考えるなら，また，受け入れ国家としても安価で便利な一時的労働力を確保するための政策と考えるのなら，実に好都合な制度だが，それで参加者の将来のキャリアアップへとつながるのかどうか，また「両国間の相互理解・交流の促進」が遂げられるのかどうかは，甚だ疑わしい。オーストラリアへのWH渡航者の調査を行っている藤岡伸明も，「WH渡航者の多くが日本食産業の低賃金・単純労働セクターにおける雇用の調整弁という役割を担っている」と指摘している（藤岡 2008: 192）。

❖ ワーキングホリデー制度の不透明なゆくえ

藤岡によれば，WH後に技術移民や配偶者としてオーストラリアの永住権を取得したいと考える人も少なくはないが，容易い道ではない。厚生労働省の調査でもWH経験者の28％が将来は「海外で働きたい」と考えているが，10年後の生活の予想で「海外で働いている」は15％にすぎず，22％もが「結婚して家庭に入っている」と答えている。また，WHが帰国後の就職に「とくに有利な条件とはならなかった」と答えた人が43％にも及ぶ。WHは，現在，その社会的意義が改めて問い直されているともいえるだろう。

1990年代後半以降，旅行関連産業全体が長期不況に陥り，中小の旅行・留学関連会社が倒産を続ける中，2010年，厚生労働省の外郭団体で公益法人である日本ワーキング・ホリデー協会も破産手続きに入った（所轄官庁職員の天下り先として批判を浴び，政府からの財政補助が見直された結果とも伝えられる）。WHの二国間協定は今後も生きているが，公的受け皿の必要性を社会から否定されたかたちのWH制度の将来は，極めて不透明である。

（葛野）

64　留学——旅行商品の多様化の中で

❖団体ツアーの変化

2000年頃から，たとえばベトナムでは，ホーチミン（旧サイゴン）のタンソンニャット国際空港における団体ツアーの変化を痛感する。ツアーの名称に「ボランティアツアー」がつく団体が多いのである。

現在，海外における短期のボランティア体験を組み込んだツアーは増加の傾向にあり，その内容も多岐にわたっている。孤児院の慰問から農業体験，植林，井戸掘り，そして何と地雷撤去まで，スタディツアー（⇒62）という名称で一種の旅行商品（⇒96）が販売されている。

❖留学とその大衆化

かつて，学びを目的とした海外渡航はそのまま留学を意味していた。またその目的も，欧米の先端的科学技術の修得，とくに大学院での博士号の取得を目指す大学院生が多かったようだ。1985年のプラザ合意以前の円安ドル高状況では，海外留学は一部エリート層に限られた「高嶺の花」であった。また，海外留学費用を助成する奨学金の数も少なかった。現在の日本社会の中核をなすエリート層に，アメリカ留学の奨学金として最難関とされるフルブライト奨学金（1952年～）留学生が多いのも，当時の留学状況を物語っている。

1973年，円とドルの交換レートが固定相場制（1ドル＝360円）から変動相場制に移行し，その後のプラザ合意以降，強い円を背景に日本のアウトバウンド観光が急速に増加した。それに歩調を合わせ，強い円は海外留学を以前よりはるかに身近なものにした。その目的も，前述の古典的な留学から，単に語学力を身につけるための海外語学学校への留学まで広がり，留学のコーディネートを専門とする会社も1990年代には登場した。日本における海外の自由旅行ガイドブックの草分けである『地球の歩き方』にも，留学専門の特集が登場するほど留学は大衆化，商品化している。

その一方，留学先の多様化，留学そのものの多様化が近年顕著になりつつある。たとえば，日本からのアメリカへの留学生数は1997年の4万

7000人をピークに減少に転じ，2007年は3万4000人と約30%も減少した。逆に中国への留学生数は，中国の経済発展に合わせて増加の傾向にあるが，日本人の留学生総数は2003年から漸次減少している。

❖ スタディツアーの広がり

大学でのスタディツアー

学びを目的とした海外渡航に関する近年の傾向として，冒頭にあげたスタディツアーの広がりは注目すべきであろう。留学は留学先の教育機関での学業が目的であり，その期間も半年〜数年と長いが，スタディツアーは教育機関ではない組織，とくにNPO（非営利団体）あるいはNGO（非政府組織）が参加者受け入れの中心となり，比較的短期間で特定の現場（フィールド）を体験し，現場で実態を学ぶという形式をとる。

1998年に特定非営利活動促進法（NPO法）が制定されたことで，NPOとしての法人格を得る団体が増加した。とくに発展途上国での援助，ボランティア活動を展開するNPOは，自らの活動を広く一般の人々に周知し，支援者を増やすため，積極的にスタディツアーを展開している。大学でも，この種のフィールド体験を正課科目として取り入れる傾向にある。

現在では，大手の旅行代理店もスタディツアーをパッケージツアーとして商品化し，販売している。通常，日本で販売される海外のパッケージツアーは，交通・宿泊・現地観光を日本の旅行代理店が組み合わせて販売し，その実行を現地の旅行社に任せている。NPOと旅行代理店が協力するスタディツアーは，現地での「学び」の部分をNPOに任せるかたちだと思えばわかりやすいだろう。

このように，学びを目的とした海外渡航は，かつての「留学」の枠を大きく超えたものに変貌している。この変化は，1980年代後半から激増した日本のアウトバウンド観光に対するニーズや質の変化を物語る現象といえるだろう。

(中西)

65 ロングステイ——移住と観光のあいだ

　ロングステイとは，退職者が第2の人生を海外で過ごす長期滞在型観光，あるいは移住のことである。ヨーロッパでは，イギリス人やドイツ人などが退職後に気候的にも快適な南のスペインなどで過ごすことは，1970〜80年代から行われており，ヨーロッパ連合（EU）成立後，さまざまな越境の条件が緩和されたこともあって，その傾向が加速している。日本でも，ロングステイというかたちで物価が安く，気候のよい東南アジアなどで退職後の人生を送ろうと考える人が増えている（山下 2009a: 第7章）。

❖ロングステイツーリズム

　ロングステイという言葉は，1992年に当時の通産省（現経済産業省）の認可を受けて設立された公益法人・ロングステイ財団の造語である。同財団によると，ロングステイとは「生活の源泉を日本に置きながら海外の一カ所に比較的長く滞在し，その国の文化や生活に触れ，現地社会への貢献を通じて国際親善に寄与する海外余暇を総称したもの」と定義されている。そこでは非日常的な旅よりも日常的な生活に重点が置かれている。

　旅行業界もこの新しいマーケットに手をつけており，ロングステイ体験ツアーなどが企画・実施されている。ロングステイ先としては，マレーシア，タイ，オーストラリアなどが人気がある。受け入れ側も「マレーシア・マイセカンドホーム・プログラム」など退職者ビザを用意するようになっている。

❖ロングステイの社会的背景

　ロングステイの背景には，少子高齢化という問題がある。日本の高齢化率（65歳以上の人口が総人口に占める割合）は，2009年の時点で約22%。超高齢社会（65歳以上が人口の21%以上を占める社会）の到来である。この比率は，2015年までに25%，2025年までに29%，2055年までに41%に達するといわれている。

　こうした人口構成の変化は，日本の福祉厚生・社会保障システムへの不安をも引き起こしている。今後増え続ける高齢者の生活を少子化により少

なくなっていく現役世代が支えることができるのか。高齢者の生活の質を保障するための年金と医療・介護のシステムは大丈夫なのか。退職後の生活に対する国民の不安は増大している。こうした社会経済的状況の中で，一部の退職者・年金生活者は，同じ金額の年金を使うなら，物価が高く，暮らしにくそうな日本より，コストの安い海外で，よりよい退職生活を送るという生存戦略を選ぶのだ。

❖ 第2の人生を求めて

ロングステイは文化的現象でもある。退職者たちは，第2の人生という新しい価値を求めて海外に出るからだ。在職中は仕事と子育てに追われ，自分の趣味や人生の意味の追求は，二の次に置かれることが多いが，退職後は違ってくる。自分や配偶者と向き合う時間が増え，ロングステイを行うことで「自分のために生きる，もう1つの人生」を模索するのである。

ロングステイのガイドブック

2009年には日本の50歳以上の海外旅行者数は560万人を超え，今後も高齢化は加速していくわけだから，旅行業界にとってロングステイは極めて有望な観光商品である。特に今後の大きなシニアマーケットである「団塊の世代」は，海外旅行を何度も経験し，外国好きな年齢層なのだ。

❖ 移住と観光のあいだ

「ロングステイとは，暮らすように旅すること……1ヶ月の滞在でも暮らすような旅は十分できる。気にいった土地に三ヶ月住んでみれば，もう一つの人生を楽しむことができる」とはあるロングステイ・ガイドブックの誘い文句である（ラシン編集部編 2004:3）。「暮らすように旅すること」——ここには日常と非日常を対立させる近代観光とは違う観光のかたちがある。この点は，下川裕治（2007）が描く「日本を降りて」バンコクへ向かう若者たちも同様であろう。

（山下）

66　ポストコロニアルツーリズム——他者を消費するツーリズムを超えて

❖支配的な文化表象を問題とするポストコロニアリズム批判

1978年にE. サイードが『オリエンタリズム』を発表して以来，植民地支配（コロニアリズム）論の射程は欧米宗主国による植民地地域への政治・経済的支配の問題にとどまらず，それを根底で正当化し支えてきた文学や学術の支配的な文化表象・言説の問題へと拡大深化した（サイード 1993）。それがポストコロニアリズム批判と呼ばれるのは，第二次世界大戦後においても強力に生き続ける政治・経済的支配やそれを支える支配的な他者表象を，植民地支配の装置をくぐってきた後続的結果として，いまそして未来へ向けて自省的に考え続けようとする意志の表れだからである。

ポストコロニアリズム批判・研究が問題とする支配的な文化表象は，(旧)宗主国（先進国）側から（旧）植民地（発展途上国）側へと向けられる他者表象に限らず，それによって支えられる宗主国側の自己表象，植民地側から宗主国側へと向けられる他者表象や植民地側の自己表象のすべてを含む。また，これらの他者表象・自己表象は互いに結びつきながら，それぞれの中に幾層もの表象を嵌め込んで重層的にできあがってもいる（たとえば先住・少数民族や周縁的「地方」，階級，女性などに関する支配的な他者表象が権力を持ち，それら他者からの個別具体的な声を封じていく）。

観光はポストコロニアリズム批判から自由でないばかりか，むしろ批判の中心的対象でさえある。観光現象の多くが（単なる経済的支配以前に）訪れる側（ゲスト）の自己表象と訪れる先（ホスト）に関する他者表象との，極めて対照的な関係の構造のうえに成立しているからである（橋本・佐藤 2003）。

❖ポストコロニアルツーリズムの感性

発展途上国を訪れる海外観光旅行客やそれを送り出す観光関連産業は，その国・地域を植民地として支配していた宗主国側に当たる場合が多い。たとえば旧植民地では，宗主国側の言語がいまも公用語（に近い位置づけ）とされていることがあり，食文化も（いくらかたちを変えながらも）広く

取り入れられていることが珍しくない。このように言葉が通じ食にも困らない保証のうえに、植民地時代と同様に「異文化」としての他者表象を消費する営みがポストコロニアルツーリズムである。とくに周縁の地で展開するエスニックツーリズムやエコツーリズムには、植民地時代とほとんど変わらない「異文化」観や「異文化としての自然」観が生き続けている。さらには、言葉や食が現地化＝クレオール化する状況を「交流」や「混淆」と呼んで面白がって消費する感性も、植民地支配の過程で造られた建造物（政庁や駅舎やホテルなど）や町並みを歴史的景観として懐かしがって消費する感性もまた、ポストコロニアルツーリズムに特有のものであろう。

　たとえば1981年にJTBが起こしたアイヌ差別事件など、ポストコロニアルツーリズムの課題は日本国内でも見ることができる。同社が『ジャパンタイムズ』の北海道旅行広告で用いた表現のうち、"the famed hairy Ainu（名高い毛深いアイヌ）"は論外として（JTBも即座に謝罪した）、問題の本質は"a fascinating visit to a real Ainu Village at Shiraoi（白老の<u>本物のアイヌ村</u>への魅惑的訪問）"にあった。「本物」（か否か、何が「本物」なのか）との裁定は、まさに他者表象に関する権力の問題そのものであるにもかかわらず、当時のJTB幹部はこの点について意図的に「無知」を装い、謝罪を拒否し続けて厳しく批判された（成田ほか 1998）。

❖ 〈風景〉の消費から〈生き方〉の共感へ

　ポストコロニアルツーリズムの特徴は、他者を自らとは異なる〈風景〉として固定し、消費の対象としてしまう権力性にある（アーリ 1995）。しかし、対象とされる人々自身は、外からやってくる、あるいは外から押しつけられもするさまざまなものごとや視線を跳ね返したり取り込んだりしながら、自分が何者であるのか、自分を何者として伝えたいのかを考え、その思いにかたちを与える実践を生きている。人々を〈風景〉として見るばかりではなく、外からの他者表象と自らの自己表象の間での、苦々しさや楽しさが伴う人々の〈生き方〉への共感へと視線のあり方を変質させること、それがポストコロニアルツーリズムを乗り越えるための1つの回路だろう（古川・松田 2003）。　　　　　　　　　　　　　　　（葛野）

67 ポストモダンツーリズム——曖昧化する観光の主客構造

❖ポストモダンツーリズムとは何か

オルタナティブツーリズム (⇒54) として新しい観光の類型が登場し (Smith and Eadington eds. 1992)，サステナブルツーリズムなどの考え方が提示されるようになった (⇒28)。しかしポストモダンツーリズムはこうした観光類型ではなく，観光現象の変化をポストモダンという思想，社会状況の下で理解しようとする認識の枠組みである。大衆観光の終焉，観光の変化が指摘されているとはいえ，観光の行動面における変化は大きくはない。すべてのものを商品化し，資本主義的交換過程に置くという観光の基本原理は，大衆観光から現在へそのまま受け継がれている。変化したのは，観光の個別場面における観光者の嗜好と意識である。ポストモダンツーリズムはこれら個別状況を明らかにする説明原理として有効である。

❖観光における主客関係の変容

ポストモダンツーリズムに関して，ある種の不明確さを払拭することは難しい。これはポストモダンについて論者間の認識が大きく異なる，という状況を反映している。他方，ポストモダン状況を近代が作り出した価値体系の崩壊だとするなら，観光にとっての近代を明らかにすることで，ポストモダンツーリズムを考える出発点とすることは可能であろう。

近代は明確な自我を持った主体の成立を特徴とする。そこでは自己と他者は峻別され，世界は客体として位置づけられていく。また世界が部分から全体への階層的構造を持つという認識も近代特有のものである。観光においても主客の厳密な分離が生じ「見る」「見られる」関係を通じて対象は観光者の一方的な視線によって客体化され商品化される。これはJ. アーリがいう「まなざし」による観光化にほかならない (Urry 1990)。また二元論的な世界認識も近代の特徴であろう。ポストモダン状況を，近代が生み出すこれらの構造の崩壊と捉えるなら，明確な自我を持った主体としての観光者の存在自体が不確実になり，観光者による対象の一方的な客体化という構造にも疑問が生じる。実際ポストモダン状況下の観光では，主

客の関係が曖昧になり，自己が社会に拡散することで，観光者自身を含んで観光対象が構成される事例が見られる。

❖ ポストモダンツーリズムの諸相と限界

　YOSAKOI ソーラン祭り（⇒85）は地域イベントから出発し，現在では海外からも集客する巨大な観光事象に転化している。YOSAKOI ソーラン祭りに参加する観光者の多くは，同時にパフォーマーであり，結果として観光者を巻き込んで作られる状況がリアリティを生んで観光を成立させていく。観光対象は観光者自身を含み，主客の構造は極めて曖昧であり，同時に「見る」「見られる」関係からも離脱している。これは観光におけるポストモダン状況の典型的な事例の1つであろう。

　主客の境界が曖昧になると同時に，さまざまな社会的境界が消滅し，境界によって構成されてきた階層性も崩れていく。新宿のロマンス横丁は戦後の闇市が残った場所であり，近隣の高層ビル街と比べ雑然とした迷宮世界が広がっている。近年この界隈は西欧人を含めた観光客で賑わっている。彼らは狭い飲み屋で肩を寄せ合い，かつて下層の飲食物とされたモツ鍋やホッピーを楽しむ。これは下降志向ではなく，消費の階層性が崩壊したポストモダン状況下，すべてが同一の地平に置き直された結果にすぎない。

　二元論的理解にも変化が生じている。かつて観光対象の本物-ニセモノ議論は大きなテーマであった。ディズニーランド（⇒37）はすべてがコピーで構成された世界である。シンデレラ城はノイシュバンシュタイン城のコピーである。ノイシュバンシュタイン自体も当時すでに時代遅れになっていた騎士道物語の夢想のうえに作られたコピーにすぎない。ディズニーランドはコピーを重ねた範型を持たないコピー，シミュラークルである。しかしディズニーランドにとって本物-ニセモノ議論は意味を持たない。そこではハイパーリアルな世界が構成され，人々を誘引している。ポストモダンツーリズムは個別場面で極めて有効な説明原理として機能する。しかし現代観光の全体像に関する見取図にはなりえない。ポストモダンを近代の作り出した「大きな物語」の終焉と捉えるなら，全体性の欠如と個別場面での強い説明力は，まさにポストモダンの特徴というべきかもしれない。

(稲垣)

第6章

観光開発と地域社会

地域おこしの手法としての観光

重要伝統的建造物群保存地区・岐阜県白川村荻町

68　地域開発としての観光開発——地域社会による持続可能な資源管理

❖ 開発問題としての観光

1960年代に大型航空機が普及すると，国際観光客数が地球規模で爆発的に増大し，以来，世界各地において，観光開発が経済発展の重要な課題となった。とくに，外貨の獲得と国際収支の改善を目指す国・地域にとって，観光開発は地域開発の手段として非常に重要な意味を持った。

なぜなら，経済や情報のみならず，人間の移動が地球規模化した時代においては，観光産業が外貨獲得のための理想的な経済手段になると考えられたためである。とくに開発途上国や地域は，皮肉にも近代化に後れを取ったことが逆に幸いして，豊かな自然環境や伝統文化が残っている場合が多かった。観光開発は，これら地域の豊かな資源をそのまま利用して，外貨収入を得ることができる開発手段である。また，関連する幅広い産業への経済波及効果が期待されるとともに，第三次産業への就業機会も増える。

当時は，国連をはじめとする国際機関もこうした論調にあり，経済開発上の観点から観光の重要性を強く表明した時期であった。たとえば，国連の第21回総会では，「国際観光は目に見えない輸出産業」であり，「途上国の経済成長にとって重要な貢献をする」として，1967年を国際観光年に指定している（United Nations 1966）。こうした中，多くの国，とくに途上国において国家主導の大規模観光開発が進められていった。

❖ 持続可能な観光

1970～80年代は，経済発展のみに主眼を置いた開発戦略のひずみが地球規模で表面化し，国際機関などを中心に「開発」や「発展」という概念そのものに対する問題提起がなされ，具体的な戦略の模索が行われた時期である。そうした中，国際自然保護連合（IUCN）がまとめた「世界環境保全戦略」（IUCN 1980）や，国際連合の「環境と開発に関する世界委員会」の最終報告書 *Our Common Future*（地球の未来を守るために）"（WCED 1987）などで「持続可能な開発（sustainable development）」という理念が提示される。この理念は，将来の世代のニーズを満たせるように，

現代の世代が環境・資源を利用する，つまり現在の世代のみならず子孫にも豊かな生活を保障していこうとする理念であり，以後，開発問題において最も重要な論点の1つとなった。

観光開発に関しても同様に，この時期多くの国で，それまでの経済開発手段であった大規模観光開発の弊害が表面化してきた。一部大企業や外国資本への高い依存率や，地域の環境や文化資源を安易に商品化する手法が，地域社会にさまざまな負の影響を与え始めたのである。その結果，観光開発においても国際的な「開発」概念見直しの議論を受け，「持続可能な観光（サステナブルツーリズム）」についての議論が本格化した。

❖ 経済開発から社会・人間開発へ

1990年代に入ると，「国連環境開発会議（UNCED）」（United Nations 1992）や，「世界社会開発サミット（WSSD）」（United Nations 1995）といった会議で，持続可能性をはじめ，地域社会，貧困と分配，教育，保健，ジェンダー，参加などといった論点に注目が集まった。また，国連開発計画（UNDP）は1990年から『人間開発報告書』を毎年発行，開発プロセスの中心に人々の存在を据えることの重要性を訴えている。このように，国際社会は「開発」「発展」のあり方について，それまでの経済優先の開発路線ではなく，「人々が長寿で健康かつ創造的な人生を享受するための環境を創造すること」（UNDP 1990）を目的とした社会環境・人間重視の路線——社会開発・人間開発路線へと大きく転換したのである。

❖ 地域社会の主体的参画による持続可能な資源管理

このようにして，持続可能な開発，社会開発・人間開発が求められる中，観光開発の現場や観光研究分野においても，産業規模や経済的利益の極大化ではなく，地域社会の主体的参画による持続可能な資源管理のあり方について，さまざまな議論や試みがなされ始める。観光産業が，地域の自然環境や人間社会の文化に依拠する資源産業であることを考えれば，これは当然の流れであったといえよう。エコツーリズムやヘリテージツーリズムなど，この時期から本格化する，いわゆるオルタナティブツーリズムのあり方の模索も，こうした開発のあり方をめぐる国際社会の大きな潮流の中に位置づけて理解することが肝要である（⇒54, 55, 58）。　　　　　（山村）

69 まちづくり手法としてのツーリズム——「交流」の意味を考える

❖「発地型観光」と「着地型観光」

2005年前後から、地域自らがプロデュースする集客ビジネスのあり方として、観光業者や観光研究者の間で「着地型観光」という用語が広く使われ始めた。現在一般に、従来型の「発地型観光」（発地の旅行代理店が旅行商品を販売するために「送客」システムを構築していくビジネスモデル）に対し、着地の地域社会（主として目的地側の観光業者）が地元の資源を旅行商品として販売するために「集客」システムを構築していくモデルを「着地型観光」と呼んでいる（→33）。もともと旅行業界においては、発地型が通常の事業形態であり、あえて発地型・着地型という区分をしていなかった。しかし、旅行者ニーズの多様化、インターネットによる直接予約の普及などにより、いわゆる現地発着の旅行商品が一般化するようになり、旅行業界において「発地型」「着地型」という商品区分が定着していった。その後、地場産業の衰退や高齢化・人口減に悩む地方都市や農山漁村において、地域振興の観点から、地域自らの手による旅行商品開発のニーズが高まり、「着地型観光」という用語はまちづくりの分野でも一般化しつつある。

❖ 着地型観光による「まちおこし」が抱える課題

こうした着地型観光に対する関心の高まりは、地域の産業開発という点では歓迎されるべきものである。しかしながら、まちづくり手法として着地型観光を考える際には留意すべき大きな課題がある。それは、「観光業に携わっていない住民」を含めた、地域住民全体の発展を考えなければならないという点である。残念なことに、着地型観光が論じられる場合の多くは、地域の観光業者（旅行代理店、宿泊業、飲食業、運輸業など）あるいは観光客を受け入れる住民（民泊など）をその担い手として扱い、観光客の受け入れや物品販売に携わらない、「それ以外の地域住民」のことについて語られることはほとんどない。そしてそうした理解で着地型観光の開発を行えば、多くの場合、地域の観光業者には利益が生じるものの、その

他観光業に関連しない住民には何のメリットもない，という状況が生じてしまう。これでは産業開発ではあっても「まちづくり」にはならない。

❖ 観光まちづくりの論点

そもそもまちづくりとは，さまざまな定義がなされているものの，本質的には，自らが生活する地域レベルで，住民それぞれが発展過程に参加して自己実現を図る路線のことである。これは開発に関する国際的な議論に即していえば「内発的発展」(⇒76)とほぼ同義と考えてよい。そしてこうしたまちづくりのうち，とくに観光を通したまちづくり（観光まちづくり）の場合は，地域が持っているものに依拠し，集団内や他地域の集団と交流することによってこれらをより豊かにしていく方向性を持ったまちづくりの行為と捉えることができる。

また，まちづくりにおいては，「観光」の考え方の転換も必要である。つまり，着地型観光も含めたこれまでの「観光」のように，「地域資源を商品として取引・消費する仕組みとしての観光」を考えるのではなく，観光業者以外も含めた地域住民が担い手となりうる「観光」の考え方が必要となる。それはすなわち，地域の誰もが担い手となりうる「交流としての観光」である。

❖ まちづくりのプロセス

なお，まちづくり手法としての観光を論じるのであれば，観光業者以外も含めた地域住民に対して，具体的なまちづくりのプロセスに沿って，少なくとも，①開発に関する合意の形成，②開発への参加の確保，③観光業によって生じた利益の再配分，といった面での配慮が必要となる。特に③に関しては，観光収益の一部を地域資源保護にあて，持続的な活用を図ることが重要である。さらに，まちづくりにおいては，観光業以外の一般住民の暮らしを豊かにするために利益を還元することも極めて重要な意味を持つ。これは単に社会還元というのみならず，住民感情の面での観光業への理解を深めることにもつながる。いずれにせよ，観光まちづくりは「観光業」振興と同義ではなく，観光を通して地域住民すべての暮らしの豊かさを目指す行為であることを忘れてはならない。

（山村）

70 観光開発のためのガイドライン──資源を守るための共通のルール

❖ ガイドラインとは

観光をビジネスとして持続させるうえで、観光者の楽しみの源である資源の質が維持されることは、重要な課題である。観光は観光事業者、観光者、地域住民など多様な担い手がかかわる複合的な事業であるが、資源の保全は立場を超えて編み出された共通の指針の下に進める必要がある。このような指針をガイドラインという。

❖ 多様なガイドライン

ガイドラインには、条約や法律、条例などの法制度に基づくものと、事業者や地域などが任意に定める社会制度に基づくものとがある（岩城ほか 2004）。観光における環境保全にかかわるものとして次のような例があげられる。

国際条約　世界共通のガイドラインを設けて複数国間で一斉に遵守することが必要な事象について設けられるガイドラインが国際条約である。世界遺産条約、生物多様性条約、ワシントン条約などが観光にかかわる代表的な条約である。世界遺産条約（世界の文化遺産及び自然遺産の保護に関する条約）は観光促進を目的とした地域指定ではなく、保護するべき自然や文化などの遺産を国際的視野で守るための条約である。生物多様性条約は、開発行為などから生態系・種・遺伝子レベルでの多様性を守ることを訴えている。ワシントン条約（絶滅のおそれのある野生動植物の種の国際取引に関する条約）は、絶滅のおそれがある野生動植物の国際取引を輸出国・輸入国が協力しあって規制する条約である。

法律・条例　観光にかかわるガイドラインとしての法律には、観光事業にかかわるもの、開発規制など環境保全にかかわるものなどがある。観光事業に関しては旅行業法、食品衛生法、道路運送法、旅館業法など業態ごとに法によるガイドラインが定められている。自然の保護に関する法律としては、自然公園法や外来生物法、環境アセスメント法などがある。自然公園法は国立公園・国定公園・都道府県立自然公園などの指定と管理に

島嶼における適正な利用のルール（小笠原）

名　称	南　島	母島石門一帯
利用経路	別図1のとおり なお，利用経路以外は立入禁止	別図2のとおり なお，利用経路以外は立入禁止
最大利用時間	2時間	設定しない
1日当たりの最大利用者数	100人（上陸1回当たり15人）	50人（1回当たり5人）
制限事項	年3カ月間の入島禁止期間の設定（当面，11月から翌年1月末までとする。ただし，年末年始の8日間は除く。詳細な日程は年度毎に定める。）	鍾乳洞は立入禁止
ガイド1人が担当する利用者の人数の上限	15人	5人

（注）　利用経路の別図は割愛した。
（出所）　東京都小笠原支庁ウェブサイト（2011）をもとに作成。

関する法律であり，定間区分ごとの保護と利用のルールを定めている。

　東京都は小笠原村の協定として，島嶼における適正な利用のあり方に関する要綱を策定している（上表）。西表島（沖縄県）では，利用頻度が高い河川における環境影響が問題となり，遊覧船業者，カヌー業者らが自治体や林野庁とともに協議を重ね，「仲間川保全利用協定」を結び，沖縄県を通じて公開されている。環境に責任を持つ観光推進が求められる中でガイドラインは事業推進の前提条件となっている。

　自主ルール　　法的効力は持たないが，主体間の取り決めとして設けられるガイドラインを自主ルールと呼ぶことがある。小笠原ホエールウォッチング協会は，クジラに対する自主ルールとして，ザトウクジラとマッコウクジラのウォッチングボートを対象に，減速水域と侵入禁止水域の距離目安などを定めている。

❖ **策定プロセスへの参画**

　これらのガイドラインは遵守されることが目的で策定するものであることから，策定プロセスに遵守対象者が参画することが望ましいとされる。地域住民や行政など多様な主体がガイドラインの存在を知り，共有することが必要である。

（海津）

71 地方自治体と観光行政——地域振興におけるビジョンと観光

「日本列島を旅すると,万華鏡をのぞいている気がする。気候,風土の移り変わりとともに自然の姿が変わり,人の営みも変わる。そこに生きる人間の風味や香りが変わる。日本は狭いというが,多様性の幅はとても広い」と,環境歴史学者のあん・まくどなるどは語っている(『朝日新聞』2009年1月6日朝刊)。

『朝日新聞』が2009年初頭に発表した「にほんの里100選」に,4474件もの地域が手をあげた。ここでいう里とは,広さにかかわらず,人の営みが作った景観がひとまとまりになった地域のことだ。調査員たちは景観,生物多様性,人の営み,という3点を基準に各地を見て回った。その中から「営みを持続させようと努力を続ける元気な里」が選ばれた。まくどなるどはその選考委員の1人だった。

❖自信とプライドの回復運動

地方から人が消え,農地や山が荒れる。このままでは日本という国自体が立ち枯れ状態になるという危機感から,政府はこうした傾向に歯止めをかけようとしている。たとえば地域再生法,中小企業地域資源活用促進法,観光まちづくり,都市農山漁村交流プロジェクト,エコツーリズム推進法,集客交流経営(観光経営)人材育成事業,観光圏整備法,そして観光立国推進基本法などだ。事態に歯止めをかけ,元気な地域を甦らせるために,とうとう出番の回ってきたのが観光というわけである。

しかし観光地の形成には長い時間がかかる。そこに住む人たちが自分たちの誇るべき何かに気づき,発見し,磨きをかけ,商品として観光市場に出す,売る,というプロセスにはそれに見合った組織と携わる人が必要だからだ。

いままでの観光は,地域がまったく受身だった。自治体の観光課や観光協会もほとんどが成り行き任せだった。よそからやってくる観光客の要望にどう応えるかばかりを考えた。あるいは箱モノさえ作れば自動的に客が来るものとも考えたが,人は来ず,膨大な借金だけが残った。

まくどなるどがいうように,新しい観光はそれぞれの地域が持つ,気候,風土,自然,人間の風味や香り,これらのすばらしさを再発見することから始まる。歴史や文化,地域の食べもの,産品をもう一度磨き直し,その価値を地域住民が共有する。有名観光地や名所旧跡頼りの観光ではもう人はやってこない。むしろ,何もないところの方が魅力を提供できる可能性がある。地域振興というのは,ここに気づいた人たちの手による自信と誇りの回復運動である,といってもいいだろう。

観光による交流人口が増えれば,新しい雇用機会が生じる可能性もある。地域が輝いてくれば,若い人たちがふるさとを見直し,Uターンしてくることも多くなるに違いない。理想は,その地域で育った子どもたちが,自分のふるさとに誇りを持つことができるようにすることである。

❖ 内発的力への支援

つまり新しい地域振興,観光による地域づくりというのは,自分たちがはっきりした目標を立て,住民たちが力を合わせて,元気な地域をつくることである。まず「住んでよし」を実現する。生活している人たちが生きがいを感じながら,健康で生き生きした生活を送ることができる。将来に希望が持てる。幸せを感じられる。それらを支える経済的安心感も必要である。こうしたことがらの充実こそ,「訪れてよし」というべき観光地の必要条件である。平成の市町村合併で,全国の自治体は1800ほどになった。その一方で多くの地域に自治体の目が行き届かないところが増えた。冒頭の日本の里100選に手をあげたところの多くは,このような新しい時代の観光に目覚めつつある地域といえるかもしれない。自分たちが中心になって「観光創造」を進め,市場に打って出ないかぎり事態は変わらないのだ。したがって自治体における観光行政の使命は,まずこうした事態に対する長期的ビジョンの策定と,これに対する住民の理解と協力を求めることである。地域振興の鍵は「人」にある。時に意のある人をまとめ,方向づけ,育て,支援する。地域の人々の自発的な参加・協力抜きには何も実現しない。子どもたちに対する教育も含め,行政は住民の内発的な力を引き出し,それをしっかり支えることである。

(小林)

72　観光資源——観光における資源化，商品化

❖観光者の欲望が生み出す観光資源

　かつての観光研究では，観光資源を自明の存在として取り扱っていた。観光行動を喚起する事物・事象として観光資源を定義し，外面的特徴による自然景観などの自然資源，遺跡や祭礼などの人文資源，両者が統合した郷土景観などの複合資源，これらの分類はその一例である。しかしこの議論には大きな欠陥がある。観光行動を喚起するものとして観光資源を捉えるなら，観光資源は観光行動の生起以前に観光の枠組みの中で方向づけられた存在でなければならない。これは観光資源が先験的であるという考え方であり，観光事象に先立って観光資源が存在するというトートロジーに陥ることになる。

　観光資源は自明の存在ではない。観光がすべてを商品化する以上，すべての事物・事象が観光資源化する可能性を持つ。先験的な観光資源は存在せず，事物・事象は観光者の欲望と向き合うことで初めて資源化すると見なすことができる。観光資源は，観光という社会制度の中で生み出される存在である。たとえば「涼しさ」という気候条件は，暑さを逃れたいという欲求と出会うことで観光的な意味が与えられ，避暑という行動の中で資源化する。「涼しさ」がもともと観光的な意味を持っているわけではない。

❖商品化と観光商品

　観光者の欲望と向き合うことで資源化した事物・事象は観光商品（tourism product）として交換過程に置かれる（⇒96）。これを商品化（commoditization）と呼ぶ。「涼しさ」を享受するためには，何らかの施設・サービスが必要である。高原のリゾートホテルは「涼しさ」を享受するための典型的な装置である。「涼しさ」という潜在的観光資源は，高原のリゾートホテルという媒介項，いわば乗り物を得ることで取引可能な存在に転化する。商品化の結果生まれる観光商品とは，資源化の結果として予期された観光体験が資本主義的な文脈での交換過程において取引されるものといえよう。観光商品は狭義の旅行商品を含むものの，それを含むより広範な概念であ

り，現代観光の商業的性格を表す重要な概念である。

　観光資源には2つの類型がある。1つは観光者の欲望と触れ合うことで資源に転化するものであり，もう1つは観光者の欲望を先取りするかたちで商品として創出されるものである。前述のように観光資源は恣意的な行為の結果生じる存在であり，資源化にとって「誰のために」「誰が」「どのようにして」という視点は極めて重要である。資源化が観光者を対象に行われることは明らかであり，また資源化の主体が観光産業あるいは地域であることも明白である。資源化は多くの場合，媒介項，つまり施設や何らかの企画によってなされる。アメリカの国立公園の多くは，シニック・ドライブウェイと呼ばれる周遊自動車道路によって特徴づけられている。「雄大な自然」は舗装された周遊道路という媒介項によって，「見るもの」として資源化されている。観光開発とは，施設などの媒介項を事物・事象に付加することで，観光的に方向づける行為と考えることができる。

❖ 観光資源は誰のものか

　観光者の欲望を先取りして創出される観光商品では，いわゆる資源はほとんど意味を持たない。たとえばこの典型である東京ディズニーリゾート（⇒37）にとって重要なのは企業が創造した施設であり，人口密集地との距離，公共交通の利便性など，ごく一般的な要件が資源として利用されているにすぎない。これに対してもともと観光とは無関係な事物・事象が観光資源化する例はより複雑である。観光において資源化されるものは，意志を持たない。が，ときとして意志を持った主体が資源化される例も生じる。エスニックツーリズム（⇒57）では先住民などのエスニックグループが観光者の欲望と触れあうことで資源に転化する。そこでは資源自体が意志を持ち主体的に行動するという複雑な関係が生じる。

　観光において資源化されるものの多くは公共財であり，外部性によって観光的利用が成立する。「美しい自然景観」は公共財として非排他的な利用が可能である。しかし過度の利用は「コモンズの悲劇」により資源を枯渇させる可能性を生む。コミュニティ・ベースド・ツーリズムなどのかたちで，資源利用を地域社会の成員に限定し，利用と維持を両立させる土着的なローカルコモンズが主張されるのもこうした背景による。　　（稲垣）

73　宝探し——地域の自慢のタネ探しが育てる郷土意識と未来ビジョン

❖日本の地域活性化の系譜

　地域活性化は、自治体にとっての最重要課題である。古くは地域で営む種々の生業が地域経済を支える源であった。戦後の高度経済成長期に農村地域から都市部への人口流入が活発になると、地方都市は過疎化・少子化・高齢化が進み、第一次産業などの地場の生業を放棄して、リゾート開発などの中央発の政策に地域振興を委ねざるをえない状況が生まれた。かつては当たり前のものとして存在していた郷土の風土が急速に損なわれている。そのような社会変化の中で、地域に残された自然や生活文化などの足下の資源を「地域の宝」として掘り起こし、地域を再活性化する動きが顕著になっている。「宝探し」や「あるもの探し」「地元学」「エコミュージアムづくり」など呼称は多様であるが、地域を形成してきた固有の自然や風俗、習慣、名人、生業などに再度目を向け、光らせようという活動である。

　「宝探し」は、1991年に岩手県二戸市が取り組んだ「美しく楽しいまちづくり事業」の通称である。新任市長小原豊明氏が公約とし、市民と市職員同数参加の委員会を設け、自然・生活文化・歴史・産業・名人・要望の6分科会に分かれて市民へのヒアリングや現地調査などを通して「市民の宝」を掘り起こし、2年に1回市民向けに発表会を開催するという方式で始まった。以後2年ごとにメンバーを入れ替えながら、現在も続けられている。

　真板らは宝探しから地域おこしに至るまでのプロセスを5つのステップに理論化している（右頁表）。掘り起こされた宝を住民同士で磨き、互いに自慢し合い（誇り）、自信が持てるものを戦略的に選び出して外に発信し（伝え）、地域おこしの素材として自立させるというものである（真板・海津 2006）。一例として、二戸市では飢饉食として掘り起こされた「雑穀」を郷土文化として磨くことを決め、五穀米や雑穀ラーメン、雑穀駅弁などの商品化に成功し、現在の雑穀ブームの火付け役を果たした。雑穀畑

を開拓して小中学校の総合学習に活用するなど，次世代の育成にも貢献している。2000年には，市民が掘り起こした市民の宝は恒久的に守るとする市条例が作られた。これによって市民の宝に認定された河川沿いに出土した化石群と，その産出地が開発から守られるという実績も上がっている。

宝探し5段階理論

段階		活動の内容
1	探 宝を探す	地域固有の自然，歴史，文化，産業，人などの資源を地域住民自身が発掘・再発見する
2	磨 宝を磨く	発掘・再発見された宝を保存・伝承・発展させるための活動
3	誇 宝を誇る	宝の価値を認識し，地域の中で価値認識を共有するための活動
4	伝 宝を伝える	地域の外に向って，宝を発信するための活動
5	活 宝を活かす	宝を活用して産業に結びつけるための活動

(出所) 真板・海津 (2006)。

❖ 地元学とエコミュージアム

　熊本県水俣市では，市職員(当時)の吉本哲郎らが火付け役となり住民の郷土への誇りを再興することを目的として「地元学」を提唱し，住民参加の「あるもの探し」を実践している (吉本 2008)。

　フランスで生まれた「エコミュージアム」も，郷土全体を博物館として足元の資源を掘り起こす発想において共通している。このような地域へのまなざしは，各地の生活・伝承を書き留めた柳田國男，折口信夫，宮本常一らが築いた民俗学や，江戸時代末期の本草学者丹羽正伯が各地の風物を正確に記録した『諸国産物帳』にルーツを求めることもできるが，これらが研究者や役人のフィールドワークに基づいて編集されたものであるのに対し，「宝探し」は住民自身が自文化に光を当てる点で異なる。吉兼 (2000) はこれを「記憶の井戸を掘る」ことと表現している。

❖ 交流人口の拡大による地域振興へ

　宝探しが陥る課題として，「探す」段階で満足して先に進まなかったり，商品化を焦って失敗したりすることがあげられる。宝探しの本来の目的である郷土文化の次世代への継承を実現するためには，交流人口を増やすことによって宝が交流の素材として活かされる仕組みや，宝を地域活性化の素材として育てていくための担い手の発掘・育成などが必要とされている。

(海津)

74 ふるさとの資源化——住民と観光客の間にある「ふるさと」

❖「故郷」と「ふるさと」

「ふるさとの訛(なまり)なつかし停車場の人ごみの中にそを聴きにゆく」

(石川啄木『一握の砂』1910年)

「ふるさとは遠きにありて思ふもの　そして悲しくうたふもの……」

(室生犀星『抒情小曲集』1918年)

啄木と犀星とが「ふるさと」を詠んだとき,それは2人が生まれ育った盛岡と金沢のことであった。それを聞く者・読む者は(自らが地方出身者であれば)自分の生まれ育った現実の「故郷」を思い浮かべるに違いない。

「兎追ひし　かの山　小鮒(こぶな)釣りし　かの川　……」

(高野辰之作詞　文部省尋常小学唱歌「故郷」1914年)

ところが小学唱歌「故郷(ふるさと)」となると,高野にとっては「いつの日にか帰らん」現実の「故郷」があっての作詞であるにもかかわらず,不特定多数の誰にとっても共通してノスタルジアの対象となりうる農山村の生活風景のイメージが湧き上がってくる。このイメージこそが,ひらがな書きの「ふるさと」の核心である(岩本 2007)。

❖「第5次全国総合開発計画」と「ふるさと」観光

「ふるさと」なる言葉が国の国土開発計画に登場してくるのは新しく,1998年に策定された「第五次全国総合開発計画」(五全総)である。ただし,すでに77年策定の「第三次全国総合開発計画」(三全総)において「地方を振興し,過疎過密問題に対処しながら全国土の利用の均衡を図り,人間居住の総合的環境の形成をする」ことがうたわれ,地方が都市部労働者に憩いの機会を提供することが期待されていた。その後,80年代後半のリゾートブームとその崩壊を経て,98年には五全総が策定された。

この五全総は「新しいふるさと産業システムの展開」と「自由時間関連産業の開発」をうたっている。具体的には「地域の豊かな自然や文化等の資源を活用することによって都市との交流を促進し,都市の人々の自由時間を活用した滞在型の交流地や第2の居住場所として,観光レクリエーシ

ョン産業や，グリーンツーリズムなどの進展を踏まえた産業の展開を図るとともに，新たな定住を促進する」との計画である（国土交通省国土計画局総合計画課 1998）。農山村の豊かな自然と，それに寄り添って営まれてきた生活文化とを介して，地域住民が主体となって都市部からの観光客との交流を重ねることが，ここでグリーンツーリズム（⇒55）と呼ばれる「ふるさと」観光の趣旨である。

❖ 岩手県遠野市の「民話のふるさと」観光

　グリーンツーリズムとはいくらか性格が異なるが，「ふるさと」観光について考える際に参考となるのが遠野市の「民話のふるさと」観光だろう。遠野の「語りべホール」では，柳田國男が『遠野物語』（1910年）に収録した昔話が，語りべによって直に観光客へと語られる。語りべたちは日頃の生活では「通用語（共通語的土地ことば）」を話しているが，昔話を語る場面では，個々の語りべが苦労をしながら思い出し復元した「土地ことば」を用いる。また，昔話の前後や合間には「通用語」を用いて聞き手とのやりとりが行われ，そこで用いられる「通用語」は聞き手の反応に応じて「共通語」へと近づいたり離れたりする幅の広いものである。

　このようにして語りべたちは遠野の昔話を生きた文化として観光客に提供し，同時にそのことで自らと遠野の文化との関係を意味あるものへと作り上げているといえる（川森 2007）。

❖ 住民と観光客とが向き合う「ふるさと」

　五全総が「ふるさと」観光をうたうのは，これまでの国土開発計画の失敗の結果である。農山村は農業や林業では存続できなくなり，深刻な過疎に直面している。リゾート開発も無惨な失敗に終わった。

　こういった歴史と現在の中で農山村の人々が「ふるさと」観光としてグリーンツーリズムなどへの参与を選んでいるとき，そこでは人々の多様で複雑な思いが錯綜している。しかし，そうでありながらも，人々は「ふるさと」観光の実践の中に，その地の住民として生きることの意味を作り上げていると受けとめることができる（古川・松田 2003）。このことを観光客がどこまで感じ取り受けとめることができるだろうか。そこに「ふるさと」観光のゆくえがかかっているといえるだろう。　　　　　（葛野）

75　ホストとゲスト——観光における相互関係の認識

❖ 分析枠組みとしてのホスト-ゲスト関係

　1974年にアメリカ人類学会において設置された分科会が，観光をテーマとするシンポジウムを開催し，後にV. L. スミスによって *Hosts and Guests* として刊行される（Smith eds. 1977）。これは観光が人類学のテーマとして認知されたこと，観光現象を捉える人類学の基本的な枠組みが作られたことの2点において，とりわけ重要な意味を持っている。これによって観光の地域文化に対する影響を，従来の評論を超えてより分析的に扱う端緒が開かれた。

　観光の構造は，短期的に訪れるゲストとしての観光者と，ゲストを受け入れるホストとしての地域社会という二項対立として想定される。近代社会に身を置き，ホストとの差異を伝統文化として捉えようとするゲスト像，伝統文化の所有者としてのホスト像がかたち作られ，それまでの観光を俗化する観光産業と観光者というステレオタイプの認識からの脱出が図られる。研究の中心は観光者との文化接触によって，ホストとしての伝統社会がどのように文化変容していくかという点に置かれるようになっていった。

❖ 変化するホスト-ゲスト関係の認識

　当初ホスト-ゲスト関係は，ゲスト（観光者）のイメージに都合よく再編成される文化表象という理解，つまり伝統文化の破壊者としての観光という理解が一般的であった。確かに観光者が意識するか否かにかかわらず，地域における観光が権力関係を含むことは否定できない。しかしその後，さまざまな事例から，ホスト-ゲスト関係の理解は変化していく。山下晋司はバリ島の例から「伝統的とされる文化」の不確かさを指摘したうえで，ホスト社会がゲストの求める「真正な伝統」を意図して提示する過程で，ゲストとの接触が新しい文化を再生産し自らのアイデンティティを構築していく触媒として機能していると主張する（山下 1999）。また太田好信はホスト-ゲスト関係を「真正で伝統的な文化」をめぐる交渉プロセスとして捉え，本質主義的な文化観を持つゲストに対して，ホスト側がそれを逆

手にとって主体的に文化表象を操作し組み立てていると論じる。それは対ゲスト関係を通じての近代への抵抗と位置づけられる（太田 1998）。いずれにおいても権力関係を伴う文化変容に対する視点の変換が図られている。

特に日本ではホスト-ゲスト関係を中心とする人類学的アプローチは，観光に伴う文化変容の解明はもちろん，人類学における認識の革新に寄与したということができよう。それまで観光者と一線を引きたいと願っていた人類学者は，観光者と同一の地平を共有することで，伝統的な民俗社会が消え去っていく中での伝統文化についての議論を再構築していった。

❖ 曲がり角にあるホスト-ゲスト概念

一方，こうした状況を反映し，ホスト-ゲスト関係を前提とした分析は，両者の相互作用を念頭に置きつつも，ホスト側の分析に終始し，相互作用そのものが議論の中心になることとはまれであった。また詳細なホスト像に対して，ゲスト像は希薄なままに残されている。より詳細なゲスト像の追究，相互作用のさらなる明確化は今後の課題であろう。

研究的文脈とは全く別に，地域発の観光という潮流の下，ホスト-ゲスト関係という言い方がよく用いられるようになっている。これは従来の企業主導，自治体主導の観光，あるいは「観光客」という用語を，より口当たりのよいホスト-ゲストという言葉で置き直したものにすぎない。重要なのはホストとして機能しうる地域社会が存在しているかどうかという点であろう。しかし現在の日本では，地方における人口減少などから伝統文化の所有者であり，同時に主体的にホスト-ゲスト関係を築くことができる地域社会は見出しにくく，また地域の活性化という視点からも，都会からの移住者など別種の交流人口が触媒として大きな役割を果たす例が散見される。

一方，流動性が急速に高まった国，たとえば中国などのように，観光のもたらす経済的可能性は多くの移住者を吸引し，ブームとなった観光地は住民の大半が移住者で置き換わってしまうという例も存在する。そこでは伝統文化の所有者である地域社会という概念はもはや妥当しない。観光におけるホスト-ゲスト関係は，二項対立的構造への吟味も含め，現実，分析枠組み双方の視点から再検討の時期にさしかかっている。　　　（稲垣）

76　内発的発展と自律的発展——課題解決能力の形成に向けて

❖ 内発的発展論

「内発的発展（endogenous development）」という概念が開発問題における議論で初めて公に用いられたのは、ダグ・ハマーショルド財団が1975年に第7回国連特別総会に提出した報告書 *Dag Hammarskjöld Report on Development and International Cooperation 'What Now'* においてである。この報告書の中で同財団は，1950～70年代初頭にかけて開発理論の分野で隆盛を誇った近代化理論（先進国と同一の資本主義の発展段階を辿ることで後進国も発展可能であるとする考え方）に対する問題提起のかたちで，以下のような発展様式を内発的発展として提示している。すなわち，「もし発展が，個人として，また社会的存在として，自己の解放と自己実現を目指した人間の発展であるとするならば，こうした発展はそれぞれの社会の内部から発現してくるべきものである。そしてこうした発展とは，その集団が持っているもの（自然環境，文化遺産，集団構成員の創造性）に依拠し，集団内や他地域の集団と交流することによってこれらをより豊かにしていくこと」である（The Dag Hammarskjöld Foundation 1975）。

こうした議論が生まれた背景には，第三世界の独立を中心とした，第二次世界大戦後の世界の多極化がある。そうした中で「西欧的近代化論の直輸入に対する批判」と「非西欧社会における独自の価値伝統の再評価」の動きが強まり，従来とは異なる発展のあり方が模索され始めたのである（西川　1989: 5）。

❖ 内発的発展論の特徴

その後，内発的な発展のあり方に関しては，ユネスコ（UNESCO）や国連大学といった国際機関を中心に幅広い研究の蓄積がなされてきた（たとえば Abdel-Malek and Pandeya eds. 1981 など）。こうした国際的な議論の流れを一貫して追い続けてきた西川潤は，内発的発展の考え方の特徴を大きく以下の3点に要約している。すなわち，①「自分固有の文化を重視した発展を実現していく自立的な考え方」であり，②「人間を含む発展の主要

な資源を地域内に求め，同時に地域環境の保全を図っていく持続可能な発展」であり，③「地域レベル」で住民が「発展過程に参加して自己実現」を図る路線，である（西川編 2001:14）。

このように内発的発展の考え方は，基本的に自力更生に基づく地域の発展を志向し，他律的な（外部が決定権を持っている，外部にコントロールされている）発展を否定する考え方である。ただし，注意が必要なのは，他律的発展を否定はするが，外部の知識や技術等の利用は，集団構成員の自律性に基づくものであれば否定されるものではない，という点である。

このことは，既に述べたダグ・ハマーショルド財団の報告書において，内発的発展を，「その集団が持っているものに依拠し，集団内や他地域の集団と交流することによってこれらをより豊かにしていくこと」と定義していることからも理解できる。鶴見和子もこの点について，ある地域の内発的発展とは，「外来の知識・技術・制度などを照合しつつ，自律的に創出される」ものであるとしている（鶴見 1997:522）。

❖ 自律的観光に関する議論

こうした内発的発展論を踏まえ，観光開発のあり方，特に地域の自律性が果たす役割について，日本で初めて体系的・包括的に議論がなされたのが，国立民族学博物館において1999年より石森秀三を代表として立ち上げられた「自律的観光の総合的研究」である。この研究の目的を，石森は「地域社会の人々や集団が固有の地域資源（自然環境や文化遺産など）を主導的かつ自律的に活用することによって生み出している観光のあり方を実証的に研究すること」と明確に位置づけている（石森・西山 2001:2）。なお，この研究会の成果は，石森・西山編（2001），石森・真板編（2001）としてとりまとめられた後，同博物館の「文化遺産管理とツーリズムに関する研究」（2002～2004）などに引き継がれ，一貫して自律的観光の具体的あり方の模索が続けられてきた（西山編 2004）。こうした同博物館での議論は，地域資源の持続可能な管理のあり方として体系立てられていく一方で，自律性をキーワードに，地域社会のキャパシティ・ビルディング（課題解決のための能力形成）論として展開，その後の観光研究ならびに地域開発の実務分野に大きな影響を与えた。

（山村）

77 地域主導型観光——コミュニティがホスト役

❖ コミュニティ・ベースド・ツーリズム

　コミュニティとはある地域を基盤とする共同社会のことである。地域主導型観光は、コミュニティが主導する観光を意味し、コミュニティ・ベースド・ツーリズム（CBT）とも呼ばれる。

　観光が観光者や事業者優位で行われていた1960年代から80年代にかけて、観光地となる地域は、観光者や観光事業者に比して立場が弱く、時には一方的な搾取を受けることも少なくなかった。たとえばチェーン系ホテルの立地や大手旅行会社によるパッケージ旅行など、地域にとっては外資である企業体によって事業が展開され、収益も域外に流れることなどである。地域に残るものはゴミや屎尿、騒音などの負の影響ばかり、それを処理するのは自治体や近隣住民といったことが重なり、観光事業を歓迎しない地域も増えていった。加えて、伝統芸術や工芸品、野生動物の毛皮などが安価で売られたり、伝統文化を観光用に改変して提供することが求められるなど、コミュニティの存続にかかわることも起きていた。ツアーも、地域性とは関係なく地域をよく知らない観光者に訴求力がある「よく知られた資源」に的を絞って作られることが多く、観光者の志向の変化によって容易に変わることも起きうる。域外資本による観光業に頼ることは、必ずしも地域にとってメリットがあるとはいえなかった。

❖ 自律的観光

　このような状況を背景として、地域住民の手によって地元主導による観光を進める動きが、1990年代に入って各地で現れるようになった。とくに、農村振興とからめたグリーンツーリズムやエコツーリズムの普及などがその流れを後押ししている（⇒55, 56）。石森（2001）はこのようなアプローチを「自律的観光」と呼んでいる（⇒76）。

　地域主導型観光の特徴は、①宝探し（⇒73）や地元学に基づく地域資源の掘り起こしをベースとすること、②担い手として住民個人やNPO（非営利団体）、企業や行政などさまざまな主体が参画すること、③地域住民

が伝えたいことをもとに観光体験が組み立てられること，④地場産業とも連携して観光による波及効果がなるべく多くの地域の人々にまわるように図ること，などである。推進の目的が地域活性化に置かれていることが，一般の観光との大きな差異といえる。

　観光者側の観光行動も個性化・多様化する中で，旅行会社も地域主導型観光に着目し始めている。着地型観光として旅行会社が自前でツアーを企画するのではなく，地域住民との協働による企画や，地域が作ったプログラムを販売するかたちでのツアー商品が生まれている。長野県飯田市にある南信州観光公社は，市内の各地区がつくった，土地に伝わる自然や文化，生業，生活などの宝（⇒73）をいかしたプログラムをコンテンツとし，修学旅行やツアー客に販売するビジネスを2003年から開始した。また，東京都小笠原村の小笠原ツーリストは，現地でプログラムを販売する新しいビジネスモデルとして2006年に設立された。それまでホエールウォッチングに偏りがちであった小笠原観光に多様性を持たせている。

❖ 地域主導型観光の課題

　地域主導型観光をビジネスの持続可能性の観点から見ると，主として2つの課題が存在する。1つは地域住民による宝探しなどの資源の掘り起こし運動を着地型観光プログラムへと商品化するための技術的課題であり，もう1つは商品化されたプログラムを消費者に届けるマーケティングの壁である。この点を解決するため，長野県飯田市の南信州観光公社や大阪府堺市の観光コンベンション協会などでは，地域内での商品開発と，域外へのマーケティングおよびプロモーションを担う中間的な組織を設けている。

❖ コミュニティ・ベースド・ツーリズムと開発途上国

　このような地域主導型観光への取り組みにおいて，日本は事例を多数有する国といえる。このような知見は，大きな資本投下を行わずに地域を活性化させる手段の開発が急務である開発途上国において着目に値するものとなっている。国際協力機構（JICA）などの国際協力機関などを通じ，観光協力での援助メニューとして，地域主導型観光の推進が取り入れられる機会が近年増加しており，東欧地域や東南アジア諸国などで応用されている。

　　　　　　　　　　　　　　　　　　　　　　　　　　　　　　（海津）

78 観光開発と地域アイデンティティ——インドネシア・バリの事例から

　観光開発においては，しばしばホストとなる地域社会の文化が観光資源化される。文化の資源化は地域のアイデンティティに密接にかかわっており，ここではインドネシアのバリの例から考えてみよう。

❖ 文化観光

　バリ観光はオランダ植民地期の1920～30年代に遡る。しかし，観光開発が本格化するのは，インドネシア独立後，1968年に第2代大統領になったスハルト体制下においてである。当時，バリの知識人たちは，バリが「第2のワイキキ」になるのを警戒して，「観光のためにバリがある」のではなく，「バリのために観光がある」をモットーに，「文化観光（pariwisata budaya）」を構築しようとした。つまり，バリ文化の品位を失うことなく観光開発を行うという戦略であった。

　M. ピカールによると，これはバリの文化を2つの異なったものに注意深く区別することによって成し遂げられた。すなわち，観光が導入される前に彼らが保存してきた「遺産（heritage）」としての文化と，観光導入後に利益を生む「資本（capital）」としての文化の区別である。このようにして，観光はバリ人自身の文化に対する自意識を高めたのである（Picard 1995: 60）。

❖ アイデンティティの構築と文化観光のパラドックス

　今日のバリ人のアイデンティティは，慣習（adat），宗教（agama），そして文化（budaya）という観点から構築されている（Couteau 2003）。そうした中で文化は，いまや資本として操作され，流用され，再解釈されるものとしてある。しかしながら，他方で，文化は，しばしば外部（ジャカルタや外国）の資金によってコントロールされ，場合によってはバリ人の手の及ばないものになっている。彼らの文化の根幹であるヒンドゥー教でさえ，1993年に着工されたガルーダ・ウィシュヌ・プロジェクトやタナ・ロットのニルワナ・リゾート・プロジェクトのように，商業化されてしまうのである。

バリ・クタの平和記念塔

　さらに，観光開発の進展とともに，ジャワからのムスリム移民たちが労働者として大量に流入してきた。それとともに，彼らに対する排斥運動が起こり，民族・宗教間の緊張が高まっている。

　こうして，バリの人々が自らの文化をコントロールしようとして始めた文化観光が，成功すればするほど，人々の手の届かないところに行こうとしているのだ。これは今日の文化観光の大いなる逆説である。

❖ 文化観光のディレンマと古くて新しいアイデンティティ・ポリティクス

　そうした中で，2002年と2005年に起こった2度の爆弾テロ事件はバリ観光に深刻な影響を与えた。興味深いことに，バリの人々は，テロ事件を宗教的な調和が崩れた結果だと考え，2002年の爆弾テロを受けた後，「バリからの世界平和の祈り」を捧げ，バリの平和と観光の回復を祈願して浄化の儀礼を盛大に行った（Hitchcock and Dharma Putra 2005）。この「平和の祈り（Gema Perdamaian）」はその後も毎年続けれられている。いいかえれば，爆弾テロ事件は，バリの人々に自らの伝統的な参照枠，つまり伝統的な儀礼に戻るようにし向けたのである。

❖ 原点への回帰

　観光のグローバリズムは，「バリ人のためのバリ」という古くて新しいアイデンティティ・ポリティクスと緊張関係に置かれる。近年のバリのスローガンである「アジェック・バリ」（Ajeg Bali：バリを堅持せよ）はこうした動きの中で考えられるべきことがらである（Picard 2009）。　　（山下）

第7章

資源化される文化

文化こそ観光開発の重要な資源

民俗芸能と観光客（大分県豊後高田市天念寺）

79 観光と文化——観光が創り出す文化

　観光は，文化との関係において，しばしば否定的に語られてきた。観光開発が伝統文化を破壊するといった議論だ。しかし，伝統文化の破壊は観光開発にのみ帰することはできないし，むしろ観光が伝統文化を保存し，創り出すという側面もある（山下 1999）。

❖ 観光と文化——インドネシア・バリの事例

　アメリカの人類学者 P. マッキーンは，「文化のインボリューション」という言葉を用いて，インドネシアのバリにおいては観光ゆえに伝統文化が保存されてきたと論じた（McKean 1973）。しかし，バリの文化伝統は単に保存されたというより，W. シュピースなど 1930 年代にバリに住み込んだ芸術家や人類学者，さらにこの島を訪れた観光客の視線の中で創造されたという側面がある。ケチャをはじめ今日のバリの伝統芸能と呼ばれるものは，20 世紀前半の植民地体制におけるバリと欧米との出会いの中で，新しく創られた文化なのである。

❖ 観光が創り出す文化

　バリの伝統文化が欧米との出会いの中で創造されたものだと述べることは，バリの伝統芸能をオーセンティシティ（真正性）を欠いた偽物として貶めることになるのだろうか。もちろんそうではない。問題にされなければならないのは，伝統文化の背後に「オーセンティックな文化」「失われた原初の世界」などを見ようとする語り口の方なのだ。

　アメリカの文化批評家 J. クリフォード（2003）によれば，近代の民族誌は 2 つの語り方のあいだを揺れ動いてきた。1 つは「消滅の語り」であり，もう 1 つは「生成の語り」である。この視点から見ると，先に取り上げたような語り口は，消滅の語り，つまり伝統文化を「失われゆく世界」に向かう物語として捉える語り口である。こうした語り口は強いインパクトを持ちうるが，文化は消滅するのではなく，新しい状況において創り直されるのである。

　このように観光によって生成される文化を M. ピカールは「観光文化

バリの伝統芸能ケチャ

(touristic culture)」と呼び，バリにおける「文化観光 (cultural tourism)」から「観光文化」への転換を論じた (⇒78)。つまり，文化観光において目玉となるバリの文化は観光客を想定して創られており，観光はバリにおける文化の生産の前提になっている。これは文化観光というかたちで観光が文化を使うというより，むしろ観光によって創り出された文化，つまり「観光文化」という観点から捉えるべきだというのである (Picard 1996)。

❖ 本物／偽物の二分論を越えて

観光用に創り出されたバリ文化は観光客に供されるばかりではなく，バリの人々自身にもフィードバックされる。観光用に創られた踊りは今日寺院儀礼においても奉納されているし，1979年に始められたバリ・アート・フェスティバルはバリ人たちが創作芸能 (sendratari) を競い合う場になっている。

バリでは観光用の芸能と本物の芸能が注意深く区別されているというが，こうした状況においては「本物」とか「観光用」といった区別は意味のあることなのだろうか (⇒83)。同じ芸能が村の寺院で演じられれば本物となり，ホテルで演じられれば観光用となるというのも奇妙である。

さらに，バリでは伝統的に芸能のパフォーマンスに対しては報酬が支払われてきたのであって，観光客向けの有料の上演も伝統的なやり方から逸脱しているとは必ずしもいえない。観光というコンテクストにおいて文化のオーセンティシティをめぐる議論がずいぶんと行われてきたが，文化には本物も偽物もないというべきであろう。　　　　　　　　　　(山下)

80　文化の客体化——文化をめぐる権力の行使

❖ 文化の定義と文化の客体化

　文化・社会人類学の祖である E.タイラーは，文化を「知識，信仰，芸術，法，慣習そのほか，社会の成員としての人間によって獲得されたあらゆる能力や習慣の複合的な総体」と定義した（タイラー 1962）。

　ただし，人間は社会の成員として育っていく過程で，それぞれの社会に特有の文化を皆が一様に，そして自然と身につけてしまい，それに無意識に従って生きているばかりではない。人間は自分たちの文化がどのようなものであるのか，そして，どのようなものであってほしいのか，について考える。また，観光客も含めた他者たちによって自分たちの文化がどのように見つめられているのか，について考え，これを受け止めたり拒否したりもする。他者へと向けて自分たちの文化を発信したり，その際には特定の文化要素を選択的に取り上げて操作したりもする。

　このように文化を自ら考慮・発信・操作の対象とする意識的・自省的な様相を，「文化の客体化（objectification of culture）」と呼ぶ。

❖ 先住民族文化の客体化

　文化人類学の研究の多くは，今日エスニックツーリズムの対象ともなっている先住民族や少数民族の間でのフィールドワーク（長期間にわたる現地滞在型調査）に基づいている。そして，人類学者たちの目の前で展開している人々の生活もまた，人々自身によって客体化されている場合が少なくない。

　北欧北極圏地域の先住民族であるサーミにとって，トナカイ飼育はいまも重要な生業活動である。しかし，それは本人やその家族が商店や役場，土木建設業や観光業で就労しながら行われていることが多い。また，その知識や技術は親から子へと日々の生活の中で伝えられるばかりではなく，たとえばサーミ教育センターを舞台に，サーミ語やサーミ手工芸と並ぶ大切な民族文化の1つとして制度的に学習されてもいる（葛野 2005）。

　また，カナダ北極圏の先住民族イヌイトのアザラシ猟は，いまも獲物の

肉の分配や交換が人々の社会関係を支えている。しかし，それは日々の賃金労働からの収入でスノーモービルや銃を購入して週末に行われるものでもあり，ときには犬橇（いぬぞり）や銛（もり）を用いた「伝統的」狩猟活動がレクレーションとしての顔を持つこともある（本多 2005）。

　先住民族は，多数派民族たちが主役の国家や世界的な市場経済の都合によって一方的に同化を迫られてきたし，いまもその圧力の中に生きている。そうした歴史と現在を踏まえたとき，トナカイ飼育はサーミがサーミであることを支える確かな根拠として，またアザラシ猟はイヌイトがイヌイトであることを示す力強いメッセージとして，自分たち自身の間でも，そして国家や世界へ向けても，意識的・選択的に取り上げられて言及・実践されているといえる。トナカイ飼育を舞台にした伝統歌ヨイクや文学作品，アザラシ猟を題材にした彫刻や版画もさかんに創られ，民族文化として発信されている。

❖ 人間と文化の関係について考える現場としての観光

　こうした民族文化が観光の文脈で取り扱われる場合，それは従来「文化の商品化」「文化の切り売り」として批判の対象になってきた（→81）。これに対して新たな見方を加えて整理した論文の1つが太田好信の「文化の客体化——観光をとおした文化とアイデンティティの創造」（太田 1993）である。太田は岩手県遠野市の昔話観光，北海道二風谷のアイヌ観光，沖縄県石垣市のウミンチュ体験観光を事例に，ホスト側がただゲスト側や観光産業によって翻弄（ほんろう）され消費されるばかりではなく，自分たちの文化やアイデンティティを主体的に創造し実践する可能性について考えようとした。

　ただし，太田論文の目的は観光現象への積極的評価や擁護にあったわけではない。観光もまた文化にまつわる激しい権力行使の現場であり，そこではホストもまた当事者であり主体であることを重視し，そのことへの注視を通して人類学の文化概念への再考を促すことこそが目的であった。

　文化をさまざまな主体の多様で柔軟な交渉のプロセスとして捉えてみようとするとき，先住民族や少数民族の文化的復権運動と並んで，観光は優れて示唆的で興味深い現場である。
　　　　　　　　　　　　　　　　　　　　　　　　　　　　（葛野）

81　文化の商品化――文化を切り売りすることの魅力と危険

❖観光客の意向に合わせて変質を迫られる祭り

　観光現象を人類学的視点から論じようとする際に必ず言及される論文集に，V. L. スミス編集の『観光・リゾート開発の人類学――ホスト＆ゲスト論でみる地域文化の対応』（原題は *Hosts and Guests: The Anthropology of Tourism*）がある（Smith ed. 1977）。収録された15の論文はいずれも興味深いが，中でもとくに刺激的なのがD. J. グリーンウッドの「切り売りの文化――文化の商品化としての観光活動の人類学的展望」だろう。第2版で新たに書き加えられた「エピローグ」で，グリーンウッドは「『切り売りの文化（Culture by the Pound）』というこの論文は，怒りと懸念その両方を表すために書かれた」と述べており，また本文では，人類学者が人道主義者であるのなら怒りや懸念の表明は「責任」でもあるとさえ述べている。

　スペインのバスク地方では，観光化を推し進める当局によって祭りが地方文化を商品としてアピールする要素として捉え直され，本来は1日に1回しか行われなかったパレードが日に2回へと増やされた。このように観光客の都合に合わせて祭りの形式や内容を変質させたことによって，それを担ってきた住民たちはもはや自分たちのための祭りではないと完全に関心を失ってしまい，経費や日当といった金銭を支払わないと参加者を確保できなくなってしまったという（グリーンウッド 1991）。

❖観光化は文化を壊すのか，新たな文化を生むのか

　グリーンウッド論文は，観光と文化（民族文化や地方文化）との関係について論じる際に必ず出発点とされる。グリーンウッドの論調があまりに激しいものであるだけに，その議論は，観光化は文化を壊すのか，あるいは観光化はあらたに文化を生むのか，といった二者択一的なものになりやすい。しかし，観光化は確かに文化を壊すし，同時に新たに文化を生む。そもそもグリーンウッド自身は「時折，観光活動は地方文化の中に創造的な反応を発生させ，積極的に文化の発展の軌道に影響を及ぼす」とも書き，「簡単なアプローチなどは存在しない。文化の変容を妨げることは無意味

なことである。すべての変容を裁可することは非道徳的である」と述べて，人類学者とは「このふたつの難問の狭間の領域」で研究を進める存在だと説いたのである。

　考えるべきは，文化を壊すのか，生むのか，といった二者択一的議論よりも，そこにかかわっている多様な立場の人たちの間のマクロ・ミクロの関係に関する緻密な記述と考察の方であろう。誰が，誰の文化を，誰へと向けて，誰の利益のために商品化しているのか，といっても，住民も当局も観光客も観光資本も，それぞれが一枚岩ではないし，相互の関係は一筋縄ではない（森山 2007）。しかし，それを執拗に考え続けること，そしてその際には，まずは住民たちの多様な対応をこそ愚直に誠意をもって見つめること，そのことが人類学者の仕事であろう。

❖ 文化は「切り売り」できるのか

　グリーンウッドがあえて「切り売りの文化」という強烈な表現を用いたのは，彼が文化は1つの体系であり，それをバラバラの要素に切り分けて考えることなどできないと考えているからである。その態度は，文化人類学者C.ギアーツの「文化は，象徴に表現される意味のパターンで，歴史的に伝承されるものであり，人間が生活に関する知識と態度を伝承し，永続させ，発展させるために用いる，象徴的な形式に表現され伝承される概念の体系を表している」（ギアーツ 1987）に多くを負っている。グリーンウッドが「文化についての彼（ギアーツ）の概念は，文化というものは真正さや道徳的な風潮を人生経験に分け与えるものだということを強調している」と述べ，そのうえでバスク地方に生じた現象に懸念を示すのは，意味の体系としての文化は人々の現実の人生経験（生活）との間の相互作用の中で，その現実の人生経験に確かな力を与えるものであり，それが切り刻まれてしまうと人々の人生経験が貧しくなると考えるからである。

　私たちは観光を通してさまざまな文化の切り刻まれた断片を鑑賞し，その見聞のリストを豊かにしている。しかし，そのことは私たちの人生経験をどれだけ豊かにすることにつながっているのだろうか。グリーンウッド論文は，そのことを問いかけていると受けとめるべきだろう。　　　　（葛野）

82 意味の消費——観光の記号学

❖観光における記号の消費

モノは意味に転化したうえで消費されるという J. ボードリヤールの主張は、特に観光では妥当している（Baudrillard 1970）。観光の消費は、実際に観光の場面で取引される移動サービスや宿泊サービスの機能や利便性ではなく、それらを通じてもたらされるイメージに依存する性格が強い。この意味で、観光は典型的な記号の消費といえよう。

記号とは、あるものを別のもので表すことである。記号は記号の表現であるシニフィアン（signifiant 意味するもの）と、記号の内容であるシニフィエ（signifié 意味されるもの）という2つの要素の対によって成立する。ごく単純にいえば、レッテルとその中身の関係にたとえることができる。意味の伝達には、記号の送り手と受け手の持つコード体系と呼ばれる意味了解システムが一致している必要がある。観光における記号の消費は、コード体系の共有を前提に、シニフィアンを用いてシニフィエを操作し意味を伝えるコミュニケーション過程だと見なすことができる。

J. アーリがいうように大衆観光（マスツーリズム）は視覚的性格が強く、視覚的な表象を介した記号の消費に転化しやすい性質を持つ（Urry 1990）。大衆観光勃興期の記号使用はわかりやすいステレオタイプの理解を中心とした換喩的性格を持っていた。換喩とは因果的、関係的近接性を持った記号の利用である。日南海岸（宮崎県）のソテツやヤシの多くは自生ではなく、大衆旅行時代の到来とともに移植されたものだ。1964年の海外旅行自由化以前、宮崎は温暖な気候によって「日本のハワイ」として知られた。「ヤシといえば南国」という通念を背景に、ヤシという記号は相対的な温かさを「南国」として消費する構造を作り上げたといえる（稲垣 2001）。

❖隠喩化する記号

観光における記号は観光の送り手、観光産業によって作り出されるものばかりではない。観光者はそれらの自然記号、つまり観光者の外側に構成された記号を消費することで、新しい記号を作り出し、また自らも記号化

する。これら記号過程の作用によって生じる記号を社会的記号と呼ぶ。観光者による旅行先の写真，絵葉書は二次的に作り出される社会的記号の典型であり人並み意識とともに，大衆観光の急拡大の原動力となった。

観光経験の蓄積とともに観光者の持つ知識は分極化し，観光におけるコードの体系は次第に多様化，個別化を始める。観光における新しいコード体系は，差異化の手段として用いられ，記号の解釈は複雑化する。同時に観光における記号は，不明確なほのめかしによる隠喩(いんゆ)的性格を持ち始める。記号は厳密なコード体系の一致がなくても，特定の文脈の上に記号を置くことによって，意味を伝えることができる。ボディランゲージはその典型である。曖昧でありながら広い含意を持つ記号の使い方である。記号は特定の文脈の上に置かれ，文脈における理解が可能な観光者だけに向けて記号作用を発揮するようになっていく。「隠れ家ホテル」は従来ホテルに付与された記号的価値，「立派」「豪華」「目立つ」などを全く持っていない。しかし特定の文脈を理解し，大衆的価値とは差異化されたコードを所有する観光者にとって，反大衆の記号は強力な意味を持つ。

❖ 感覚的な観光消費

ところで観光における消費は記号だけで成り立っているわけではない。スパのトリートメントは意味を経由せずに，快感を生み出す。意味とその解釈の過程を経ずに何らかの満足が生み出される構造を身体性の消費という。記号の消費同様，身体性の消費も大衆観光の進展とともに変化していく。大衆観光の拡大期までは，生理的な快適さが中心で，エアコンの効いた部屋に代表されるアメニティ志向が強かった。他方生理的な快適さが満たされるにつれて，身体性の消費は感覚化していく。特に1つの感覚だけではなく，複数の感覚が連接してより大きなリアリティが生まれる。風鈴はエアコンとは異なり物理的に温度を下げる働きはない。だが風を音として聴覚に，揺れる短冊として視覚に変換し，それらを連接させることで「涼しい」という感覚が生じる。現代の観光ではこうした感覚的な身体性の消費が用いられるようになっている。観光における記号と身体は，わかりやすい換喩的記号と生理的快適さの組み合わせから，隠喩的な前提を置いた記号と感覚的な身体性の消費の組み合わせへと移行していく。(稲垣)

83　本物志向──本物とニセモノの境界

　観光地における建物や施設，芸能，食べ物，お土産などは，すべからく「本物＝authenticity, original」，伝統的なものでなくてはならない，とされている（MacCannell 1976）。「ニセモノ＝imitation, copy」ではだめだという（→38, 88）。しかし実のところこの本物・ニセモノの境界はきわめて曖昧である。同じ物でも，見せ方あるいは演出の仕方によって，本物っぽくも，ニセモノっぽくもなる。ハワイで見るフラダンスは本物で，日本で映画にもなったフラガールたちが踊るフラはニセモノだろうか。アラスカのノームという寒村で見たエスキモーダンスは，まぎれもなく本物だったのだが，見ているこちらの気分がめげるほど侘しいものだった。東京都の小笠原村で踊られている「南洋踊り」は，現在都の無形文化財に指定されている。しかし，これも元をたどれば1930年頃，日本の委任統治領だったパラオ方面からもたらされた「土人おどり」が元になっている。

　「伝統」という言葉について『広辞苑』を引いてみると「ある民族や社会・団体が長い歴史を通じて培い，伝えてきた信仰・風習・制度・思想・学問・芸術など。特にそれらの中心をなす精神的在り方」とある。本物／ニセモノの境界は，ここでいう「長い歴史」と「精神的在り方」双方に，大きくかかわっているようである。人間だって江戸に3代暮らさなければ，江戸っ子とは呼んでもらえなかった。

❖歴史と精神的あり方

　つまるところ本物というのは一定の時間をかけ，その土地の暮らしに溶け込んだ文化様式のことである。生活様式にせよ建物の建て方にせよ，元をただせばどこからか伝わってきたものであるに違いない。抽象的な表現になるが，それらの事象がどれだけその地域に肉化され，自分たちの誇りとして認知されているかが，ニセモノとの分かれ目になるのではないか。土地の生活に密着した心意気，自慢の種ということでもある。そして，それに対する外部からの肯定的評価が本物を決定づける。

　常磐ハワイアンセンターのフラは始まって以来半世紀が過ぎた。フラそ

のものは楽しみのために，あるいは踊りの競技としても，日本各地に広く定着しつつある。一過性のブームという域を超えている。極端なたとえをするなら，いつしか本家のハワイでフラが忘れ去られ，日本列島において伝統芸能として生き続ける可能性だってないわけではない。あらゆる芸術はより洗練された様式へと不断の変化を続ける。新奇な，まがいもの，借りものとされたものが，いつしか本物へと進化していく可能性は常にある。その条件は，誇りを持って自慢できるといった，先述の辞書にいう精神的あり方に行き着く。そして周囲からの肯定的認知である。

フラが単なる見世物として食事時の添え物に演じられる場合と，その踊りや音楽そのものが芸術的表現，パフォーマンスとして演じられる場合では，同じフラでも評価が異なるであろう。演じる主体の心意気，誇り，喜びと，それを鑑賞する側の敬意，賞賛が心地よく響き合うからである。つまりそこには「演じる側と観賞者側双方の感動」が存在するのである。

❖ 伝統は常に進化する

土産物だって，誰が見てもすぐわかる大量生産品，どこにでもあるまがいものではなく，その土地のオリジナル，独創的でユニークなものはどんどん考案され，作られていい。手工芸品，土地の野菜など，アイデア商品はいくらでもできる。山形鉄道長井線の野村浩志は「日本一ながーいカレンダー」や，赤黒半々のエンピツを赤い方から削ると，赤字が消えて黒字に変わる「黒字鉛筆」などのダジャレ土産を考案した。地域の観光振興と赤字鉄道の活性化をもくろんだ話題づくりである。安く画一的な大量生産品が見向きもされない土産品事情は，観光客の成熟の反映でもある。

オランダは1908年，現在のジャカルタであるバタビアに政府観光局を設立してバリを観光地として売り出した。バリが欧米において「最後の楽園」というイメージを確立するのは写真集や文学作品によるところが大きく，1930年代以降のことである（→40）。京都の世界遺産に指定されている金閣寺は1397年に開かれ，多くの改修を重ねながら1950年に焼失，55年に再建された。まったく新しいコピーである。

（小林）

84　町並み保存——文化遺産の保護と活用

❖ **町並み保存の2つの観点**

　歴史的な建物の物理的保存は難しいことではない。明治村や北海道開拓の村のように建物の屋外博物館として凍結保存すればよい。しかしながら、歴史的な町並みの保存を考える場合、そうはいかない。なぜなら町並みとは、人々が生活する空間であるからである。つまり、歴史的町並みの文化遺産としての価値は、その物質的な価値に加え、まさにこの生活の場として歴史的に継続して使われ続けている点にある。したがって、歴史的町並みの保存とは、「建造物の物理的保存」と「住民生活の継続（建物や都市空間を使い続けること）」という2点から、都市空間を維持・管理・更新していくことにほかならない。日本では1975年の文化財保護法の改正により、歴史的町並み保存を目的として「伝統的建造物群保存地区」制度が設けられているが、この制度も、住民が生活しながら伝統的建造物群を保存することを前提としたものである。

❖ **町並み保存の抱える課題とその対策**

　このように、「建造物の物理的保存」と「住民生活の継続」という2つのニーズを満たしながら町並みの保存を進めていくためには、多くの課題がある。ここでは、「歴史的建造物の現代生活への不適合」と「建物の本来の用途の消失」、そして「担い手の減少」という重要な3つの課題について触れておきたい。

　まず、伝統的家屋などの歴史的建造物は、現代の生活様式では住みにくいという課題がある。この点に関しては、「伝統的建造物群保存地区」制度がそうであるように、建物の外観の変更には制約があるものの、建物内部の改装などは比較的自由に行えるようにすることで対応することが多い。

　次に、建物の本来の用途の消失という課題である。伝統的建造物の多くは、伝統的な生業や産業の用途に合わせて、歴史的にその形態や内部空間を成立・発展させてきた経緯がある。したがって、こうした伝統的な生業・産業が衰退した場合、そうした建造物の用途がなくなるという事態が

発生する。用途がないということは，その建物が使われなくなるということであり，管理も困難となるため，町並み保存にとって大きな障害となる。実は，戦後の急激な近代化による産業構造の変化によって，多くの町並みがこの問題を抱えている。この場合，有効な手法として注目されるのが建物の観光活用である。観光活用の利点は，建物の形態や内部空間そのものを資源とすることが可能であり，建物を最大限保存するかたちで使用できる点にある。また，土産物の生産・販売や文化体験の場として活用することで，伝統産業の復興や活性化にも貢献できる。さらに，観光活用によって得た利益を町並み保存に必要な費用として還元することも可能である。つまり適切に計画・管理された町並み観光は，地域の持つ歴史的・文化的文脈を最大限に活用しつつ，文化遺産を現代に適応したかたちで利用し続け，その保護に貢献できる手法なのである。

❖ コミュニティ再生の手段としての町並み観光

そして3点目に，多くの町で，保存と活用の担い手が減少しているという現実がある。少子高齢化や若年層の大都市部への流出により，大都市圏以外の多くの地域社会では，町並み保存やその活用を担う力が十分に残されていない。建物の保護や活用のための法制度など，さまざまな枠組みが整備されたとしても，実際に現場で保護を担う人材がいなければ，結局町並み保存はうまくいかない。

こうした現状を打開するためにも，観光は重要な役割を果たす。というのも，観光振興とは交流人口を増やす行為であり，交流を通して文化遺産としての町並みの価値をより多くの人々に伝え，理解してもらうことも可能なはずだからである。町並み観光の振興は，まさにこうした観点から，地域外の人々に遺産価値や地域に対する理解を深めてもらい，積極的に地域の文化遺産の保護活動に参画・貢献してもらう枠組みを作る方向で進められなければならない。また，こうした交流を通して，地域住民の側も自分が住む地域の良さを再認識することができる。このことは結果として地域の歴史文化に対する誇りを生み，このまちに住み続けたいという気持ちを育てることにもつながっていく。つまり，町並み観光とは，観光を通してコミュニティの再生を図ることにほかならないのである。　　（山村）

85　見世物としての祭礼——まなざしと場の交錯

❖見せる部分，見せない部分

　伝統的な儀式や祭礼の成立には，普遍宗教にせよ民俗宗教にせよ，何らかのかたちで宗教がかかわっている。宗教的な観念が強い儀式や祭礼の場合，人々から「見られる」ことを前提としない行事も数多い。儀式や祭礼の執行そのものが目的だからである。例として，奈良の東大寺の二月堂で3月12日に行われる「お水取り」という行事について考えてみよう。

　この儀礼は関西方面で「春を呼ぶ祭り」といわれ，夜の暗闇の中，二月堂の廊下に出された松明の下に観光客が殺到しているシーンは，しばしばテレビニュースにも登場する。だがお水取りは，3月1日に始まる「修二会」を構成する行事の1つであり，修二会は準備期間に約3カ月かかる東大寺の大規模な宗教儀礼なのである。3月12日の夜の行事が民衆に「見せる」部分であり，他の修二会の行事は見られることを前提としていない，あるいは見せてはいけない行事となる。このように，一般大衆に「見せる」「見られる」という要素は儀式や祭礼の本質的要素ではなかった。しかし，都市の出現とそこに住む住民の増加は，宗教儀礼の世俗化の契機となり，見せる祭りとしての都市祭礼の発展を促す結果をもたらした。

❖都市の発展と「見せる」祭礼の出現

　日本は，他のアジア地域と比較すると，この種の都市祭礼が突出して多く存在する国であり，それらは地域の観光資源としても重要な位置を占めている。その先駆けは，中世都市である京都の諸儀礼，とくに祇園祭である。祇園祭が元来旧暦6月15日に行われたため，夏には祇園信仰の系譜をひく巨大な都市祭礼が多く見られる。七夕の儀礼に起源を持つとされる青森県のねぶた祭り，秋田市の竿燈まつりも夏の祭礼である。その他，飛騨高山の高山祭り，大阪の岸和田市のだんじり，埼玉県秩父市の秩父の夜祭りなど，山車と呼ばれる装飾した屋台を「見せる」祭礼が多く存在する。また，念仏踊りが起源とも考えられる徳島市の阿波踊りをはじめ，岐阜県郡上市の郡上おどり，富山市八尾町のおわら風の盆など，大規模な踊りを

見せる（あるいは実際に演じる）巨大な祭礼（都市祭礼）もある。

❖ 都市の発展と儀礼のイベント化

　上記の祭礼には，近世の時点で現在に近いかたちの都市祭礼となるものが多く含まれるが，明治時代以降の近代化，また都市の発達は，宗教儀礼ではない新たな地域の祭礼を創造した。見せるための祭礼の創造，すなわち祭礼のイベント化ともいえるだろう。とくに第二次世界大戦後，地域復興のためにこの種の大規模イベントが多く始まった。

　その例としては，1955年開始の横浜市のみなと祭り，1956年開始の高知市のよさこい祭り，1981年開始の浅草サンバカーニバルなどがある。これらは寺社が関与せず，地域住民や商店街などを中心に地域振興のために始められ，現在では各地域を代表する観光イベントにまで成長した。また，1962年に市民総参加の「市民の祭り」にリニューアルした博多どんたく，1928年開始の仙台市の七夕祭り，仙台をモデルに1951年に始まった神奈川県平塚市の七夕祭りのように，従来地域にあった祭りや風習を大胆に変え，以前とは異なるイベントとして刷新された祭礼もある。どれも，地域振興を目的とした観光イベントといえる。

　これらの都市祭礼，都市の観光イベントが興隆するのに合わせ，それらが別の地域に移植される事例が現れる。歴史的にいえば，近世の祇園信仰の伝播と山車の広がりがそれに当たるが，近代では宗教的信仰とは関係なく，純然と地域振興を目的としたイベントとして移植されるのである。その例として，阿波踊りとよさこい祭りを見てみよう。

　もともと徳島県の踊りであった阿波踊りであるが，1957年，東京都杉並区の高円寺駅前の商店街振興組合青年部が，地域イベントとして阿波踊りを始め，それが東京高円寺阿波おどりへと発展した。いまや祭りの3日間に120～130万人が集まる，東京を代表する一大イベントにまで成長した。また，1992年に札幌市で始まった，高知市のよさこい祭りと北海道のソーラン節を合わせたYOSAKOIソーラン祭りは，大学生の呼びかけで始まったことで話題になり，ここでの踊りの形式は急速に全国に広がっている。このように都市は，現在でもイベントという新たな装いでさまざまな芸能や祭りを再生産しているのである。

　　　　　　　　　　　　　　　　　　　　　　　　　　　　　（中西）

86　観光の中の民俗芸能——民俗と国家のはざまを演じる

❖ 地域文化の表象としての芸能

　世界各地では，その地域文化固有の宗教体系や世界観に基づいた儀式や祭礼が行われている。それらの行事に付随し，またはその中心として，身体で演じられるさまざまなパフォーマンスが芸能と総称される。とくにインバウンド観光においては，芸能は現地の文化の象徴的存在として人気イベントとなる場合もある。バリ島におけるケチャ，バロン・ダンスは日本人観光客にも馴染みある芸能であるし，銀座の歌舞伎座での歌舞伎鑑賞を組み込んだ観光ルートは，東京を訪れる外国人観光客の人気を博している。

　能，人形浄瑠璃（文楽），歌舞伎など明治以前から行われていた日本の芸能は，近代以降も消滅することなく存続した。そこには，松竹（1895年成立）のような，歌舞伎から映画まで手がける近代的な興業会社の登場も重要な役割を果たすが，やはり，芸能が日本の都市・農村双方で高い人気を持ち続けていたことが存続の最大の理由であろう。歌舞伎は地歌舞伎・農村歌舞伎として江戸時代から日本各地で舞われているし，人形浄瑠璃も同様である。能の原型である田楽・猿楽系統の芸能は儀礼として現在も村の祭りなどで演じられている。

❖ 民俗芸能大国，日本

　このように，日本は世界でも類を見ない芸能大国ともいえるのである。これらの伝統的な芸能は民俗芸能とも呼ばれ，村落や町などの集団，あるいは特定の家筋が母体となり，長期間にわたり伝承されてきた。日本民俗学の古典的な分類では，民俗芸能は，一般的に神楽と称される神楽系統，田楽踊り・田遊び・お田植え祭など五穀豊穣を祈る田楽系統，悪霊退散の祈りに端を発したとされる風流系統（念仏踊り・盆踊り・獅子舞・作り物風流など），千秋万歳など祝福を行う祝福芸系統，中国大陸から渡来した伎楽・舞楽・散楽に由来すると考えられる外来系統の5つに分類される。近年，この分類に対する再考が研究者の間で試みられている。

❖ メディアと民俗芸能

 戦後のさまざまな社会的変化は，民俗芸能と観光との関係をより密接にしたともいえる。たとえばメディアの発達である。NHK が 1963 年から 82 年まで放映した「新日本紀行」は，日本のさまざまな地方文化を映像化したが，地方色豊かな祭りや芸能はこの番組で多く取り上げられ人気を博し，木村伊兵衛といった著名な写真家も民俗文化を被写体に取り上げた。そして 1970 年代以降，地域の民俗芸能は徐々に観光資源と見なされるようになった。民間企業でも，JTB は 1981 年から独自に，地域の民俗芸能のイベント「杜の賑い」を開いており，2010 年まで開催数は 115 回にものぼっている。

❖ 地域の芸能から国家を表象する文化へ

 地域の祭礼で演じられてきた民俗芸能では，演ずる者と見る者双方は，あくまで地域の人々に限定され，観光として対象化されることはなかった。これに変化が現れた契機は，1975 年の文化財保護法の改正による無形民俗文化財という範疇の確立である。この法改正により，民俗芸能は国家が保護する国民文化（national culture）へと格上げされた。これ以降，各地で「民俗芸能大会」が開かれるようになり，いまや政府や文化庁の依頼で海外公演を行う団体も珍しくない。

 この変化は，近代日本において，取捨選択のうちに国民国家の「伝統」が新たに創造される過程を示しているともいえる（ホブズボウム・レンジャー編 1992）。その一方，民俗芸能の主な伝承母体であった地方の村落部は，過疎化と人口減少，グローバル化の影響などによる経済的疲弊から，芸能の継承自体が危機的状況にある。また，地域の祭礼として行われてきた民俗芸能の現場に観光客が多く訪れることで，現地の人々と観光客との間にトラブルが生じることも珍しくない。

 地方社会の危機と再生が叫ばれている現在，観光はその特効薬としての役割を期待され，地域の文化資源として民俗芸能が注目されている。だが民俗芸能を単に見世物化したところで，地域社会の再生につながるとも思えない。むしろ民俗芸能を地域文化理解の端緒の 1 つとし，地域文化そのものを捉え直す姿勢から始める必要があるだろう。

（中西）

87 郷土料理──地域の食文化を味わう

❖ 観光地と食

　観光地で何を食べるか，これは現代の観光にとって重要な要素である。文化観光が大衆化した現在，観光客が異なる文化に触れる機会の1つが食文化だからである。現代の日本の都市では，世界中の料理を食べることも可能だ。だが食は，単に味覚や嗅覚，あるいは満腹感からのみ構成されているわけではない。その文化の美的感覚，生活感といった五感すべてが食文化と密接にかかわってくる。本場に行かねば本物の郷土料理に出会えない，という考えは，その点を示す表現といえる。文化観光好きな日本人の国民性が，このような面にまで現れているといえなくもない。

　たとえば，欧米の観光客が中心の，東南アジアの高級リゾートホテルを考えてみよう。このような場でのディナーは，たいていがフランス料理を基本とする。現地の食文化は，素材やちょっとした味付けとして加わるが，基本はフランス料理である。自らのスタイルは変えず，そこに現地の食が何らかのかたちで付加される形式が多い。しかし日本人観光客が好むのは現地の料理という傾向がある。そこにはもちろん，内装やサービスが近代的で，味付けや盛りつけを外国人相手にアレンジしたレストランから，メニューを外国語に訳しただけの現地のレストラン，現地の人々が客の中心というレストランまで幅があるが，その基本はあくまで現地の食事である。このように，観光地で食べるものにも観光客のお国柄が表れるのである。

❖ 表象される文化としての食

　観光地で観光客に提供される現地料理の中には，実は現地での普段の生活であまり目にしないものもある。その意味で，観光客が漠然と抱く現地の食文化イメージには，エスニックツーリズムにおいて表象される「文化」イメージ，たとえば，日本の生活文化＝着物という情報が刷り込まれると，日本の街中で和服を着た日本人に多く会えるだろう，といった誤解に近い先入観が入り込んでいることがある。

　この点を，ベトナムを訪れる日本人観光客の多くが食べそうな「生春巻

き」で考えてみたい。ライスペーパーで何かをくるみ食べるというスタイルは，確かにベトナム料理の1つといえる。1995～96年に，メコンデルタの農村で現地調査を進めていた約10カ月の間，筆者は調査地の村で生春巻きを食べた記憶がない。村での食事風景に生春巻きが登場したことは少なかったように思う。

　レストランのメニューの中に「生春巻き」が入るのは，ベトナムの都市部にある比較的大きなレストランか，または外国人相手のレストランである。そのほか，市場の屋台では生春巻きを食べることができる。新鮮な素材が手に入り，かつ忙しい市場の中で簡単に食べられる生春巻きは，麺類と並んで市場で働く人々にとって手頃な料理だ。これらの点から考えれば，生春巻き＝ベトナムを代表する料理という図式は，現地の食文化の表象として外部から作られたものに思えるのである。

❖ 中央／地方と郷土料理

　最後に，日本の国内観光において重要な要素の1つである郷土料理について簡単に考えてみたい。日本の食文化は，西と東で異なる点が多く見出せる。麺類のだし汁，味噌麹，おでん，餅の形，好まれるネギの種類，などあげればきりがない。だが，それらの差異が明確に「郷土料理」として意識されるのは，やはり近代以降の傾向だろう。また郷土という観念は，中央，都市との対比において強く認識される。つまり，郷土は都市人によって再生産される「故郷」概念とも密接に関係する（成田 1998）。

　したがって郷土料理とは，基本的にはその地域でよく食べられる独自の料理を意味するが，当該地域文化の表象として強く意識される料理ともいえる。秋田の旅館が，真夏でもきりたんぽ鍋を用意している理由がそれである。1970年代，その郷土料理の範疇に変化が現れる。ラーメンの登場である。その先駆けは札幌味噌ラーメン，それから九州各地の豚骨ラーメンが続くが，そもそもラーメンは伝統的な郷土料理ではなく近代に成立した。しかし現代では，ラーメンに続いて餃子，焼きそば，そして近年のB級グルメブームなど，さまざまな種類の料理が「郷土料理」化し，観光において重要な役割を果たすようになっている。近代の生活文化が，観光の枠組みの中で再構築される好例といえるだろう。　　　　　（中西）

88 ツーリストアート──オリジナルとコピー

❖ 観光文化とツーリストアート

　伝統文化が観光資源となっている地域では，往々にして，芸能や音楽，伝統工芸や民族固有のデザイン・モチーフを含め，さまざまな文化遺産が観光客向けに，文化ショーや土産物などとして商品化される。こうした観光用に創られた文化，あるいは観光活動によって既存の文化が刺激を受け，新たな観光用の文化として再編されたものを「観光文化」と呼ぶ。また，こうした観光文化のうち，とくに土産物に注目する場合，観光客を対象に制作・販売される「民族芸術品」（特定民族が生活に密接に関連するかたちで発達させてきた美術品や工芸品）のことを「ツーリストアート」と呼ぶ。この用語は，1976年にアメリカの文化人類学者 N. グレーバーンがその著書で用いて後（Graburn ed. 1976），観光研究分野において一般的に用いられている。

❖ 従来の議論の限界と観光の現場が抱える問題

　ツーリストアートをめぐる研究はこれまで，文化人類学的アプローチに偏ってきた。したがって他の観光文化の研究と同様に，文化の変容プロセスが強調されるあまり，その論調は，あたかも原型となる精神性やデザインモチーフ，伝統工芸技術などの無形文化遺産（⇒20）が不可逆的に変化し，原型となる文化遺産が消失したかのような誤解を与えることが多かった。しかし現実には，原型となる文化遺産と再構築された商品の両者が同時に並存することが普通である。

　一方，ツーリストアートが生産される現場，とりわけ伝統工芸技術保持者など，無形文化遺産の継承者が直面している最も重要かつ喫緊の課題の1つは，この，無形文化遺産の保存・継承と，その持続的な観光活用をいかにして両立させるのかという点にある。ツーリストアート産業は，無形文化遺産を資源としてそれを加工することによって成立する産業である。そうである以上，当然のことながら資源の持続可能なかたちでの活用を考えなければ，産業自体の持続性も確保できない。

❖ 「文化市場の二重性」の考え方の適用

こうしたツーリストアート産業の抱える問題を考える際,「文化市場の二重性」の考え方が参考になる。これは,実演芸術や絵画などの芸術文化の市場は二重性を有する,という考え方であり,イギリスの財政学者

伝統的モチーフ（東巴文字・東巴画）を活用した中国雲南省麗江の土産物

であるA.T.ピーコック（Peacock 1993）によって提示された。日本へは後藤和子などにより紹介されている。そこでは,本物の絵画など「オリジナルの市場を一次市場」「その複製を使った市場を二次市場」として分けて考え,芸術活動の質を高めるために以下のような視点が必要であるとしている。すなわち,「オリジナルな芸術文化」を扱う一次市場は本来大量生産が不可能なものであることが多く,採算をとることが困難である。他方,二次市場では,複製や量産の技術を用いて「産業化することが可能」である。そして,二次市場における複製品の産業化が進めば進むほど,これら複製品の質を担保するために,オリジナルの内容や価値に基づく一次市場は重要性を増すことになる。さらに二次市場の広がりは複製といえども一般市民が芸術に触れたり学習したりする機会を増加させ,その質の向上はオリジナルの芸術の価値に対する理解を増進する。さらに著作権などの制度をうまく設計することで二次市場から採算性の低い一次市場への資金還流を図ることができる（後藤編 2001）。

こうした文化市場の二重性については,観光研究の分野ではほとんど言及されてこなかった。しかしながら文化遺産を一次市場,観光客向け商品を二次市場として捉えることが可能である（山村 2003）。さらに著作権などの制度設計のあり方についても,とくに先住民族文化の観光活用と知的財産権（知的所有権）をめぐってこれまで問題となってきた点である（葛野 1996など）。こうした観点は,観光振興を文化政策の文脈で捉えていくうえで,非常に重要な論点である。　　　　　　　　　　　（山村）

89 近代化遺産——観光として対象化される近代

❖「近代化遺産」の登場

 観光や文化行政の領域で，1990年代に新たに登場した概念に近代化遺産がある。主として幕末〜明治以降の建造物がこの領域に該当し，1993年，文化財保護法（→21）にこの範疇が新設された。その後，1996年には同法に登録文化財制度が導入され，近代化遺産の保護が本格化に始まる。近代化遺産の名を一躍高めたのは，2007年に群馬県富岡市の富岡製糸場（1872年建造）が，2009年に「九州・山口の近代化産業遺産群」が，相次いで日本の世界遺産暫定リストに加えられたことだろう。

 従来の文化財行政において，近代に成立したものは文化財の範疇とは見なされなかった。国指定の国宝や重要文化財には，ある程度の歴史の深さが必要だからである。たとえば仏像では，奈良時代や平安初期の作品はこの種の文化財に指定されることが多い。鎌倉時代に革新的な作風を創造した慶派仏師（運慶・快慶など）の作品の中には，美術史上の価値から国宝に指定されるものがあるが，室町時代以降の仏像になると，県指定あるいは市町村指定の文化財か，あるいは無指定というのが一般的である。

❖歴史の対象化と矛盾

 近代化遺産が文化財保護法の対象に含まれたことは，近代が「歴史」として対象化されたことを意味する。だが，これは同時に矛盾をはらんでいる。近代はいまを生きる私たちと直結している時代であり，とくに地域社会ではその歴史が地域アイデンティティの核にもなる。そのような歴史や歴史的遺産を解体し，再構築（スクラップ・アンド・ビルド）することが，近代における「発展」であることもまた事実なのである。2009年2月に起きた，戦前の日本の近代建築として専門家から高く評価されている，東京駅前の東京中央郵便局庁舎の建て替え問題は記憶に新しい。東京駅の目の前という一等地に位置する同庁舎を約80年前の姿のまま使用し続けることは，民営化された郵政事業の下では難しい。近代化遺産の保護とは，常にこの種の矛盾をはらむことになる。

❖ 逆説的な開発

　観光振興は，この種の矛盾をただちに解決する打ち出の小槌ではない。だが，箱モノの建設中心で進んできた日本の地域経済振興政策が近年見直しを迫られたことで，保存の側の論理に注目が集まり始めたのは確かである。1990年頃に始まるバブル経済の崩壊以降，大規模投資に頼らない地域振興策が模索される中，地域の観光資源の開発という，ソフト面での地域開発が徐々に見直され始めた。これは，スクラップ・アンド・ビルドという近代的手法からの転換を意味する。その中で，近代初期から高度経済成長前までの，時代遅れとなった建造物などが地域の資源・資産とされ観光において脚光を浴び始めた。

旧東京中央郵便局

　たとえば北九州市のJR門司港(もんじこう)駅および駅前から海沿いの埋め立て地までは，明治〜昭和に建造された洋館やビルが点在することから「門司港レトロ」として整備され，現在は北九州を代表する観光地となっている。大阪の通天閣は，1970年代には年間入場者数が20万人台にまで落ち込むが，徐々に人気が回復し2007年度には100万人を突破している。

　さらに，うち捨てられた「廃墟」も観光の枠組みに組み入れられている。その姿から通称軍艦島とも呼ばれる長崎市の端島は，かつては炭鉱の島として賑わったが，1974年の炭鉱閉山に伴い無人島となった，まさしく廃墟の島であった。しかし近代の遺産として注目され，現在は「軍艦島ツアー」「軍艦島クルーズ」といった中で観光の対象となっている。そのほか「団地愛好家」による団地ツアーも確実に認知度を高めている。

　ポストモダンといわれる現在を生きる若い人々にとって，炭鉱も団地も，生活に直結した施設というより，歴史の教科書に登場する「過去」の遺産といえる。近代の建造物の遺産化は，昭和と平成の，高度経済成長期と現在の社会の不連続性を見事に物語っている現象といえるのである。（中西）

90 アニメツーリズム──新たな観光資源としてのアニメ作品

❖ フィルムツーリズムとアニメ聖地巡礼

　映画やドラマゆかりの地（ロケ地やスタジオなど）をめぐる旅を，これまで観光研究では"film induced tourism（映画によって誘発される旅）"と呼んで取り扱うことが多かったが（Beeton 2005），近年では"film tourism（フィルムツーリズム）"という呼称も普及し，日本の「観光立国推進基本計画」（2007年）でもニューツーリズムの1つとして取り上げられている。

　こうした従来のフィルムツーリズムが対象としてきたのは主としていわゆる「実写」作品であったが，近年，アニメーション作品（以下，アニメ）の「ロケ地またはその作品・作者に関連する土地で，かつファンによってその価値が認められている場所」=「アニメ聖地」を訪れる旅行形態が注目されるようになってきている（山村 2008）。ファンの間でこうした旅行形態は「聖地巡礼」と呼ばれる。岡本健によれば，こうした「アニメ聖地巡礼」は1990年代前半にその萌芽があったという（岡本 2009）。そして2000年代に入ると，さまざまなアニメの「聖地」が各種メディアで紹介されるようになり，若者の間で巡礼行為が活発化していった。筆者はこの背景として，とくに2000年以降，インターネットの普及により聖地に関するさまざまな情報がやり取りされるようになったこと，国内をロケ地にした良質なアニメ作品が多く登場してきたこと，があると考えている（山村 2009b）。なお，こうした「聖地巡礼」と従来のフィルムツーリズムとの類似点と相違点については，いまだ本格的な議論がなされていない。

❖ アニメと地域社会

　さて，こうした事例の中で，アニメファンと地域社会が協力してまちおこしにまでつながったのが，2007年に放映されたアニメ「らき☆すた」の主要舞台となった埼玉県鷲宮町（現久喜市）である。地元商工会が中心となりつつ，まちおこしの企画にファンが有志で継続的に参加し，ガイドブックやグッズの製作，イベント企画，地域の祭りへの参加など，さまざまな事業において創造的な活動を展開している。この事例は，極めて質の

高い，人間味あふれるコンテンツが，商店主の顔の見える小規模な商店街を舞台に共有されていった典型的な事例である。そこでは，交流を通して，来訪者が「作品のファン」から「地域のファン」に，地域住民が「作品のファン」になっていくプロセスが確認できる（山村 2009a）。

このように地域レベルで「聖地巡礼」がボトムアップ型のまちづくりにつながる事例が現れる一方で，行政がこうしたアニメの観光資源としての可能性に着目する例も見られるようになる。たとえば，埼玉県産業労働部観光課は，こうしたアニメを資源とする観光を「アニメツーリズム」と名づけ，2009 年に「アニメツーリズム検討委員会」を設置している。

❖ アニメ業界と地域・観光

一方，アニメ業界からの観光へのアプローチも活発化してきている。日本のアニメーション業界団体である一般社団法人日本動画協会（当時は中間法人）では，2008 年に「全国マンガ・アニメ観光まちおこし MAP」ならびに「全国マンガ・アニメミュージアム／マンガ関連施設 MAP」を作成し，広く配布，アニメやマンガの観光資源としての可能性をアピールするとともに，アニメ産業と地域との連携のあり方を「観光」をキーワードに模索している。実際アニメ業界は，その収益構造を改善するうえでも，テレビ・ネット放映と DVD 販売以外のコンテンツ展開モデルの構築が急務となっている。そうした中で，とくに観光はその裾野が広く，作品宣伝の場やグッズ展開先としても大きな可能性を秘めているため，注目されるようになったという経緯がある。

こうした国内での新たな動きは，これまで単なるサブカルチャーとして三面記事的に面白おかしく取り扱われることはあっても，観光研究の対象となることはほとんどなかった。しかしながら，先に述べたように，地域・業界は既に本格的な議論を開始している。また，たとえばフランスで毎年開催されている Japan Expo のアニメ・マンガ関連展示の盛況ぶりを引き合いに出すまでもなく，日本のアニメは現実に国境を越えて受け入れられており，若い世代のインバウンド誘致の大きな原動力にもなっている。観光研究は観光業界だけを視野に入れればよいというものではない。他産業からのニーズも踏まえた今後の研究の進展が望まれる。　　　（山村）

第8章

観光実務

観光という仕事

中国の旅行代理店

91 ツーリズムというビジネス——21世紀の世界をリードする産業か

　観光という言葉は誤解されやすい。どちらかといえば常に「物見遊山」的な現象の側面にとらわれがちだからだ。それゆえ，ものづくり，工業化，貿易立国といわれるような 20 世紀をリードしてきた日本の産業分野からすると，観光などはあってもなくてもいい，それこそ産業と呼べるかどうか疑わしいといった扱いを受けてきた。物見遊山を下で支える膨大な産業分野までは，いまだに想像力がおよびにくいのである。

　よくいわれるように，観光産業の分野は「衣・食・住＋移動」という非常に幅広い範囲を担っている（⇒巻末1）。直接的には，旅をする主体の市場，受ける側の地域，そして両者をつなぐ産業という，3つの分野から成り立っている。日本においては，最近までこうしたことがほんの部分的にしか理解されていなかった。旅行文化論，地域振興論，観光産業論などもそれぞれ断片的であり，総合的な視点から捉えるべき日本の観光学は，ようやく今世紀に入ってその端緒についたばかりである。

❖輸出入において自動車産業の3倍

　各々から波及している関連産業の分野は，限りなく広がっている。具体的な一例としては，国土交通省の『旅行・観光産業による経済効果に関する調査研究』に，観光が波及する産業分野が 59 にわたって並べられているのを見ればいい。たとえば，旅行する前に私たちはどんな準備をするだろうか。旅行中の消費にはどんな項目があるだろうか。家に帰ってからはどうか。旅館経営の取引先にはどんな人たちがかかわっているのか。農業や漁業など第一次産業も観光に大きく貢献している。第二次産業の分野も衣類，鞄，カメラ，お菓子だけではない。さらに観光にかかわる社会基盤や建築などの分野も限りなく広い。観光地のタクシー，博物館，寺院にかかわる人たち，そのお賽銭まで，あげればきりがないだろう。

　地域における諸産業，人的資源，伝統芸能，祭り（⇒85, 86）。個人の旅行という分野のほかに，ビジネスにかかわる人の移動もすべて観光＝ツーリズムの分野である。あるいは，オリンピックに代表されるようなスポー

ツイベントもまた然(しか)りだ。こうした大型の国際行事や大会など（Meeting, Incentive, Convention, Exhibition の頭文字をまとめ MICE＝マイスと総称する）は，今後ますますツーリズムにとって重要な分野になるだろう。

　ツーリズムは世界全体の GDP の約 10% を占めるようになっている（→巻末2）。絶対量・比率ともにこの傾向はさらに強くなるであろう。また国際的なツーリズムは他の産業でいえば輸出入に相当する。観光収入は自国の観光資源の輸出であり，支出はその逆である。2007年度の世界貿易機構の数字によれば，国際ツーリズムの取引総額は，燃料，機械についで第3位，自動車や食品のそれを 30% 以上も上回っている。他方，重厚長大という形容詞の下，あらゆる国家において最重要産業とされた鉄鋼は，輸出入ベースでツーリズムのわずか 29.5% でしかない。アジア諸国における高い経済成長などを見ても，国際的な人の流れはますます増加している。

❖ 第6次産業としてのツーリズム

　重要なことは，こうした人的移動による経済的な結びつきや文化交流が深まるにつれ，国境のような障壁が引き下げられていくことである。EU がその典型だが，相互理解が進み，さまざまな面での格差が解消されながら，国際平和への地ならしが行われている。観光にとって平和は絶対条件である。他方で「観光の推進こそが平和にとっての十分条件」なのだという積極的評価もなされるようになってきた。「生産と消費の同時性」というツーリズム産業の特徴が，ここに遺憾なく発揮されている。

　ところで観光学がかかわりを持つべき学問領域について，井口貢は 11 の系統から 33 分野をあげ，これらをつなぐ観光学が浅薄なビジネス論に堕すことを戒めた（井口 2008）。また観光が第一次産業から第三次産業までにまたがる，あるいはそれらの全部を「掛け合わせた」分野に成立することから，観光を文化として支える経済を，第六次産業とする見解を紹介している。産業分野と同じように，観光学もまた，広く深い。経済，社会，文化，環境，平和まで，ツーリズムは 21 世紀をリードするべき，すぐれたオーガナイザーとして最も重要な産業なのである。　　　　　（小林）

92 旅行業と旅行業法——新しいビジネスモデルの構築へ

　現在の旅行業法は1952年に公布された旅行斡旋業法に端を発する。旅行業者とは，宿泊機関や運輸機関と顧客との間に立って，取引の代理・媒介・取次を行う斡旋業と規定されていた。いわゆる「旅行代理店」という表現である。1971年にはこれが旅行業法として改定された。ポイントは，旅行業者が旅行を企画して一般募集する主催旅行，いわゆるパッケージツアーの概念が，法律上に規定されたことである。

　この頃までの旅行業法は，不良業者の取り締まりという性格が強かった。斡旋業者として，まず顧客から代金を預かり，手配をして，先方に代金を支払う。代理・媒介・取次に，旅行は「商品」としてのかたちがない。それで預かり金を着服して遁走する不良業者がいたり，いい加減なサービスや，不正確な情報提供なども横行しがちだったからである。

❖不良業者の取り締まり

　1974年に策定された，旅行業者に遵守を促す旅行業綱領を見てみよう。①公正取引，②協調と健全経営，③関連業界との協力，④従業員教育，⑤高品質旅行企画と誇大広告の自粛，⑥品質管理と添乗員の質向上，⑦適正な仕入れ，⑧約款の遵守，⑨国民の品位維持への貢献，⑩緊急対策態勢の確立，という10項目が並べられている。業界の極めて甘い体質が浮き彫りになった表現とみていい。旅行業法はこの後も，登録制度，営業保証金制度，取り扱い主任者制度を中心に，消費者保護の性格を次第に強めていった。

　1994年の改正では「旅行業者の第一次責任」という概念が明確化された。旅行商品を構成する交通・宿泊など一切の提供を，旅行業者の責任において行うというものである。事故理由のいかんにかかわらず，顧客の生命財産を担保するための「特別補償制度」，旅行の円滑な実施のための「旅程管理義務」，そして，予定された航空便や宿泊施設に変更が生じた場合の，補償金支払いを義務づけた「旅程保証制度」などが定められた。

❖ 本業以外にも進出する旅行業者

　旅行業者は旅行の企画を立て，手配・仕入れを行い，販売し，まずお客から代金収受する。これ以降，旅行のサービス提供業者（サプライヤー）に代金が支払われるまでに時差が生じる。需給関係などにより，旅行業者の立場が弱ければ支払を早めたり，場合によっては前払いもありうる。サプライヤーの方が弱ければ，旅行業者は支払を遅くできる。このキャッシュフロー操作による資金運用，外貨の取り扱いなども，大規模旅行業経営にとっては重要なビジネスフィールドである。T.クックやアメリカン・エキスプレスなどのように，為替や旅行小切手から発した銀行業務の方が，本業である旅行の成績を上回る場合もある。

❖ 市場の多様化にどう対応するか

　ここまでの旅行業法は，旅行業者をあくまで一定の地域から顧客を外へ運ぶという，マスツーリズム時代の「アウトバウンド＝発地型機能」中心に考えてきた。しかし今世紀に入り，特定の地域が中心になり，その地域へ観光客を呼び込むというインバウンド＝着地型の旅行ビジネスの可能性が高まってきた（⇒69）。この動きは，マスから個への変化という大きな旅行市場や需要のあり方に対応した，地域からの動きといえよう。その地域が主体となって，地域主導の自律的な旅行商品を考える時代になってきた。日本におけるエコツーリズム（⇒25, 55）が，その1つの象徴的存在である。旅行業法も第3種という小規模旅行業者には，募集型企画旅行の取り扱いを認めていなかったが，2007年からは地域限定でこれを認めるように改正された。当該会社所在地の隣接市町村という範囲内で実施される旅行企画であれば，これが可能になった。2008年には観光圏整備法によって，宿泊業者が着地型の旅行商品を扱うことができるようにもなった。このように旅行業を取り巻く市場は，マスから個へ，アウトバウンドからインバウンドへ，ファストからスローへ，観光から体験へ，など変化が激しい。法律も産業も，こうした動きを先取りするような変化が必要になっている。これからの旅行業法にはいままでの「取り締まり」目的に代え，新しい旅行文化や，新しいビジネスモデルを育成助長させるための，積極的な視点が必要であろう。

　　　　　　　　　　　　　　　　　　　　　　　　　　　　　（小林）

93 イールドマネジメント──収益の最大化を目指して

イールドマネジメントはしばしばレヴェニューマネジメントとも呼ばれる。W.S.リースによれば、イールドマネジメントとは、収益あるいは利潤の最大化を目指し、供給能力の制約を持つ多くの観光（関連）企業が種々の顧客に対して種々の価格を課すマネジメント手法をいう（Reece 2009: 77）。その起源はいまから40年ほど前までに遡り、アメリカの航空会社が導入したことでよく知られている。

❖ イールドマネジメント実施のための条件

イールドマネジメントは最大の収益や利潤を獲得するための価格（料金）決定手法であり、一種の価格の差別化であるといっても過言ではない。ただし、すべての企業や産業で実行可能かというと、必ずしもそうではない。この手法によって収益ないし利潤の最大化を追求するためにはいくつかの条件が必要である。すなわち、企業や産業が、①在庫としてストックすることが（比較的）不可能な財・サービスを生産していること（輸送サービス、宿泊サービス、レストランなどのサービス業が該当する）、②固定費用が他の産業や企業と比較して高く、③限界費用が比較的低いこと、④供給量の増加が急激には不可能であり、⑤事前予約が可能な生産物を提供していること、⑥需要の季節変動が比較的顕著であり、⑦市場のセグメントが可能な財・サービスを生産していることである。これらの条件のいくつかを満たす場合にイールドマネジメントを実施することが可能である。これらの諸条件を考慮すると、航空会社（固定費用が高く、限界費用が低い、そして旅客輸送サービスを提供）でイールドマネジメントの手法が取り入れられたことは当然のことであろう。

❖ 航空業におけるイールドマネジメント

たとえば、航空旅客サービスを提供する航空会社は、同一のフライトに対して出発前までに残っている時間や未販売の座席にも依存するが、予約数の予想を通じて、多くの異なった航空運賃で座席を販売している。まさに、あなたの運賃と隣の座席の利用者の運賃とは違うかもしれないのであ

る。このような事態が生じる理由は、航空会社の固定費用が比較的高く、限界費用（追加的な1人の乗客を目的地まで輸送するための費用）が比較的小さいために、固定費用がまかなわれるならば、残りの座席は極めて安い運賃で提供可能になるからである。さらに、ある週のある曜日のある時間のある目的地までの便は、その便の座席数しか販売することはできないから、多くのサービスがそうであるように、売れ残った座席を明日ないし来週までストックし販売することはできないという意味で在庫は存在しない。したがって、航空会社にとっては、空席のまま運行するよりも、たとえ安い運賃で販売したとしても、販売した方が収益増加につながるという意味で有利な戦略なのである。

❖ 宿泊産業のイールドマネジメント

　宿泊業についても同様のことがいえる。宿泊業は、航空会社の座席と同様にストックできない生産物、すなわち客室を時間でセグメント（時間単位で分割）し販売している。たとえば、2011年8月1日に供給できる客室数が1000室であるならば、その1000室をすべて8月1日までに、あるいは当日には販売したいと経営者は考えるであろう。仮に1000室のうち100室が販売できないとするならば、その100室は売れ残りにはならないからである。売れ残りであるならば、8月2日に供給可能な客室数は1100になるはずであるが、8月2日の客室供給数は依然として1000室であり、これがストックできないということの意味である。したがって、宿泊業にとっては供給可能な客室をたとえ価格を引き下げてでも販売する方がより大きな収益を獲得することを可能にするのである。

　他の例を考えよう。たとえば、宿泊施設の客室は、週末は観光目的の顧客が多数を占めるであろうが、商用客はほとんど滞在してはいない。このような場合に、客室料金をどう設定すれば最大の収益を確保できるかを、過去の経験に基づいて推計する。その推計に基づき、商用と観光用のどちらにどれだけの客室を割当て、前者には相対的に高い料金を、後者には相対的に安価な料金を設定し、収益の増加を図ろうとする。このようにして、イールドマネジメントは実践されるのである。

（小沢）

94 ツーリズムマーケティングの仕方——多様化する旅行需要と市場形成

　旅行の市場が多様化している。かつてのマスの時代から個の時代へと移行している。これは旅行のみにとどまらない動きだ。マス文化の成熟期あるいは衰退期と捉えるべきなのかもしれない。かつてあった発行部数何十万部という雑誌がどんどん減少している。誰もが観る映画などというのはもうない。テレビもなかなか大きな視聴率がとれない。旅行市場でも，物見遊山型有名観光地の地盤沈下，スキー人口の大幅減少も問題化された。大局的に多様化・個性化の傾向にあり，「マスマーケットの最大公約数」というかたちでの把握が難しくなっている。これにケータイとパソコンの融合が拍車をかけ，若年層は新聞も読まない。

❖ 新規参入市場の半減

　マスの時代は旅行を作るのにも，最大公約数を想定して「十把ひとからげ」の旅行を作っていればよかった。それゆえ中身がどうのこうのというより，どれだけ安く，便利に，画一的なものを，安心のパッケージで提供するかが，旅行業サイドの大切なテーマだった。1970年代以降のマス市場をリードしたのは，団塊の世代（1947～50年頃に生まれた世代）である。この年代は年度ごとの出生数が250万人前後という大きさだった。それからざっと25～30年下がった団塊ジュニアの世代になると出生数は2割減，200万人を割る。そして団塊の孫世代から現在に至っては，100万人程度まで減少している。

　かつての大きな市場が成熟細分化したうえ，このように新規市場というパイが半減する状況が業界全体の売上数字に表れ始めたのは20世紀末である。旅行市場にこの状況を当てはめてみれば，1990年代までの「十把ひとからげアプローチ」はもう機能しない。もちろんこの傾向はもっと早く，90年前後には見えていたが，旅行業界はそれに対して（現在もなお）より安くより大量に，という従来通りのマーケティングで対応し，市場変化を正確に読み取ろうとしてこなかった。海外旅行に関していうなら，航空会社の供給過剰座席をまとめて叩き売ることで生じた値崩れには，不用

意に同調した旅行業界の戦略ミスという側面を否定できないだろう。

❖ 旅行市場全体の質的変化

マス・パッケージ旅行の役割は，旅行の初心者層に対して安心・便利・低価格を保証することで成り立つ。他方，これを経た客層に対しては，次の手を打たねばならない。それは当然ながら，それまでの手法とは異なる。いうなれば量から質への転換であり，細分化した市場に対する「十人十色」，敷衍すれば「一人十色」アプローチともいえるものだ。この転換が，マスの手法になじんできた人たちには難しい。1960年代から始まった右肩上がりの市場拡大が，丸1世代分30年近くも続けば無理はない。

さらに新規に参入してくる旅行市場では，団塊世代に代表された生活パターンや情報レベルから大きく変化している。とにかく旅行に出かける，行ければいい，ということではなくなった。「旅へのやみくもな憧れ」の消失といっていいだろう。生活レベルが上がり，一昔前には旅先に求めたものが，いまは日常生活の中で充たされてしまうということが起きている。

❖ 最大公約数と最小公倍数

これからのツーリズム・マーケティングは，いままでのやり方を一から組み立て直す時期にきている。新規参入市場，リピート市場各々に対応し，成熟した客層には旅行先に変化を加え，時間の使い方や旅の目的も提案しなければならない。これからの観光は，「幸せを感じる時間の確保」という感幸，「感動と交流の体験型」という感交，ホストとゲストが「歓びを交わしあう」歓交。「観光の空洞化」が語られているのと同様，"sightseeing" はもう死語だとする声も欧米で耳にする。いままでが最大公約数的マーケティングだったとするなら，これからは同時に，分母がずっと小さな「最小公倍数的マーケティング」の時代である。商品・価格・販促・流通のすべてにわたる見直し・再構築と，新しい取り組みが必要とされている。

以上が「発地型＝アウトバウンド」のマーケティングだが，今後は受け地側からの「着地型＝インバウンド」マーケティングの潜在値は非常に高い（→69）。地域振興，内発的・自律的観光など多くが語られている。これに対する旅行業界の主体的な取り組みはまだ始まったばかりだ（→95）。

(小林)

95 観光ブランド戦略——顧客の満足度がすべてを決める

　ブランド戦略というのは、競合相手との差別化を意識した用語である。かつては観光地へ、客が向こうからやってきた。観光地は客を待ち受け、やってきた客に必要なサービスを提供した。泊めてやる、食べさせてやる、遊ばせてやる、という売り手市場に寄りかかって市場拡大を急に進めた時代もある。しかし、それですっかり市場を失った、温泉観光地やスキー場業界などの例も見てきた。

　観光の市場が大きく変化し、もはや店を構えていれば客がやってくる時代ではない（→94）。観光客の受け入れ側が、市場の動きを探り、自らの地域を「旅行の商品」として捉え直し、市場に対して積極的に売り込んでいかなければならない。

　たとえば、1つの地域としての特徴は何か。よそと比べて際立った優位性は何か。地元の人たちがその価値を共有し、自らの誇りとなしうるだろうか。地域の魅力を発見し、磨き、「商品」として市場に送り出すため地域の人たちの協力や組織はできているか。顧客をもてなす「よそおい、しつらえ、ふるまい」はどうか。来てもらうための努力と同時に、なるべく長く滞在し楽しんでもらう仕組み、さらに十分に満足してもらい、口コミにつなげてもらう努力。これらすべては、自律的な地域観光マーケティング、つまり地域の観光ブランド開発と、ブランドの構築に必要とされる検討すべき諸条件である。

❖ 観光は地域の輸出産業である

　観光地間の競争には国内も国際もない。一人十色の時代においては、顧客は気分、予算、機会、同行者、さまざまな理由により、消費形態を変える。この客層はこうだという決めつけはできない。モノとの競合は当たり前であり、観光だけが商品の中で特別扱いされることはない。

　同様の理由により、「観光地」ではなかった地域が、「体験」とか「交流」といった切り口からツーリズムの分野に参入してきた。エコツーリズム（→55）や産業遺産観光などはそのいい例である。農村や漁村に修学旅

行がやってくる。ボランティア活動を組み込んだ観光も浮上している。マスツーリズム（⇒53）がさまざまな「観光のカタチ」に分散化しているのだ。

　地域のものを「輸出」するのではなく，観光客を「輸入」する，という明確な意図も必要である。特産品は外へ出さず，そこへ来て味わってもらう。外国の例をあげれば，オーストリアが国としての観光戦略として採用している「ゲヌス・レギオン」がある。各地域の特産品や名物料理を選定し，観光客に来てもらい，提供しもてなす仕組みだ。ゲスト側とホスト側双方の，歓びを交えるというもう1つの「カンコウ」であり，地域ブランドのマーケティング戦略である（吉田 2009）。観光という現象の，生産と消費の同時性をうまく生かしている例である。

❖ **ブランドの維持と顧客満足**

　日本での興味深い例をあげるなら，新潟の企画会社が始めた「美少女図鑑」がある。地元だけで2万部を配る人気のフリーペーパーだ。美しい少女という地域の光の発見である。すでに群馬，鹿児島，岐阜など，2010年には46誌を数え，近く全国網羅の予定だという。地元の産業，歴史や文化，暮らしぶり，自然，と並びこんなふうに地域の人たちが楽しみながら発信する光は，ツーリズムとの親和性もいいに違いない。海外でも日本のポップカルチャーは，ユニークな「ジャパンブランド」として定着しつつある。

　地域ブランドといってもその作り方や切り口はさまざまである。しかし，お客を呼び込むためのマーケティングと顧客満足をうまく組み合わせなければ，そのブランドの維持は不可能である。ニュージーランド観光局のミッションは "Come now, do more, come back" といった。いま来て，たくさん体験して，また来てください，という観光局の使命をこう表現した。いま来てくださいとは誰もがいえる。しかしたくさんの楽しい体験をし（お金を十分に使ってもらい）満足してくれないかぎり，カムバックはない。カムバックにつながるサービスの提供こそ，ブランド構築（building）とブランド維持（maintenance）の核である。　　　　　　　　　　（小林）

96 観光商品の作り方——「マスの需要」と「個の需要」

「マスの需要」に関し，白川郷という1つの典型事例を見てみよう。白川郷は世界文化遺産登録後観光客が急速に増え始め，年間の観光客が2003年度に156万人を記録した後，漸減傾向にある。白川村の観光課によれば，観光客の平均滞在時間は45分，1人当たり観光消費額は1500円である。一方，村の旅館・民宿の平均宿泊稼働率は，年間で20％にしか届かない。合掌造りの美しい民家はどこも同じような土産物屋を営み，村の中を走る道路は車でいっぱいになる。村は観光客のゴミと屎尿の処理に苦慮している。

こうした状況から抜け出すためにはどうしたらいいのか。望ましい観光地経営の視点からは，まず村の外に大きな駐車場を作り，世界遺産地域から観光用など一般のバスや車両を排除する。土産物屋はその駐車場地域へ移したい。シャトルの運行などを含め基盤整備のために，遺産保存協力金を観光客に払ってもらう。100万人から500円ずつでも年間5億円になるから，相当思い切った事態の改善になるし，持続的な観光地経営ができる。旅行業者の立場からは上記協力金を，旅行代金に含め村に納める。ゴミの問題などにつき観光客に協力を要請する。なるべく白川郷あるいは周辺に宿泊する，ゆっくりした日程の旅行を作る。村が中心になって，このようなことが議論されている。

❖ 滞在時間に比例する消費金額

白川郷は，なるべく売りやすく，たくさんの顧客を扱うというマスの手法が，観光地自体の存続を危うくしているケースである。しかし，たとえ観光客数を減らしても，観光地あるいは観光商品の寿命と，観光客の満足度を重視するという方向が，これからの観光地・観光商品の作り方である。地域での滞在時間を延ばせば比例して消費金額も伸びていく。

今後日本への観光客はアジア各国からも急速に増える。一例は中国市場である。2010年現在，日本からの海外旅行市場の25％は中国行きだが，中国からは市場の2％（100万人ほど）しか日本へ来ていない。日本政府が

ビザの発給を制限してきたからだ。政府は少しずつこの制限を解除しているが、これが完全に自由化されたら事態は一変するであろう。既に韓国や台湾からの旅行者に日本は大人気だし、これからベトナム、タイ、インドネシア、インドなどからの市場も大変有望視されている。政府は2020年までに3000万人を迎えるインバウンド政策へとアクセルを踏んだ。もちろんアウトバウンドにおける欧米へのツーリズム・マーケティングも加速される。そうした状況を背景に、マスツーリズムの商品形成も持続可能な方向へと舵を切らざるをえない。世界最大の旅行会社グループであるJTBは、2007年にその企業戦略を旅行から「文化と交流」に転換した。

❖ 洗練される「個」の旅行スタイル

「個の需要」に関する旅行業の課題は、目的特化型の観光商品開発あるいはサービス態勢の確立に集約される。こちらの一例をあげると、タイのバンコクで欧米からの市場を取り扱い成功しているインバウンド業者は、"Pure practice, Max value" というのが彼の戦略だと語った。このスローガンを日本語でいうならば、「本物体験と最大の満足」とでもなるだろうか。少人数に対し、ゆったりした、洗練された旅行スタイルを提供する。それに対して顧客は十分な代金を支払う。マスツーリズムとははっきり一線を画した方向性である。このバンコクの業者は、主に個人の客をバンコクで引き受ける。出発地からの航空便は顧客の側が自分で手配してやってくる。着地型のインバウンド業務だけに的を絞っているのだ。

現在の日本におけるインバウンド業者は、韓国市場向けに韓国人業者、中国向けに中国人業者、欧米市場向けに欧米人業者の活躍が目立っている。しかし今後の膨大な市場規模からすると、日本の旅行業界にとっても大変なビジネスの機会となる。

ここではインバウンドのケースが中心になったが、こうした状況はアウトバウンドともすべてつながっている。先にも述べた通りマスを扱う旅行業者としても、なるべく大量にといういままでの方向性に対して環境問題をも考慮に入れた顧客満足の最大化を最優先にしなければ、事業の継続は難しい。そして個の需要開発の方は、扱い地域と旅行目的による、専門店の市場特化型競争に絞られつつある。 　　　　　　　　　　（小林）

97 マーケティングの実践——若者の旅,中高年の旅を企画する

　この2つの市場規模についてはすでに少し触れた(→94)。最も期待される中高年(シニア)市場は,団塊の世代だけでも2010年でざっと1000万人規模である。サイズとしては漸減するものの,これから10年程度は健在である。しかし旅行業界の方からこの市場に対しての積極的な新商品開発は,あまり試みられてはいない。市場に出回っている商品群は,あいかわらず「初心者用」の変わり映えしないものが一般的である。少量多品種の魅力ある商品開発と販売努力がなされないかぎり,せっかくの市場が観光産業から逃げていってしまうと,日本旅行業協会(JATA)などは気をもんでいる。

　JATAはこうした市場の変化を見極め,旅行業がとるべき具体策をまとめた『海外旅行近未来戦略を中心とした今後の旅行業のあるべき姿の実現に向けて』という中間答申を,2007年初頭に発表した。この中でJATAは,旅行業の使命として①価値創造産業への進化,②新しい需要の喚起,③観光立国の推進をうたい,文化・交流・経済・健康・教育という「5つの旅の力」の効用によって促進するべき政策提案と,多くのアクションプランを打ち出している。市場変化に対応しきれていない各社や関係諸機関に対する,かなり危機感にみちたアピールである。

❖ 3つのSで旅するアジア

　一方,こうした日本の中高年市場に強い興味を示している組織の1つとして,日本アセアンセンターの例をあげておきたい。アセアンセンターは,アジア諸国に対する貿易・投資・観光を促進するための組織である。2006年に「赤道アジア」というコンセプトをまとめ,日本の旅行業界に対して積極的な旅行商品化を促した。これは従来の日本からアジアへの旅行商品が,もっぱら都市あるいは海浜リゾートに集中していることから,フィリピン,マレーシア,ブルネイ,インドネシアという,赤道近辺の各国の自然や文化歴史,民俗に着目し,シニア旅行市場に対する時間的ゆとりを持たせた旅行商品開発を求めたものである。これに続いて同センターは

2010年,同様の調査報告をインドシナ半島の4カ国(ベトナム,ラオス,カンボジア,ミャンマー)について行った。

その中で注目されることは,今後のアジア旅行スタイルを "Slow, Small, Smart" という3つのSに集約している点であろう。具体的にいうと,アジアの観光にはバスではなく,個人や小グループで専用車＋ドライバー＋ガイドを使いながら,ゆっくり,思う通りのオーダーメイド旅行をしてはどうかという提案である。旅行にかかわる地上経費のうち,アジア諸国ではまだ人件費がそれほど高くない。それでこのような旅行のスタイルを試みても,旅行の大きな経費増にはつながらないとしている。顧客側の満足度は間違いなく跳ね上がる。質的にアジアの体験を深めていく新しい旅行の仕方として,積極的活用が望まれる。

❖ 若者に対する旅の動機づけを

さて若者の旅に関しJATAの答申には,修学旅行の規制緩和,親子で家族旅行ができるような環境整備,交換留学プログラムなどを推進する仕組み,国際貢献・協力につながる新たな教育体験の必要性,語学教育の実施による国際コミュニケーション能力向上策の進言などが盛り込まれている。若い人たちが旅行しなくなったのではなく,大人の方が若い人たちの旅行に対する動機づけを怠っているのではないかという認識である。

たしかに1990年代前半までのように,付和雷同型の旅行形態はなくなっている。しかし,はっきりした目的を持って旅に出る層が減っているとは考えにくい。常に新しい旅へのチャレンジを続け,それを記録し続けた地平線会議(地平線会議1980-90)は,2009年に発足30周年を迎え,『地平線通信』はその特別号を発刊した。それらの記録を追ってみると,彼らの知的欲求はすさまじいばかりである。2009年の開高健ノンフィクション賞で話題になった,弱冠26歳の女性,中村安希が書いた旅行記『インパラの朝』などを読んでも,現代の若者の意識の高まりが見られるし,国際的な貢献を行っているNPO(非営利団体)に積極的なかかわりを持つ若者も多い。ありきたりの観光旅行ではない,目的やテーマ性のある旅の提案を,彼らの中から引き出すべきだろう。　　　　　　　　　　(小林)

98　観光宣伝と広報——インターネットとマスメディア

　宣伝と広報の意味は同じ，いずれも広く知らしめることをいう。しかしここでいう宣伝は，マスメディアやネットなどのスペースや時間を買って行われる，パターンの決まった広告のことを指す。一方の広報は，さまざまな情報をニュースのかたちで市場に届ける，幅広いコミュニケーション活動（publicity），という区分けをしておきたい。観光宣伝や広報の活動は，運輸機関や宿泊施設，旅行会社などの私企業により行われる場合と，ある地域の自治体や国により行われる場合がある。

　観光宣伝は一般的に，テーマを固定して繰り返し同じメッセージを市場に届けることにより，特定地域あるいは事象の早急な浸透や，イメージアップを図るものである。これには相当な予算を必要とするが，それなりの短期間に，ある一定のイメージを浸透させやすいことから，デスティネーション・キャンペーンなど積極的に活用されている。観光地における，特定シーズンの販売促進やイベント告知などにこうした例が多い。

❖ソフトなコミュニケーション活動

　観光広報＝パブリシティは，地域におけるさまざまなテーマを「ネタ」とし，各種のメディアを通じて市場に流していく，息の長い，不断の情報活動である。もちろんネット上に口コミ・ネタを仕込む作業も含まれる。マスメディアとネットの相乗効果が常に意識されなくてはならない。こうしたニュース・ネタには，地域の出来事，イベントから始まり，人・四季・食・産業・スポーツ・風物・お祭りなど，自然・社会・経済・文化のおよそあらゆる事象が含まれる。こちらは時間をかけながら，多面的に，特定地域に対する興味や親近感を醸成させていくことを狙いとする。ときには，ニュースの聴取者を即「購買」へと導くこともなくはない。パブリシティは「基本的」に広告予算を計上しない。いいニュース，報道に値すると評価されるニュース，ときには「ものがたり」をメディアに提供し，コストをかけることなく，当該地域のメディアにおける露出機会を最大化するよう努めるものである。

またパブリシティ活動では，雑誌，テレビ，新聞などの取材に要する実費を負担することとのひきかえに，より大きなスペースや時間の確保を狙う，広報主体と媒体間のバーター取引がよく行われる。取材にかかる実費や取材費は広告予算に比べればごくわずかだが，露出の方はかなり大きなものにすることが可能である。こうした広報活動により市場に流れたニュース量を，スペースや時間で計算し広告費に換算（EAV）する。限定された広報予算の投入によるEAVをいかに最大にするか。また，その投資効率（ROI）をいかに大きくさせうるかが，広報担当者の腕の振るいどころである。あるいはあらかじめ広告スペースを買ったうえで，そこに「意図的なニュース」を掲載する方法もよく用いられている。これは広告のかたちをとるよりも，この方が市場に無理なくメッセージが届けられると判断した場合に採用される一種の広報手法であり，"paid publicity"と呼ばれる。

❖ インターネット時代の宣伝・広告

上記の宣伝をハードな，広報をソフトなコミュニケーション活動と呼ぶこともできよう。予算や市場，時期などを考慮しながら，観光の宣伝や広報はこれらのさまざまな組み合わせにより実施されている。古典的宣伝広告論は，①注意（attention），②興味（interest），③欲求（desire），④記憶（memory），という心理段階を経て⑤実際の購買（action）へと消費者を導くものと，その心理を解説した。しかしネット時代の消費行動モデルは，③に検索（search），④に購買，⑤に情報の共有（share）が入るAISASだと，新しい時代を担う広告のプロたちは分析している。（佐藤 2008: 106）。観光の宣伝広報は①②を意図する外からの働きかけだが，インターネット時代の③と⑤は，消費者自身のイニシアティブによる極めて合理的な動きである。マスメディアによる外からの情報は，インターネットによって消費者の手で細かく具体的に補完され，相対化された情報として広がる。インターネット時代の消費者は，情報の受け手であると同時に，強力な発信者である。昔ながらの口コミが，ネット空間においては時間と空間を超越し，条件次第で世界中に広がる。 　　　　　　　　　　　　（小林）

99 ガイドとインタープリテーション——見えないメッセージの通訳

❖インタープリターの誕生

インタープリターを直訳すると「通訳」という意味である。この言葉がガイドを超えるガイド人材を意味するようになったきっかけは、ロッキー山脈の名ガイドとして知られたE.ミルズに代表されるネイチャーガイドたちであった。幼少から自然に親しんできたミルズは1889年から1922年までの間に数多くの人々をロッキー山脈へ案内し、四季の自然の魅力や姿が見えない動物たちのことなどを伝えた。ミルズは、ガイドの使命とは安全に人々を導くだけでなく、自然の掟や不思議を人々に紹介し、興味を持たせることであり、博学でなくても構わないがナチュラリストであるべきだという哲学を持っていた。アメリカの国立公園は、ミルズのような人材を自然と人の間に立つ通訳者（＝インタープリター）であるとして、1920年代にインタープリターを公園利用者向けサービスに当たる専門職とし、各国立公園で雇用するようになった（海津 1998）。

アメリカでのインタープリターは、国立公園だけでなく都市公園や博物館など文化施設などにも職域が広がっていったが、日本では1980年代後半に環境教育分野においてインタープリターが重視され、主に自然学校やエコツアーでの指導者やコミュニケーターとしての解釈が進み、他分野への普及は遅れている。

❖インタープリテーションの原則

インタープリターが行う伝える行為をインタープリテーションと呼ぶ。インタープリテーションの父と呼ばれるF.チルデンは、インタープリテーションの原則について、①参加者の個性や経験と関連づけて行う必要がある、②単に知識や情報を伝達することではなく啓発である。ただし知識や情報の伝達を伴わないインタープリテーションはない、③いろいろな技能を組み合わせた総合技能であり、人に教えることができるものである、④主な目的は教えることではなく、興味を刺激し、啓発することである、⑤事物事象の一部ではなく、全体像を見せるようにするべきものである、

エコツアーガイドに求められる力

	技　術	知　識	意　識
基礎的な力 （プロのガイドとして最低限備えておくべき力）	安全管理力 基礎的なコミュニケーション力	解説素材に関する基礎知識 資源保全のためのルールの理解	参加者の満足度に気を配る基礎的なホスピタリティ
高度な力 （プロのガイドとして商品力の向上につながる力）	参加者の気づきや発見，深い興味を引く力	解説素材に関する専門的な深い知識 地域の社会文化や自然に対する深い知識	思慮深さや哲学 オリジナリティ

（出所）鈴木・寺崎（2004）をもとに作成。

⑥12歳くらいまでの子どもに対するインタープリテーションは，大人を対象にしたものを薄めてやさしくするのではなく根本的に異なったアプローチをするべきである，と述べている（Tilden 1957）。要約すれば，インタープリテーションは，目に見えるものに関する情報（インフォメーション）提供を超えて，個人と対象とのつながりを創出し，理解を促すメッセージを伝えることといえる。

❖ ガイドとインタープリター

　ガイドとインタープリターは，案内者を意味する点では共通しているが，前者が旅行や登山における道先案内など，行程や安全管理に重点を置くのに対し，後者は自然や文化，歴史などの事象や環境に対する啓発を行うことに重点を置く点で異なっている。だがエコツアーのように，インタープリテーションを伴いながらツアーを行う場合では，ガイドとインタープリターの役割は不可分であり，むしろ双方の技能を合わせ持つことが求められる（上表）。

❖ 資格制度

　現時点では，ガイド一般やインタープリターなどに関する資格制度は存在していないが，通訳ガイドや添乗員，ダイビングなどのインストラクターなど特殊技能に関する資格制度や，福島県や富山県，東京都などのように自治体独自の認定制度を有する地域もある。

（海津）

100　観光教育——職業教育と学術教育

　観光という営みは，①観光する者（ゲスト），②観光者を迎える者（ホスト），③ゲストとホストをつなぐ者，の3者のつながりのうえで成立する総合的な社会・経済・文化現象である。しかし，観光教育の多くは，②③の一部分，具体的には旅行業・宿泊業・交通業の観光関連3業界への就職を支援する職業教育を中心に考えられがちである。今後はたとえば，①観光や旅行が人々の人生に持つ意義，②観光が地域の社会や文化に与える影響や地域の取り組みの意義，③観光とメディアとの関係，などについての十分に学術的な教育も重要になってくるだろう（観光庁 2008b）。

❖ 急増する観光関連学部・学科

　2009年4月現在，「観光」「ツーリズム」「ホスピタリティ」といった名前のついた学部や学科を持つ大学は全国で39校あり，学生の入学定員の総計は4402名である。日本の大学の総数は2008年現在で765だから，この39校という数はあまりにも少なく，国立大学は3校だけである。また，これらのうち，半分以上の20校が，2003年のビジットジャパン・キャンペーン開始，06年の観光立国推進基本法成立を受けて，06〜09年のわずか4年間に新学部・学科を設置している（観光庁 2009）（⇒巻末17）。

❖ 観光教育は観光業への職業教育か

　観光関連の学部・学科が急増する中，その卒業生たちは必ずしも観光関連業界へ就職していない。国土交通省による進路調査によれば，2004〜06年に卒業した4216人のうち，旅行業への就職は8％，宿泊業が7％，交通業が5％で，観光関連業界全体でも23％である（観光庁 2008a）。

　この点について観光業界からは「業界が期待する能力（経営能力など）と大学のカリキュラムとが一致していない」といった批判的意見もあれば，「知識は入社後でも身につく。採用は人物本位で出身学部は関係ない」といった穏当な意見もある。また，業界に距離を置いた立場からは「そもそも観光業への就職だけを考える学生は多くなく，多様な選択肢を考えているのではないか」や「観光業の労働内容と給与水準，転職者の多さや昇進

のシステム，経営状態などの実態を学習することで，かえって志望者が減っているのではないか」といった合理的な問題提起もある。

いずれの意見にも一理はあるが，冒頭にも述べた通り，観光は観光関連業界だけで成り立っているわけではないし，その教育と研究も学生の就職や観光業界の発展のためだけにあるわけではない。

❖ 観光庁・国土交通省による観光教育への取り組み

2008年創設の観光庁は観光業界の意向も汲みながら，「観光関係人材育成のための産学官連携事業」の中で経営学に教育内容を特化した「観光経営マネジメント人材育成のためのカリキュラムモデル」を作成して各大学に推奨し（観光庁 2010b），また，本格的なインターンシップの導入を提案してもいる。

しかし同時に観光庁は，観光教育を大学での職業教育に限定することなく，「観光地域づくり人材育成支援事業」にも取り組んでおり，また，国交省本体にも「若者の地方体験交流支援事業」がある。前者は全国各地で「観光地域づくり」の人材育成に取り組んでいる団体・組織を相互に結びつけ情報交換や協力を促進する事業であり，後者は地域づくり活動が熱心な地方自治体へ3大都市圏に住む大学生・大学院生たちを派遣して活動に参加してもらい，さまざまな意見も伝えてもらう事業である。

❖ 良き旅の経験・悪しき旅の経験を学術的に分析・表現する力

観光学部の教員である筆者から見ると，学生たちは家族旅行，友人との旅行，学部やゼミの海外研修旅行，ゼミでのフィールドワーク実習，国交省の「若者の地方体験交流支援事業」など，国内外のさまざまな地域への多様な旅行を経験し，それらの中には学生たち自身にとって「良き旅」も「悪しき旅（違和感の強い旅）」もある。そして学生たちは観光学を学ぶ以上，その「良さ」も「悪さ」も実証的かつ総合的に分析し表現する力を持たなければならない。それは学術的な教育や研究によって涵養される力であり，この学術的な力こそが①観光する者，②観光者を迎える者，③ゲストとホストをつなぐ者のいずれの立場からであるにせよ，自らの観光経験や社会の観光現象を豊かにする視点を生み出すことができる。　　（葛野）

巻末資料

1 観光産業の範囲（**A**, 15）
2 世界の観光産業の経済規模（2010年予測値）（**C**, 19）
3 国際観光収入・支出上位国（2008年）（**A**, 87）
　a 収入上位国　　b 支出上位国
4 日本の観光産業（2008年度）（**D**, 23）
　a 国内の旅行消費額の市場別内訳　　b 産業別経済効果
5 国際旅行到着者数の推移（1950〜2020年）（**H**）
6 国際観光到着者数（2009年，上位40位）（**C**, 12）
7 訪日外客数，出国日本人数（1961〜2010年）（**F**, 2）
8 生活の重点の推移（**A**, 2）
9 日本人海外旅行者の主要渡航先（2009年）（**A**, 6）
10 海外旅行者の性別・年齢階層別構成比率（**A**, 56）
11 海外旅行出国者の国際比較（2008年）
　a 出国者数（**A**, 84）　　b 出国率（**A**, 5）
12 国・地域別訪日外客数の推移（2001〜2010年，上位5市場）（**F**, 2）
13 国・地域別訪日外客数シェア（2010年，主要15市場）（**F**, 2）
14 国・地域別に見た訪日旅行動機（**B**, 61）
15 都道府県別訪問率（**E**, 3）
16 世界のテーマパーク（**I**）
17 観光関連の学部・学科等のある大学院・大学（**A**, 109）
18 日本における旅行に関する略年表（**A**, 94-96）

出所　**A**　『数字が語る旅行業2010』　　**B**　『JNTO国際観光白書2008』
　　　C　『JNTO国際観光白書2010』　　**D**　『平成21年度版観光白書概要』
　　　E　『JNTO訪日外客訪問地調査2009』報告書概要
　　　F　日本政府観光局「統計報道発表資料」（2011年1月26日発表）
　　　G　観光庁ウェブサイト
　　　H　UNWTO *Tourism 2020 Vision*
　　　I　AECOM 2009 *The Global Attractions Attendance Report*
　　　（　）内の数字は引用元の頁数

1 観光産業の範囲

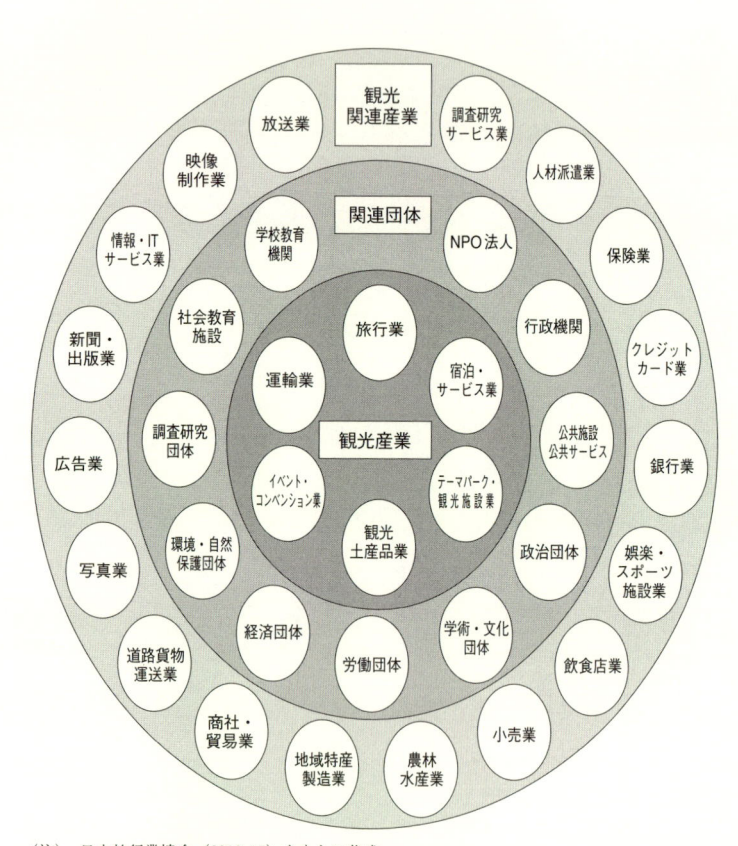

観光産業（中心）
- 旅行業
- 運輸業
- 宿泊・サービス業
- イベント・コンベンション業
- テーマパーク・観光施設業
- 観光土産品業

関連団体
- 学校教育機関
- 社会教育施設
- 調査研究団体
- 環境・自然保護団体
- 経済団体
- 労働団体
- 学術・文化団体
- 政治団体
- 公共施設・公共サービス
- 行政機関
- NPO法人

観光関連産業
- 放送業
- 映像制作業
- 情報・ITサービス業
- 新聞・出版業
- 広告業
- 写真業
- 道路貨物運送業
- 商社・貿易業
- 地域特産製造業
- 農林水産業
- 小売業
- 飲食店業
- 娯楽・スポーツ施設業
- 銀行業
- クレジットカード業
- 保険業
- 人材派遣業
- 調査研究サービス業

（注）　日本旅行業協会（2010: 15）をもとに作成。

2 世界の観光産業の経済規模 (2010年予測値)

地　域	観光産業GDP		観光産業による雇用	
	金額 (十億ドル)	GDP全体に 占める割合(%)	人数 (千人)	雇用者全体に 占める割合(%)
世　界	5,751.0	9.2	235,785	8.1
アジア・大洋州	1,546.2	—	158,961	—
北東アジア	1,096.3	9.1	79,404	7.8
東南アジア	164.9	9.7	22,581	8.1
南アジア	136.1	8.0	55,050	8.6
大洋州	148.9	11.2	1,926	13.7
中　東	173.9	10.1	5,269	9.6
ヨーロッパ	2,096.9	—	34,636	—
EU諸国	1,669.0	9.5	22,211	10.3
EU非加盟の西欧	180.0	10.3	2,558	8.7
中・東欧	247.9	7.4	9,867	6.2
米　州	1,873.1	—	35,033	—
北　米	1,633.5	9.4	21,390	10.8
中　南　米	200.2	6.2	11,814	6.0
カリブ諸国	39.4	12.3	1,829	10.8
アフリカ	141.5	—	15,107	—
北アフリカ	65.8	11.0	5,034	10.3
サハラ以南	75.7	6.9	10,073	5.0

(注1)　上記の数値は，観光産業が占める直接的・間接的な経済規模を表している。
(注2)　数値は世界旅行ツーリズム協議会（WTTC）による。WTTCは，1990年に世界の観光産業のトップリーダーが集まり，各国政府に対して観光産業の重要性を訴えるために設立された民間団体である。世界における観光産業の規模の推計は，WTTCが計量経済の分野で定評のあるOEF（Oxford Economic Forecasting）に委託して行っているものである。
(注3)　各地域の数値の合計は，端数処理などの関係により，世界の数値と完全には一致しない。

3 国際観光収入・支出上位国 (2008年)

3-a 国際観光収入上位国 (単位:10億米ドル)

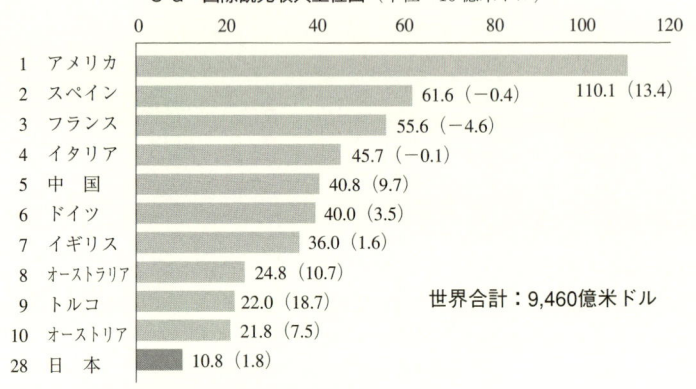

1	アメリカ	110.1 (13.4)
2	スペイン	61.6 (−0.4)
3	フランス	55.6 (−4.6)
4	イタリア	45.7 (−0.1)
5	中国	40.8 (9.7)
6	ドイツ	40.0 (3.5)
7	イギリス	36.0 (1.6)
8	オーストラリア	24.8 (10.7)
9	トルコ	22.0 (18.7)
10	オーストリア	21.8 (7.5)
28	日本	10.8 (1.8)

世界合計:9,460億米ドル

(注1) UNWTO が 2010年1月までに収集したデータによる。
(注2) ( ) 内は現地通貨時価による対前年伸び率。単位は%。

3-b 国際観光支出上位国 (単位:10億米ドル)

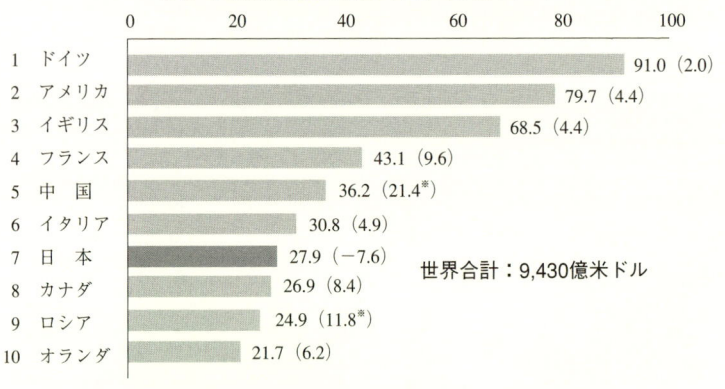

1	ドイツ	91.0 (2.0)
2	アメリカ	79.7 (4.4)
3	イギリス	68.5 (4.4)
4	フランス	43.1 (9.6)
5	中国	36.2 (21.4*)
6	イタリア	30.8 (4.9)
7	日本	27.9 (−7.6)
8	カナダ	26.9 (8.4)
9	ロシア	24.9 (11.8*)
10	オランダ	21.7 (6.2)

世界合計:9,430億米ドル

(注1) UNWTO が 2009年までに収集したデータによる。
(注2) ( ) 内は現地通貨対前年伸び率。ただし,中国,ロシアは米ドルでの伸び率。単位はいずれも%。

4　日本の観光産業 (2008年度)

4-a　国内の旅行消費額の市場別内訳

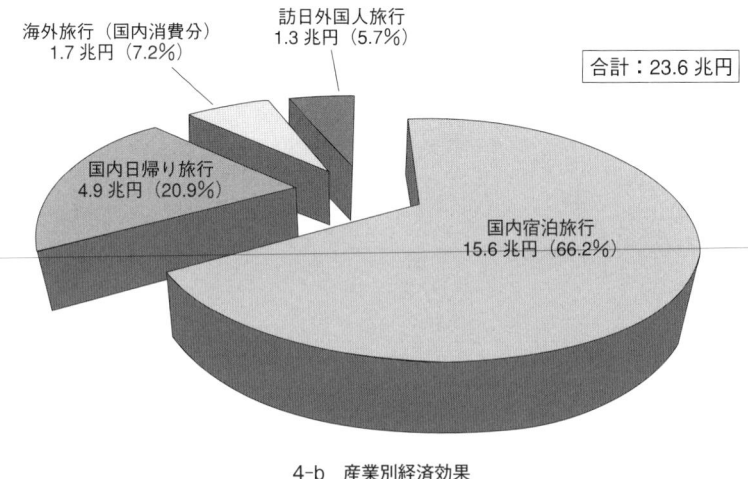

合計：23.6兆円

- 海外旅行（国内消費分）1.7兆円（7.2%）
- 訪日外国人旅行 1.3兆円（5.7%）
- 国内日帰り旅行 4.9兆円（20.9%）
- 国内宿泊旅行 15.6兆円（66.2%）

4-b　産業別経済効果

旅行消費額　23.6兆円
- 食料品産業 1.59兆円
- 小売業 1.36兆円
- 農林水産業 0.23兆円
- 宿泊業 3.70兆円
- 運輸業 6.23兆円
- 飲食店業 2.48兆円
- 旅行サービス業等 1.52兆円

生産波及効果　51.4兆円
- 食料品産業 3.63兆円
- 小売業 2.47兆円
- 農林水産業 1.12兆円
- 宿泊業 3.82兆円
- 運輸業 8.02兆円
- 飲食店業 2.87兆円
- 旅行サービス業等 1.94兆円

雇用誘発効果　430万人
- 食料品産業 19万人
- 小売業 53万3千人
- 農林水産業 42万8千人
- 宿泊業 38万1千人
- 運輸業 44万人
- 飲食店業 60万8千人
- 旅行サービス業等 17万6千人

5 国際旅行到着者数の推移（1950～2020年，単位：100万人）

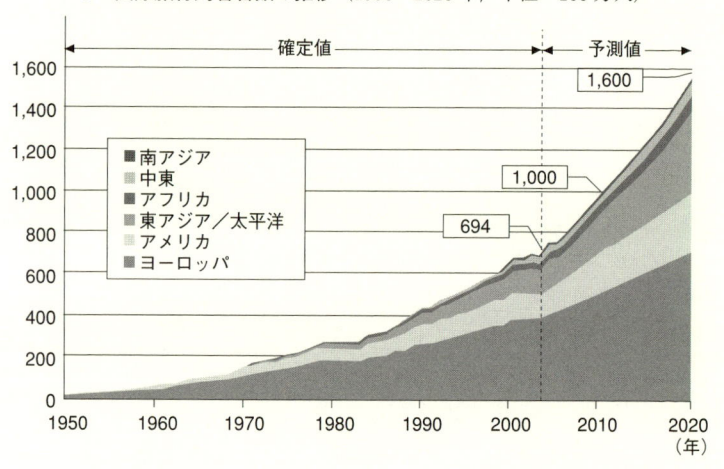

凡例：
- 南アジア
- 中東
- アフリカ
- 東アジア／太平洋
- アメリカ
- ヨーロッパ

確定値 | 予測値

1,600
1,000
694

6 国際観光客到着者数（2009年，上位40位）

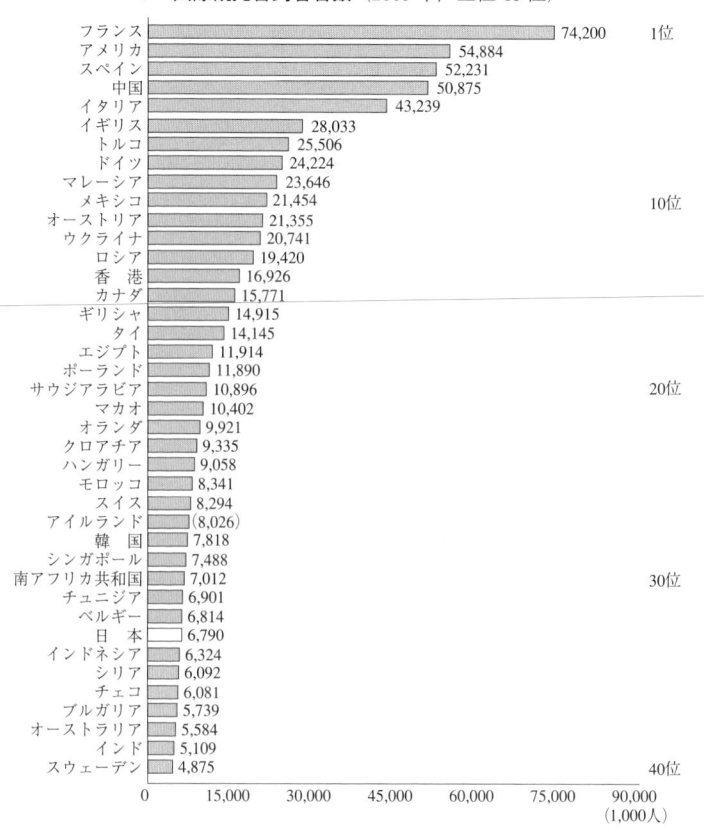

順位	国名	到着者数（1,000人）
1位	フランス	74,200
	アメリカ	54,884
	スペイン	52,231
	中国	50,875
	イタリア	43,239
	イギリス	28,033
	トルコ	25,506
	ドイツ	24,224
	マレーシア	23,646
10位	メキシコ	21,454
	オーストリア	21,355
	ウクライナ	20,741
	ロシア	19,420
	香港	16,926
	カナダ	15,771
	ギリシャ	14,915
	タイ	14,145
	エジプト	11,914
	ポーランド	11,890
20位	サウジアラビア	10,896
	マカオ	10,402
	オランダ	9,921
	クロアチア	9,335
	ハンガリー	9,058
	モロッコ	8,341
	スイス	8,294
	アイルランド	(8,026)
	韓国	7,818
	シンガポール	7,488
30位	南アフリカ共和国	7,012
	チュニジア	6,901
	ベルギー	6,814
	日本	6,790
	インドネシア	6,324
	シリア	6,092
	チェコ	6,081
	ブルガリア	5,739
	オーストラリア	5,584
	インド	5,109
40位	スウェーデン	4,875

（注1）本表の数値は2010年6月時点の暫定値である。アイルランドは2009年の数値が不明であるため，2008年の数値を利用した。

（注2）アラブ首長国連邦は上位に入るが（2005年は712.6万人），2009年，2008年とも数値が不明である。

（注3）本表で採用した数値は，ロシア，日本，韓国，豪州を除き，原則的に1泊以上した外国人訪問者数である。

（注4）外国人訪問者数は，数値が追って新たに発表されたり，さかのぼって更新されることがあるため，数値の採用時期によって，その都度順位が変わり得る。

（注5）同一国において，外国人訪問者数が異なる統計基準に基づいて算出されている場合があるため，比較する際には注意を要する。

巻末資料　223

7 訪日外客数, 出国日本人数 (1961～2010年)

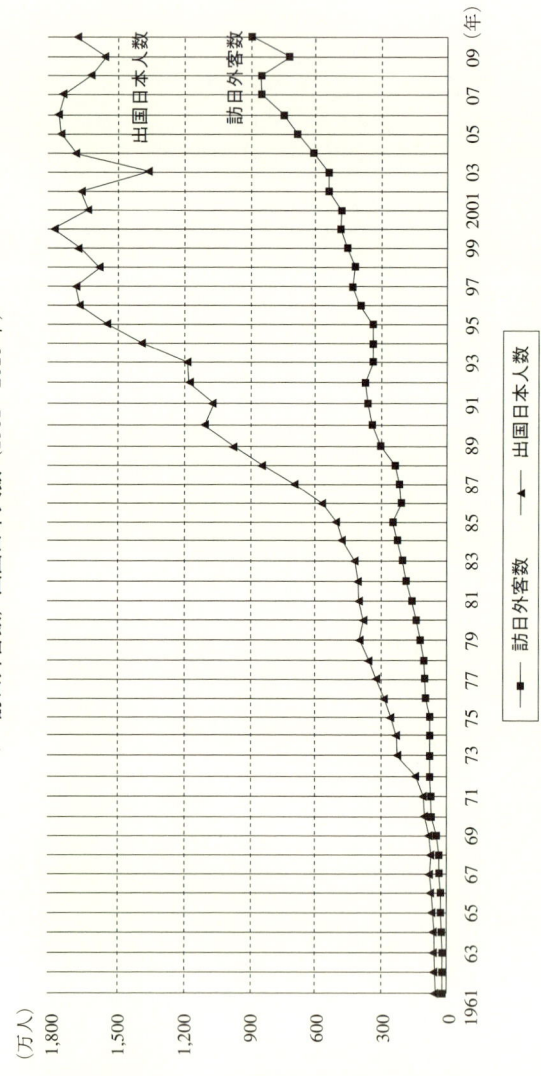

(万人)

―■― 訪日外客数　―▲― 出国日本人数

8 生活の重点の推移

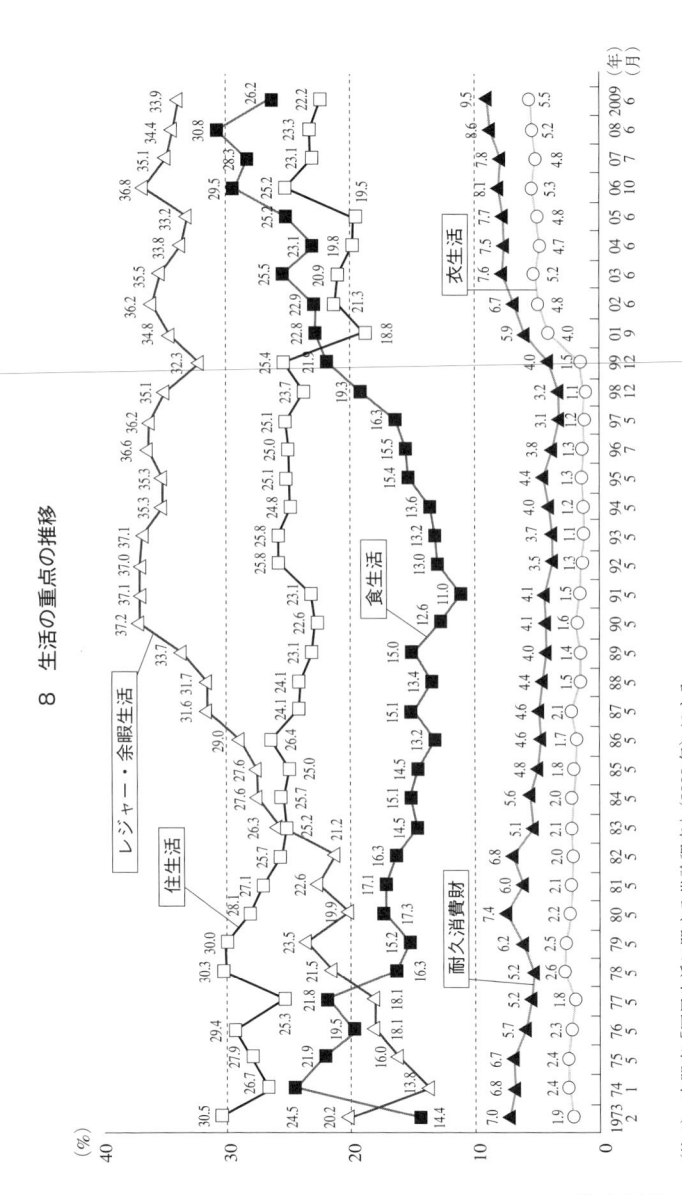

(注1) 内閣府「国民生活に関する世論調査」(2009年)による。
(注2) 耐久消費財：自動車、電気製品、家具等。
(注3) 2000年度は調査を行っていない。

9 日本人海外旅行者の主要渡航先（2009年，単位：1,000人）

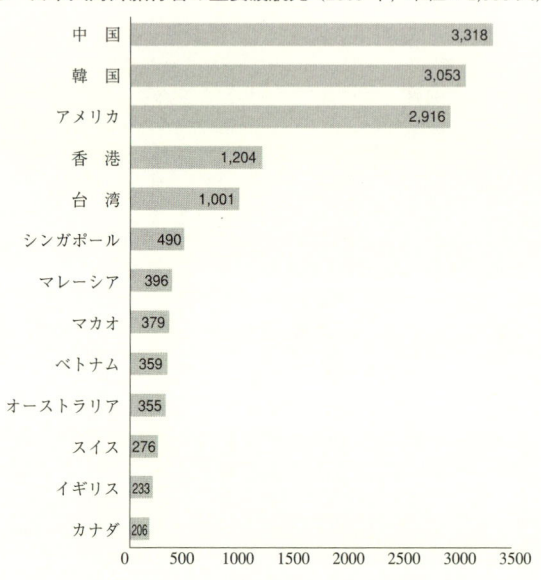

中国	3,318
韓国	3,053
アメリカ	2,916
香港	1,204
台湾	1,001
シンガポール	490
マレーシア	396
マカオ	379
ベトナム	359
オーストラリア	355
スイス	276
イギリス	233
カナダ	206

10 海外旅行者の性別・年齢階層別構成比率（単位：％）

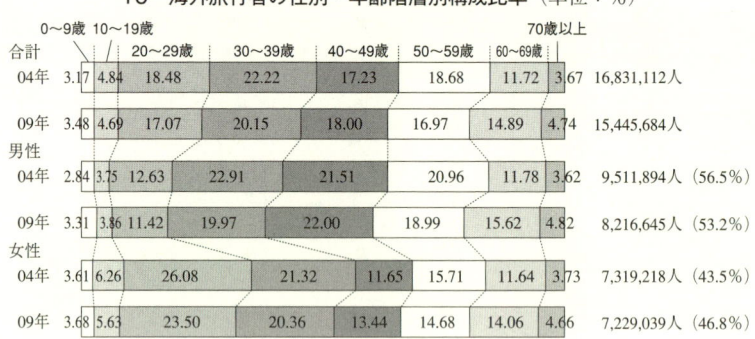

区分	0～9歳	10～19歳	20～29歳	30～39歳	40～49歳	50～59歳	60～69歳	70歳以上	合計
合計 04年	3.17	4.84	18.48	22.22	17.23	18.68	11.72	3.67	16,831,112人
合計 09年	3.48	4.69	17.07	20.15	18.00	16.97	14.89	4.74	15,445,684人
男性 04年	2.84	3.75	12.63	22.91	21.51	20.96	11.78	3.62	9,511,894人（56.5％）
男性 09年	3.31	3.86	11.42	19.97	22.00	18.99	15.62	4.82	8,216,645人（53.2％）
女性 04年	3.61	6.26	26.08	21.32	11.65	15.71	11.64	3.73	7,319,218人（43.5％）
女性 09年	3.68	5.63	23.50	20.36	13.44	14.68	14.06	4.66	7,229,039人（46.8％）

11 海外旅行出国者の国際比較 (2008年)

11-a 海外旅行出国者数の国際比較

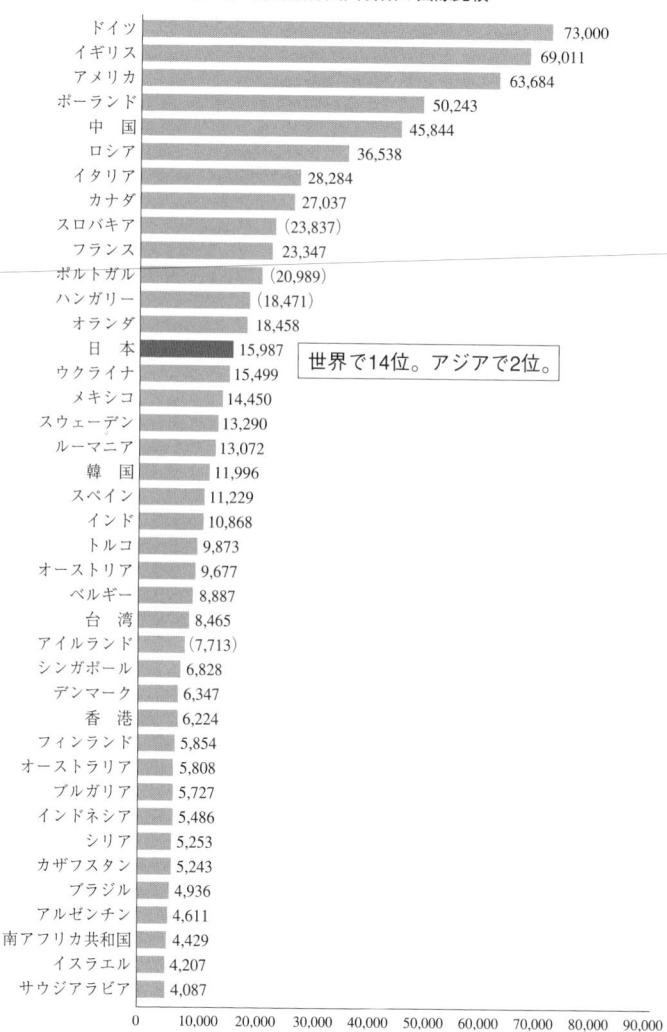

国	出国者数 (1,000人)
ドイツ	73,000
イギリス	69,011
アメリカ	63,684
ポーランド	50,243
中国	45,844
ロシア	36,538
イタリア	28,284
カナダ	27,037
スロバキア	(23,837)
フランス	23,347
ポルトガル	(20,989)
ハンガリー	(18,471)
オランダ	18,458
日本	15,987
ウクライナ	15,499
メキシコ	14,450
スウェーデン	13,290
ルーマニア	13,072
韓国	11,996
スペイン	11,229
インド	10,868
トルコ	9,873
オーストリア	9,677
ベルギー	8,887
台湾	8,465
アイルランド	(7,713)
シンガポール	6,828
デンマーク	6,347
香港	6,224
フィンランド	5,854
オーストラリア	5,808
ブルガリア	5,727
インドネシア	5,486
シリア	5,253
カザフスタン	5,243
ブラジル	4,936
アルゼンチン	4,611
南アフリカ共和国	4,429
イスラエル	4,207
サウジアラビア	4,087

世界で14位。アジアで2位。

11-b 海外旅行出国率の国際比較

国／地域	出国率（％）	1人当たりの GDP（US＄）
シンガポール	146.3	39,423
イギリス	112.4	43,544
香　港	88.8	30,872
ドイツ	85.6	44,363
カナダ	81.3	45,166
台　湾	36.7	17,054
フランス	36.3	44,675
オーストラリア	27.2	48,253
韓　国	24.7	19,296
アメリカ	21.2	45,230
日　本	12.7	38,371
中　国	3.5	3,292

(注1) 出国率は国外旅行者／人口で算出。
(注2) シンガポール人の出国者数は陸路でのマレーシア行きを除いたもの。
(注3) 香港人の出国者数は中国本土行きを含んだ空路（日帰り客を含む）出国者数。
(注4) ドイツ人の出国率は 2007 年のもの。
(注5) カナダ人の出国者数にはアメリカ行きを含む（1泊旅行以上を計上）。
(注6) アメリカ人の出国者数はカナダ，メキシコ行きを含む（メキシコ行きの日帰り客，メキシコ以外の1泊旅行以上を計上）。
(注7) 日本人の出国率は 2008 年 10 月の推計人口より算出。
(注8) 中国人出国者数は香港，マカオ行きを含む（日帰りも計上）。

12 国・地域別訪日外客数の推移（2001〜2010年，上位5市場）

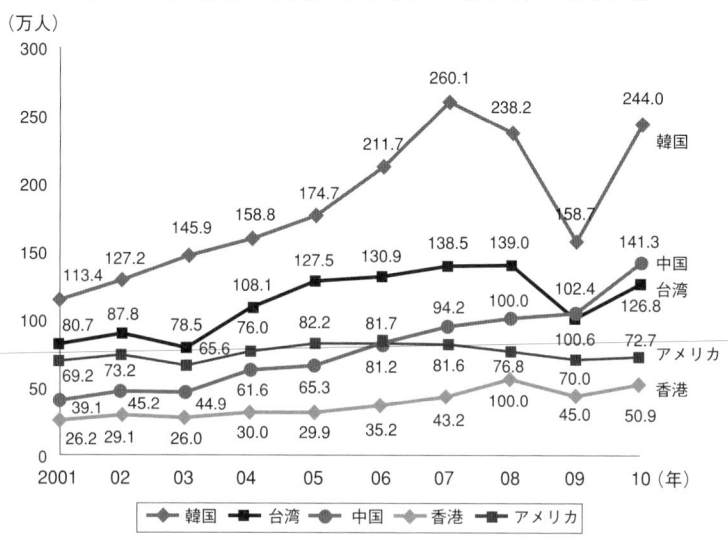

（万人）

年	韓国	台湾	中国	香港	アメリカ
2001	113.4	80.7	39.1	26.2	69.2
02	127.2	87.8	45.2	29.1	73.2
03	145.9	78.5	44.9	26.0	65.6
04	158.8	108.1	61.6	30.0	76.0
05	174.7	127.5	65.3	29.9	82.2
06	211.7	130.9	81.2	35.2	81.7
07	260.1	138.5	94.2	43.2	81.6
08	238.2	139.0	100.0	100.0	76.8
09	158.7	102.4	100.6	45.0	70.0
10	244.0	126.8	141.3	50.9	72.7

13 国・地域別訪日外客数シェア（2010年，主要15市場）

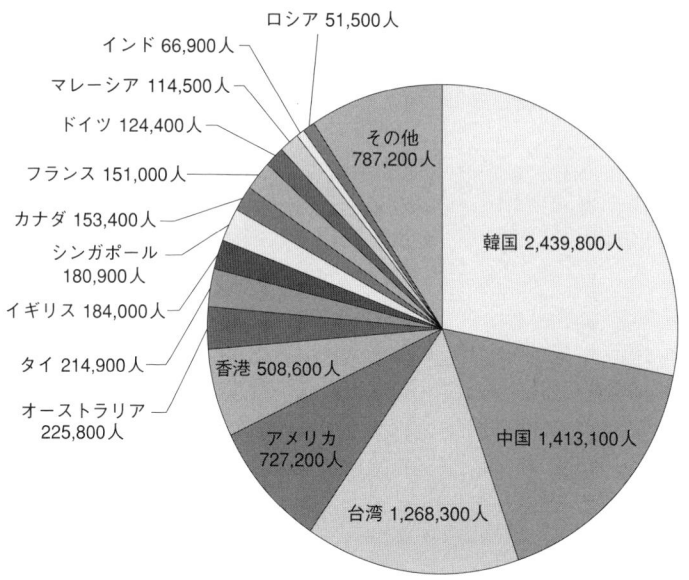

- 韓国 2,439,800人
- 中国 1,413,100人
- 台湾 1,268,300人
- アメリカ 727,200人
- 香港 508,600人
- オーストラリア 225,800人
- タイ 214,900人
- イギリス 184,000人
- シンガポール 180,900人
- カナダ 153,400人
- フランス 151,000人
- ドイツ 124,400人
- マレーシア 114,500人
- インド 66,900人
- ロシア 51,500人
- その他 787,200人

巻末資料

14 国・地域別に見た訪日旅行動機 (単位：%)

全　体	
① ショッピング	34.8
② 伝統文化／歴史的施設	32.4
③ 温泉／リラックス	32.1
④ 自然・景勝地	28.5
⑤ 日本人とその生活	27.7

韓　国	
① 温泉／リラックス	42.3
② ショッピング	30.3
③ 伝統文化／歴史的施設	27.3
④ 都市の魅力／現代性	24.1
⑤ 日本人とその生活	23.9

台　湾	
① 温泉／リラックス	41.4
② 自然・景勝地	41.0
③ ショッピング	40.0
④ 伝統文化／歴史的施設	22.4
⑤ 日本人とその生活	18.5

中　国	
① ショッピング	40.1
② 自然・景勝地	39.2
③ 温泉／リラックス	36.6
④ 伝統文化／歴史的施設	22.7
⑤ 都市の魅力／現代性	18.0

香　港	
① ショッピング	70.5
② 温泉／リラックス	37.1
③ 日本の食事	32.4
④ 自然・景勝地	31.2
⑤ テーマパーク	15.9

アメリカ	
① 伝統文化／歴史的施設	55.6
② 日本人とその生活	43.4
③ 自然・景勝地	21.1
④ 日本訪問への憧れ	20.3
⑤ 日本の食事	17.6

15 都道府県別訪問率 (2009年, 回答者数＝15,355)

順位	都道府県	訪問率 (%)	順位	都道府県	訪問率 (%)	順位	都道府県	訪問率 (%)
1	東　京	58.8	17	熊　本	2.9	32	新　潟	0.7
2	大　阪	24.4	18	長　崎	2.7		山　形	0.7
3	京　都	20.6		岐　阜	2.5		山　口	0.7
4	神奈川	16.7	20	沖　縄	2.5	36	滋　賀	0.6
5	千　葉	12.7	21	宮　城	2.2		佐　賀	0.6
6	愛　知	9.6	22	埼　玉	1.8	38	秋　田	0.5
7	福　岡	8.6	23	茨　木	1.7		岩　手	0.5
8	北海道	8.0	24	和歌山	1.5		宮　崎	0.5
9	兵　庫	7.9	25	石　川	1.4	41	愛　媛	0.4
10	山　梨	6.8	26	三　重	1.1	42	福　井	0.3
11	奈　良	6.2	27	群　馬	1.0		香　川	0.3
12	広　島	4.5	28	富　山	0.9	44	鳥　取	0.2
13	栃　木	3.7		福　島	0.9		高　知	0.2
14	大　分	3.2		青　森	0.9		徳　島	0.2
	静　岡	3.2	31	岡　山	0.8		島　根	0.2
16	長　野	3.1	32	鹿児島	0.7	延べ訪問率		230.1

16　世界のテーマパーク（2009年入場者数，単位：1,000人）

順位	テーマパーク	所在地	入場者数
1	マジック・キングダム（ディズニー・ワールド）	フロリダ（アメリカ）	17,233
2	ディズニーランド	カリフォルニア（アメリカ）	15,900
3	東京ディズニーランド	千葉県（日本）	13,646
4	パルク・ディズニーランド	パリ（フランス）	12,740
5	東京ディズニーシー	千葉県（日本）	12,004
6	エプコット（ディズニー・ワールド）	フロリダ（アメリカ）	10,990
7	ディズニー・ハリウッド・スタジオ（ディズニー・ワールド）	フロリダ（アメリカ）	9,700
8	ディズニー・アニマル・キングダム（ディズニー・ワールド）	フロリダ（アメリカ）	9,590
9	ユニバーサル・スタジオ・ジャパン	大阪（日本）	8,000
10	エバーランド	京畿道（韓国）	6,169
11	ディズニー・カリフォルニア・アドベンチャー	カリフォルニア（アメリカ）	6,050
12	シーワールド・フロリダ	フロリダ（アメリカ）	5,800
13	ユニバーサル・スタジオ・フロリダ（ユニバーサル・オーランド）	フロリダ（アメリカ）	5,530
14	オーシャンパーク	香港	4,800
15	長島スパーランド	三重県（日本）	4,700
16	アイランズ・オブ・アドベンチャー（ユニバーサル・オーランド）	フロリダ（アメリカ）	4,627
17	香港ディズニーランド	香港	4,600
18	横浜八景島シーパラダイス	神奈川県（日本）	4,500
19	ユニバーサル・スタジオ・ハリウッド	カリフォルニア（アメリカ）	4,308
20	ロッテワールド	ソウル（韓国）	4,261
21	ヨーロパ・パーク	ルスト（ドイツ）	4,250
22	シーワールド・カリフォルニア	カリフォルニア（アメリカ）	4,200
23	ブッシュ・ガーデン・タンパ・ベイ	フロリダ（アメリカ）	4,100
24	エフテリング	カーツスフーフェル（オランダ）	4,000
25	チボリ・ガーデン	コペンハーゲン（デンマーク）	3,870

17 観光関連の学部・学科等のある大学院・大学

	学校名	学部学科名等
大学院	北海道大学	国際広報メディア・観光学院
	札幌国際大学	観光学研究科
	流通経済大学	社会学研究科
	立教大学	観光学研究科
	桜美林大学	国際学研究科
	名桜大学	国際文化研究科
大学	札幌国際大学	観光学部
	北海商科大学	商学部観光産業学科
	ノースアジア大学	法学部観光学科
	筑波学院大学	情報コミュニケーション学部国際交流学科
	流通経済大学	社会学部国際観光学科
	東洋大学	国際地域学部国際観光学科
	高崎経済大学	地域政策学部観光政策学科
	文化女子大学	現代文化学部国際文化学科
	淑徳大学	国際コミュニケーション学部
	共栄大学	国際経営学部観光ビジネスコース
	西武文理大学	サービス経営学部
	立教大学	観光学部
	江戸川大学	社会学部ライフデザイン学科
	川村学園女子大学	人間文化学部観光文化学科
	城西国際大学	観光学部
	明海大学	ホスピタリティ・ツーリズム学部
	帝京平成大学	現代ライフ学部レジャービジネス学科
	亜細亜大学	経営学部ホスピタリティ・マネジメント学科
	桜美林大学	ビジネスマネジメント学群
	玉川大学	経営学部観光経営学科
	駒沢女子大学	人文学部国際文化学科
	帝京大学	経済学部観光経営学科
	松蔭大学	観光文化学部
	文教大学	国際学部国際観光学科
	横浜商科大学	商学部貿易・観光学科
	長野大学	環境ツーリズム学部
	松本大学	総合経営学部観光ホスピタリティ学科
	岐阜女子大学	文化創造学部文化創造学科

	学校名	学部学科名等
大学	富士常葉大学	総合経営学部観光ビジネスコース
	桜花学園大学	人文学部観光文化学科
	愛知東邦大学	経営学部地域ビジネス学科
	鈴鹿国際大学	国際学部観光学科
	京都嵯峨芸術大学	芸術学部観光デザイン学科
	京都橘大学	現代ビジネス学部都市環境デザイン学科
	平安女学院大学	国際観光学部
	同志社女子大学	現代社会学部社会システム学科
	大阪観光大学	観光学部
	大阪学院大学	経営学部ホスピタリティ経営学科
	太成学院大学	人間学部人間文化学科
	羽衣国際大学	産業社会学部キャリアデザイン学科
	阪南大学	国際コミュニケーション学部国際観光学科
	大阪国際大学	国際コミュニケーション学部
	神戸海星女子学院大学	観光ホスピタリティ学科
	神戸国際大学	経済学部都市環境・観光学科
	神戸夙川学院大学	観光文化学部観光文化学科
	神戸山手大学	都市交流学科
	流通科学大学	サービス産業学部観光・生活文化事業学科
	大手前大学	総合文化学部観光ビジネス系
	奈良県立大学	地域創造学部
	和歌山大学	観光学部
	岡山商科大学	経営学部商学科
	倉敷芸術科学大学	産業科学技術学部観光学科
	山口大学	経済学部観光政策学科
	四国学院大学	社会学部カルチュラル・マネジメント学科
	九州産業大学	商学部観光産業学科
	西南女学院大学	人文学部観光文化学科
	久留米大学	経済学部文化経済学科
	長崎国際大学	人間社会学部国際観光学科
	熊本学園大学	商学部ホスピタリティ・マネジメント学科
	立命館アジア太平洋大学	アジア太平洋学部
	琉球大学	観光産業科学部観光科学科
	名桜大学	国際学部観光産業学科

18 日本における旅行に関する略年表

1964 年	4 月	海外観光旅行自由化（1 人年 1 回 500 ドルの制限付き）
	10 月	東京オリンピック開催
		東海道新幹線（東京～新大阪間）営業開始
1965 年	1 月	日本航空がジャルパックを発売，その後旅行会社が次々とパッケージツアーを発売
1966 年	1 月	観光渡航の回数制限撤廃（外貨持出限度額は 1 人 1 回 500 ドル以内）
1970 年	5 月	日本万国博覧会，大阪で開催
	10 月	ディスカバージャパン・キャンペーン開始
1971 年	5 月	旅行あっ旋業法を改正し，旅行業法を公布（11 月施行）
1972 年	2 月	札幌オリンピック冬季大会開催
	5 月	沖縄，米国より返還
1973 年	2 月	円が変動相場制に移行
1977 年	11 月	第 1 回日本・国際観光会議（JATA コングレス）東京で開催
1978 年	5 月	新東京国際空港（成田）開港
1981 年	5 月	東南アジア諸国連合（ASEAN）貿易投資観光促進センター設立
1982 年	4 月	旅行業法改正。主催旅行の定義，旅程管理，標準旅行業約款，特別補償制度の導入などを規定（83 年 4 月施行）
1983 年	4 月	東京ディズニーランド（千葉県）開業
1985 年	3 月	国際科学技術博覧会，筑波で開催
1987 年	4 月	国鉄分割民営化
	9 月	運輸省，海外旅行倍増計画（テン・ミリオン計画）を策定
	11 月	日本航空民営化
1988 年	4 月	90 年代観光振興行動計画（TAP90'S）の策定
1990 年	11 月	日本人海外旅行者が 1000 万人に，訪日外国人旅行者が 300 万人を超える
1991 年	7 月	運輸省，観光交流拡大計画（ツー・ウェイ・ツーリズム 21）を策定
1992 年	3 月	ハウステンボス（長崎）開業
1993 年	12 月	世界遺産委員会において「屋久島」「白神山地」「姫路城」「法隆寺地域の仏教建造物」を世界遺産に登録
1994 年	9 月	関西国際空港開港
	12 月	「古都京都の文化財」を世界遺産に登録
1995 年	5 月	旅行業法改正。旅行会社の機能別に登録種別を改正，営業保証金（弁済業務保証金）制度の改正，旅程保証制度の導入による消費者保護の強化，企画手配旅行の導入などを規定（96 年 4 月施行）
	11 月	一般旅券の有効期間 10 年に
	12 月	「白川郷五箇山の合掌造り集落」を世界遺産に登録
1996 年	5 月	運輸省，ウエルカムプラン 21（訪日観光交流倍増計画）を発表
	12 月	「原爆ドーム」「厳島神社」を世界遺産に登録
1998 年	2 月	長野オリンピック冬季大会開催
	9 月	スカイマークエアラインズ就航（東京／福岡間）
	10 月	国民の祝日に関する法律の一部改正案の成立（「成人の日」及び「体育の日」を月曜日に移動。2000 年 1 月施行）
	12 月	「古都奈良の文化遺産」を世界遺産に登録
		北海道国際航空（エア・ドゥ）就航（東京／札幌間）
1999 年	11 月	「日光の社寺」を世界遺産に登録
2000 年	2 月	改正航空法施行，運賃設定を自由化
	6 月	日中両国政府，中国から日本への団体観光旅行を 9 月解禁で合意
	12 月	「琉球王国のグスク及び関連遺跡群」が世界遺産に登録
2001 年	2 月	羽田空港からの国際チャーター便運航開始

	6月	国民の祝日に関する法律の一部改正案の成立(「海の日」及び「敬老の日」を月曜日に移動。2003年1月施行)
	9月	米国同時多発テロ事件発生
	10月	米軍,アフガニスタン空爆開始
		外務省,20カ国に「海外旅行延期勧告」以上を発出
	11月	旅行・観光業界の横断的組織の社団法人日本ツーリズム産業団体連合会設立
2002年	4月	成田空港の暫定並行滑走路が供用開始
	6月	サッカーワールドカップ日韓大会開催
	10月	バリ島でテロによる爆発事件発生,旅行者等190人が死亡
2003年	4月	重症急性呼吸器症候群(SARS)により中国,台湾等旅行業者が主催旅行催行中止や航空会社の減便,欠航が相次ぐ
		国土交通省の「グローバル観光戦略」に基づき,ビジット・ジャパン・キャンペーン(VJC)実施本部事務局が発足
	9月	中国が,日本人の商用・観光等を目的とした15日間以内の滞在のための査証取得を免除
2004年	5月	旅行業界初の自主的資格制度であるトラベルカウンセラー推進協議会発足
		旅行業法改正
	9月	中国国民訪日団体観光査証発給地域拡大(1市4省が新たに加わる)
	10月頃	韓流ブームで各旅行会社が韓国ツアーを拡充
	12月	羽田空港第2ターミナルがオープン
		スマトラ沖地震による津波で,タイ,モルディブ,スリランカなどインド洋沿岸諸国のビーチリゾートが大きな被害を受ける
2005年	1月	航空会社が燃油サーチャージを設定
	3月	2005年日本国際博覧会(愛知万博)開幕
	4月	改正旅行業法施行
		個人情報保護法完全施行
	6月	改正通訳案内業法が成立
	7月	知床,世界遺産に登録
		団体観光ビザ発給対象者の居住地域が中国全土へ拡大
	10月	バリ島で連続自爆テロ発生
2006年	3月	IC旅券発行開始
	6月	サッカーワールドカップドイツ大会開幕
2007年	3月	LCC(ローコストキャリア)ジェットスター,関空・ブリスベン・シドニー就航
	4月	国民の祝日に関する法律の一部改正法が施行され,4月29日が「昭和の日」に,5月4日が「みどりの日」に
	5月	旅行業法施行規則と標準旅行業約款が一部改正され,第3種旅行業者による地域限定の国内「募集型企画旅行」実施が可能となる
	7月	「石見銀山遺跡とその文化的景観」世界遺産に登録
	8月	関空第2滑走路の併用開始24時間空港へ
	9月	羽田・虹橋(上海)間チャーター便就航
2008年	3月	JATA,航空局へ要望書「燃油サーチャージの運賃一本化」を提出
	4月	VWC(ビジット・ワールド・キャンペーン)2000万人推進室発足
	8月	北京オリンピック開催
	10月	観光庁創設
2009年	7月	中国訪日個人観光ビザ発給開始
2010年	2月	バンクーバー冬季五輪開催
	4月	アイスランドの火山噴火の影響で欧州を中心に空港閉鎖・航空便欠航
	5月	上海万博開幕
	6月	サッカーワールドカップ南アフリカ大会開幕

参照文献

日本語文献（五十音配列）

愛知和男・盛山正仁編 2008『エコツーリズム推進法の解説』ぎょうせい

青木栄一 2008『鉄道の地理学――鉄道の成り立ちがわかる事典』WAVE出版

朝倉はるみ 2004「人を呼ぶ祭りとイベント」日本交通公社編『観光読本〔第2版〕』東洋経済新報社

東徹 2010「観光における開発と保護」前田勇編『現代観光総論〔改訂新版〕』学文社

網野善彦ほか編，大林太良著者代表 1995『演者と観客――生活の中の遊び〔普及版〕』（日本民俗文化大系7）小学館

アーリ，J.（加太宏邦訳）1995『観光のまなざし――現代社会におけるレジャーと旅行』法政大学出版局

アンダーソン，B.（白石隆・白石さや訳）2007『定本 想像の共同体――ナショナリズムの起源と流行』書籍工房早山

井口貢編 2008『観光学への扉』学芸出版社

池澤夏樹 2000『ハワイイ紀行〔完全版〕』新潮文庫

石毛直道 1995『食の文化地理――舌のフィールドワーク』朝日選書

石森秀三 2001「21世紀における自律的観光の可能性」『エコツーリズムの総合的研究』国立民族学博物館調査報告 23：5-14

石森秀三・西山徳明 2001「序文」石森秀三・西山徳明編 2001『ヘリテージ・ツーリズムの総合的研究』国立民族学博物館調査報告 No. 21：1-2

石森秀三・西山徳明編 2001『ヘリテージ・ツーリズムの総合的研究』国立民族学博物館調査報告, No. 21

石森秀三・真坂昭夫編 2001『エコツーリズムの総合的研究』国立民族学博物館調査報告, No. 23

石森秀三・山村高淑 2009「情報社会における観光革命――文明史的に見た観光のグローバルトレンド」『JACIC情報』24巻第2号：5-17

稲垣勉 1981『観光産業の知識』日本経済新聞社

稲垣勉 2001「観光消費」岡本伸之編『観光学入門――ポスト・マス・ツーリズムの観光学』有斐閣

稲垣勉 2009「ヒルステーションの概念規定に関する一考察」稲垣勉・杜国慶編『暮らしと観光―地域からの視座』立教大学観光研究所：95-102

泉田成美・柳川隆 2008『プラクティカル産業組織論』有斐閣

伊東孝 2000『日本の近代化遺産――新しい文化財と地域の活性化』岩波新書

井堀利宏 1998『公共経済学』新世社

岩城智子・寺崎竜雄 2004「エコツーリズムの考え方」環境省・日本交通公社編『エコツーリズム さあ，はじめよう！』日本交通公社
岩本通弥 2007「現代日本の文化政策とその政治資源化」山下晋司編『資源化する文化』弘文堂
岩本通弥編 2007『ふるさと資源化と民俗学』吉川弘文館
内田彩 2009「近世の箱根七湯における観光化と観光者の行動についての一考察」『立教観光学研究紀要』第11号：23-30
尾家建生・金井萬造編 2008『これでわかる！ 着地型観光——地域が主役のツーリズム』学芸出版社
大石眞人 1995『温泉の文化誌』丸善ライブラリー
太田好信 1993「文化の客体化——観光をとおした文化とアイデンティティの創造」『民族學研究』57巻第4号：383-410
太田好信 1998『トランスポジションの思想——文化人類学の再想像』世界思想社
岡本健 2009「アニメ聖地巡礼の誕生と展開」北海道大学観光学高等研究センター文化資源マネジメント研究チーム編『メディアコンテンツとツーリズム——鷲宮町の経験から考える文化創造型交流の可能性』北海道大学観光学高等研究センター，CATS叢書第1号：31-62
小沢健市 2009「観光者の観光地選択モデル——再考」『立教大学観光学部紀要』第11号：68-78
小野真由美 2007「ロングステイツーリズム——第2の人生は海外で」山下晋司編『観光文化学』新曜社
カー, A. 2002『犬と鬼——知られざる日本の肖像』講談社
海津ゆりえ 1998「インタープリター」前田勇編『現代観光学キーワード事典』学文社
海津ゆりえ・真板昭夫 1999「What is Ecotourism?」『エコツーリズムの世紀へ』エコツーリズム推進協議会
柿崎俊道 2005『聖地巡礼——アニメ・マンガ12ヶ所めぐり』キルタイムコミュニケーション
加藤峰夫 2008『国立公園の法と制度』（自然公園シリーズ3）古今書院
川村恒明監修，根木昭・和田勝彦編 2002『文化財政策概論——文化遺産保護の新たな展開に向けて』東海大学出版会
川森博司 2007「ふるさとを演じる」山下晋司編『観光文化学』新曜社
姜淑瑛 2003「ヘルスツーリズムの理論と実際」アジア太平洋観光交流センター『第9回 観光に関する学術研究論文入選論文集』
環境省編 2010『生物多様性国家戦略2010』ビオシテイ
環境省・日本交通公社編 2004『エコツーリズム さあ，はじめよう！』日本交通

公社
観光庁 2010a『観光白書〔平成22年版〕』観光庁
神崎宣武 2004『江戸の旅文化』岩波新書
ギアーツ, C.（吉田禎吾・柳川啓一・中牧弘允・板橋作美訳）1987『文化の解釈学』岩波書店
木原啓吉 1998『ナショナル・トラスト――自然と歴史的環境を守る住民運動ナショナル・トラストのすべて〔新版〕』三省堂
葛野浩昭 1996「サンタクロースとトナカイ遊牧民――ラップランド観光と民族文化著作権運動」山下晋司編『観光人類学』新曜社
葛野浩昭 2005「民族文化としてのトナカイ飼育」本多俊和・大村敬一・葛野浩昭編『文化人類学研究――先住民の世界』放送大学教育振興会
クリフォード, J.（太田好信・慶田勝彦・清水展・浜本満・古谷嘉章・星埜守之訳）2003『文化の窮状――二十世紀の民族誌, 文学, 芸術』人文書院
グリーンウッド, D. J. 1991「切り売りの文化――文化の商品化としての観光活動の人類学的展望」V. L. スミス編『観光・リゾート開発の人類学――ホスト＆ゲスト論でみる地域文化の対応』勁草書房
河野俊行 2004「無形文化遺産条約の思想と構造――世界遺産条約, 日本法との比較において」『沖縄のうたきとアジアの聖なる空間――文化遺産を活かしたまちづくりを考える』平成15年度沖縄国際フォーラム報告書国際交流基金: 37-45
ゴッフマン, E.（石黒毅訳）1974『行為と演技――日常生活における自己呈示』誠信書房
後藤和子編 2001『文化政策学――法・経済・マネジメント』有斐閣
小長谷有紀 2007「NGOによるフィールドスタディの現場から――大衆化するフィールドワーク」『文化人類学』72巻第3号: 402-411
小林天心 2005『ツーリズム・マーケティング実践』観光進化研究所
小林天心 2008『ツーリズムの新しい諸相――地域振興×観光デザイン』虹有社
小林天心 2011『旅行企画のつくりかた――新しいツアープランと顧客の創造』虹有社。
小林天心 2011『国際観光誘致のしかた――インバウンド・ツーリズム振興の基本』虹有社。
コバルビアス, M.（関本紀美子訳）1991『バリ島』平凡社
小松和彦編 1997『祭りとイベント』（現代の世相 5）小学館
サイード, E. W.（今沢紀子訳）1993『オリエンタリズム（上・下）』平凡社ライブラリー
佐竹眞明/M. A. ダアノイ 2006『フィリピン―日本国際結婚――移住と多文化共生』めこん

佐藤尚之 2008『明日の広告――変化した消費者とコミュニケーションする方法』アスキー新書

佐藤誠 1990『リゾート列島』岩波新書

シヴェルブシュ，W.（加藤二郎訳）1982『鉄道旅行の歴史――19世紀における空間と時間の工業化』法政大学出版局

塩田正志 1999『観光学研究Ⅱ』学術選書

島村麻里 2007「女の旅――『癒し』から『追っかけ』まで」山下晋司『観光文化学』新曜社

下川裕治 2007『日本を降りる若者たち』講談社現代新書

下村彰男 2008「『環境と観光』の次なる時代へ」『月刊地域づくり』第231号

シンクレア，M. T./M. スタブラー（小沢健市監訳）2001『観光の経済学』学文社

鈴木晴江・寺崎竜雄 2004「エコツアーのガイダンス」環境省・日本交通公社編『エコツーリズム さあはじめよう！』日本交通公社

ソンタグ，S.（近藤耕人訳）1979『写真論』晶文社

タイラー，E. B.（比屋根安定訳）1962『原始文化――神話・哲学・宗教・言語・芸能・風習に関する研究』誠信書房

高橋一夫・大津正和・吉田順一編 2010『1からの観光』碩学舎

高橋秀夫 2008『理想の旅行業クラブツーリズムの秘密』毎日新聞社

高橋優子 2008「スタディツアーの教育的意義と課題――JICAカンボジア事務所での経験に基づいて」『筑波学院大学紀要』第3号：pp. 149-158

ターナー，V. W.（冨倉光雄訳），1996『儀礼の過程（新装版）』新思索社

田中喜一 1950『観光事業論』観光事業研究会

地球の歩き方編集室編 2008『1週間からできる海外ボランティアの旅――はじめてでもできる！ 本当の自分が見つかる感動体験』ダイヤモンド・ビッグ社

地平線会議編集委員編 1980-90『地平線から』1～8

茶谷幸治 2008『まち歩きが観光を変える――長崎さるく博プロデューサー・ノート』学芸出版社

陳黎明・田中孝枝 2007「アジアからの観光客――ビジット・ジャパン・キャンペーンのなかで」山下晋司編『観光文化学』新曜社

常本照樹 2005「先住民族の文化と知的財産の国際的保障」『知的財産法政策学研究』第8号：13-36

鶴見和子 1997「内発的発展論へむけて」『鶴見和子の仕事・入門』コレクション鶴見和子曼荼羅Ⅰ 基の巻　藤原書店

ディズニー・インスティチュート（月沢李歌子訳）2005『ディズニーが教えるお客様を感動させる最高の方法』日本経済新聞社

豊田三佳 2007「メディカルツーリズム」山下晋司編『観光文化学』新曜社

中川浩一 1985『観光の文化史』筑摩書房
中村賢二郎 2007『わかりやすい文化財保護制度の解説』ぎょうせい
成田得平ほか 1998『近代化の中のアイヌ差別の構造〔新版〕』明石書店
成田龍一 1998『「故郷」という物語——都市空間の歴史学』(ニューヒストリー近代日本 2) 吉川弘文館
西川潤 1989「内発的発展論の起源と今日的意義」鶴見和子・川田侃編『内発的発展論』東京大学出版会
西川潤編 2001『アジアの内発的発展』藤原書店
西山徳明 2001「自律的観光とヘリテージ・ツーリズム」石森秀三・西山徳明編『ヘリテージ・ツーリズムの総合的研究』国立民族学博物館調査報告, No. 21：21-36
西山徳明編 2004『文化遺産マネジメントとツーリズムの現状と課題』国立民族学博物館調査報告 No. 51
二宮浩彰 2009「日本におけるスポーツ・ツーリズムの諸相——スポーツ・ツーリズム動的モデルの構築」『同志社スポーツ健康科学』創刊号：9-18
日本経済研究センター研究開発部 2006『観光立国の戦略と課題——日本の観光産業競争力研究最終報告書』
日本生産性本部編 2010『レジャー白書』日本生産性本部
日本政府観光局（JNTO）編 2008『国際観光白書 2008』国際観光サービスセンター
日本政府観光局（JNTO）編 2009『国際観光白書 2009』国際観光サービスセンター
日本政府観光局（JNTO）編 2009『JNTO 訪日外客訪問地調査 2009』国際観光サービスセンター
日本政府観光局（JNTO）編 2010『国際観光白書 2010』国際観光サービスセンター
日本ユネスコ協会連盟編 2006「無形遺産保護の目的と意義——無形の文化を人類共通の遺産として捉えて保護する」『ユネスコ世界遺産年報 2006』No. 11, 日本ユネスコ協会連盟：pp. 55-56
日本旅行業協会 2006『海外旅行近未来戦略を中心とした今後の旅行業のあるべき姿の実現に向けて』JATA 海外旅行委員会中間答申
日本旅行業協会 2010『数字が語る旅行業 2010』
能登路雅子 1990『ディズニーランドという聖地』岩波新書
野村浩志 2009『私, フラワー長井線「公募社長」野村浩志と申します——山形鉄道』ほんの木
バウム, V. 金窪勝郎訳 1997『バリ島物語——A Tale from Bali』筑摩書房
橋本和也・佐藤幸男編 2003『観光開発と文化——南からの問いかけ』世界思想

社
橋本亮一 2009『よくわかる旅行業界』日本実業出版社
原優二 2007『風の旅行社物語——旅行会社のつくりかた』ポット出版
原田宗彦・木村和彦編 2009『スポーツ・ヘルスツーリズム』大修館書店
藤岡伸明 2008「オーストラリアの日本人コミュニティにおけるワーキングホリデー渡航者の役割」『オーストラリア研究紀要』第 34 号：101-204，追手門学院大学オーストラリア研究所
古川彰・松田素二，2003「序章 観光という選択」古川彰・松田素二編『観光と環境の社会学』（環境社会学 4）新曜社
ブレンドン，P.（石井昭夫訳）1995『トマス・クック物語——近代ツーリズムの創始者』中央公論社
文化庁 2004『有形文化遺産及び無形文化遺産の保護のための統合的アプローチに関する大和宣言』国際会議「有形文化遺産及び無形文化遺産の保護——統合的アプローチをめざして」（2004 年 10 月 20 日～23 日）
ヘネップ，A. v.（綾部恒雄・綾部裕子訳），1995『通過儀礼』弘文堂
ベック，U./A. ギデンズ/S. ラッシュ（松尾精文・小幡正敏・叶堂隆三訳）1997『再帰的近代化——近現代における政治，伝統，美的原理』而立書房
ボードリヤール，J.（竹原あき子訳）1984『シミュラークルとシミュレーション』法政大学出版局
ホブズボウム，E./T. レンジャー編（前川啓治・梶原景昭ほか訳）1992『創られた伝統』紀伊國屋書店
ボールマン，A.（国際観光局訳）1981『観光学概論』橘書房
本城靖久 1996『トーマス・クックの旅——近代ツーリズムの誕生』講談社現代新書
本多俊和（スチュアートヘンリ）2005「民族文化としての採集狩猟活動」本多俊和・大村敬一・葛野浩昭編『文化人類学研究——先住民の世界』放送大学教育振興会
真板昭夫・海津ゆりえ 2006「島嶼における住民参加による自律的観光を通じた地域活性化と発展モデルの研究」『京都嵯峨芸術大学紀要』第 31 号：21-28
増田彰久 2001『近代化遺産を歩く〔カラー版〕』中公新書
村上和夫 1998「農村観光の系譜と諸形態」前田勇編『現代観光キーワード事典』学文社
村串仁三郎 2005『国立公園成立史の研究——開発と自然保護の確執を中心に』法政大学出版局
森山工 2007「文化資源 使用法」山下晋司編『資源化する文化』弘文堂
安島博幸 2009「観光史 外国編」日本観光研究学会監修，溝尾良隆編『観光学の基礎』（観光学全集 1）原書房

安村克己 2001「観光の歴史」岡田伸之編『観光学入門——ポスト・マス・ツーリズムの観光学』有斐閣

柳田國男 1976『青年と学問』岩波文庫

谷根千工房編 2009『ベスト・オブ・谷根千——町のアーカイヴス』亜紀書房

山口誠 2010『ニッポンの海外旅行——若者と観光メディアの50年史』ちくま新書

山下晋司 1999『バリ 観光人類学のレッスン』東京大学出版会

山下晋司 2007「観光写真学」山下晋司編『観光文化学』新曜社

山下晋司 2009a『観光人類学の挑戦——「新しい地球」の生き方』講談社選書メチエ

山下晋司 2009b「アジアの観光動向——日本をめぐる国際観光を中心に」『都市問題』100巻第4号:46-55

山中速人 2001「オルタナティブツーリズムとしてのスタディツアー——その現状と課題」『開発教育』第44号:10-15, 開発教育協議会

山村高淑 2003「ツーリスト・アートの創出と文化遺産の継承——麗江ナシ族における東巴画の事例」『京都嵯峨芸術大学紀要』第28号:1-14

山村高淑 2006「ヘリテージツーリズムをデザインすることの意義とその思想」桑田政美編『観光デザイン学の創造』世界思想社

山村高淑 2008「アニメ聖地の成立とその展開に関する研究——アニメ作品『らき☆すた』による埼玉県鷲宮町の旅客誘致に関する一考察」『国際広報メディア・観光学ジャーナル』第7号:145-164

山村高淑 2009a「観光革命と21世紀——アニメ聖地巡礼型まちづくりに見るツーリズムの現代的意義と可能性」北海道大学観光学高等研究センター文化資源マネジメント研究チーム編『メディアコンテンツとツーリズム——鷲宮町の経験から考える文化創造型交流の可能性』北海道大学観光学高等研究センター, CATS叢書第1号:3-28

山村高淑 2009b「メディアミックス時代のツーリズム——今アニメのロケ地で起こっていること」『まほら』第60:14-15

山村高淑 2009c「観光情報革命が変える日本のまちづくり——インターネット時代の若者の旅文化と新たなコミュニティの可能性」『まちづくり』第22号:46-51, 学芸出版社

山村高淑 2010「新たな観光のあり方に向けた視点のシフト——「観光消費」から「観光創造」へ」山村高淑・岡本健編『次世代まちおこしとツーリズム——鷲宮町・幸手市に見る商店街振興の未来』北海道大学観光学高等研究センター, CATS叢書第4号:85-87

山村高淑・張天新・藤木庸介編 2007『世界遺産と地域振興——中国雲南省・麗江にくらす』世界思想社

吉兼秀夫 2000「エコミュージアムと地域社会」石原照敏・吉兼秀夫・安福恵美子編『新しい観光と地域社会』古今書院
吉田順一 2009「観光立国オーストリアに学ぶ《歓交地域》モデル——農と食と暮らしの文化プロデュース」『まちづくり』第22号：22-27
吉見俊哉 2010『博覧会の政治学——まなざしの近代』講談社学術文庫
吉見俊哉・大澤真幸・小森陽一・田嶋淳子・山中速人 1999『メディア空間の変容と多文化社会』青弓社
吉本哲郎 2008『地元学をはじめよう』岩波ジュニア新書
米山俊直 1974『祇園祭——都市人類学ことはじめ』中公新書
ラシン編集部 2004『マレーシアでロングステイ』イカロス出版
リッツァ，G.（正岡寛司監訳）1999『マクドナルド化する社会』早稲田大学出版部
リッツァ，G.（正岡寛司監訳）2001『マクドナルド化の世界——そのテーマは何か？』早稲田大学出版部
レニエ，K./M. グロス/R. ジマーマン（日本環境教育フォーラム監訳，食野雅子・ホーニング睦美訳）1994『インタープリテーション入門——自然解説技術ハンドブック』小学館
渡辺恵 2001「国際協力市民組織（NGO）における人材育成に関する事例研究——NGOスタディ・ツアー参加者の学習プロセスの分析」『教育学研究集録』第25集：11-21, 筑波大学大学院教育学研究科
『週刊東洋経済』（08年7月26日号）2008, 東洋経済新報社
『週刊東洋経済』（10年2月13日号）2010, 東洋経済新報社
『観光文化』（特集「広がれ日本のフットパス」）日本交通公社, 第199号

外国語文献（アルファベット順）

Abdel-Malek, A. and A. N. Pandeya eds., 1981, *Intellectual Creativity in Endogenous Culture*, United Nations University

Blamey, R. K., 2001, "Principles of Ecotourism," *The Encyclopedia of Ecotourism*: p. 5

Baudrillard, J., 1970, *Le Société de Commsomation: Ses Mythes, ses Structures*, Gallimard（今村仁司・塚原史訳 1979『消費社会の神話と構造』紀伊國屋店）

Baudrillard, J., 1981, *Simulacres et Simulation*, Galilée（竹原あき子訳 1984『シミュラークルとシミュレーション』法政大学出版局）

Beeton, S., 2005, *Film-Induced Tourism*, Channel View Publications

Blamey, R. K., 2001, "Principles of Ecotourism," D. B. Weaver eds., *The Encyclopedia of Ecotourism*, CABI Publishing: 5

Boorstin, D. J., 1961, *The Image: or, What happened to the American Dream*, Weidenfeld and Nicholson（後藤和彦・星野郁美訳 1964『幻影（イメジ）の時代──マスコミが製造する事実』東京創元社）

Brendon, P., 1991, *Thomas Cook: 150 Years of Popular Tourism*, Martin, Secker & Warburg（石井昭夫訳 1995『トマス・クック物語──近代ツーリズムの創始者』中央公論社）

Butler, R. W., 2006, "The Concept of a Tourist Area Cycle of Evolution: Implications for Management of Resources," R. W. Butler eds., *The Tourism Area Life Cycle*, Vol. 1, Channel View Publications（毛利公孝・石井昭夫訳 2002「観光地の発展周期に関する考察──観光資源管理のための一視点」『立教大学観光学部紀要』第 4 号：98-103）

Butler, R. W. and T. Hinch eds., 1996, *Tourism and Indigenous Peoples*, International Thomson Business Press

Clifford, J., 1988, *The Predicament of Culture: Twentieth-Century Ethnography, Literature, and Art*, Harvard University Press（太田好信・慶田勝彦・清水展・浜本満・古谷嘉章・星埜守之訳 2003『文化の窮状──21 世紀の民族誌，文学，芸術』人文書院）

Couteau, J., 2003, "After the Kuta Bombing: In Search of the Balinese soul," *Antropologi Indonesia*, Vol. 70: 41-59

Crouch, G. I., 1995, "A Meta - Analysis of Tourism Demand," *Annals of Tourism Research*, Vol. 22, No. 1: 103-118

Economic Research Associates, 2010, *Attraction Attendance Report 2009*

Farrell, B. H., 1982, *Hawaii the Legend that Sells*, University of Hawaii Press

Feifer, M., 1985, *Going Places*, Mcmillan

Fowler, P. J., 2003, *World Heritage Cultural Landscapes 1992-2002*, UNESCO World Heritage Centre

Frechtling D. C., 2001, *Forecasting Tourism Demand: Methods and Strategies*, Butterworth-Heinemann

Graburn, N. H. H., 1977, "Tourism: The Sacred Journey," V. Smith eds., *Hosts and Guests: The Anthropology of Tourism*, University of Pennsylvania Press: 17-31

Graburn, N. H. H., 1989, "Tourism: The Sacred Journey," V. Smith eds., *Hosts and Guests: The Anthropology of Tourism* (2nd ed.), University of Pennsylvania Press

Graburn, N. H. H. ed., 1976, *The Ethnic and Tourist Arts: Cultural Experssions from the Fourth World*, University of California Press

Hannerz, U., 1998, "Transnational Research," H. R. Bernard eds., *Handbook of*

Method in Cultural Anthropology, Altamira Press: 235-256

Harron, S. and B. Weiler, 1992, Review: "Ethnic Tourism," B. Weiler and C. M. Hall eds., *Special Interest Tourism*, Belhaven Press: 83-94

Hitchcock, M. and I. N. D. Putra, 2005, "The Bali Bombings: Tourism Crisis Management and Conflict Avoidance," *Current Issues in Tourism* Vol. 8: pp. 62-76

Hubbard, R. G. and A. P. O'Brien, 2010, *Microeconomics*, 3rd ed., Prentice Hall

Inagaki, T., 2009, "Hill Stations in Asia: A Discovery of Scenery and Environmental Change" *Global Environmental Research*, Vol. 12 No. 2: 93-99

Kanwar, P., 1991, *The Imperial Simla: The Political Culture of the Raj*, Oxford University Press

Kelsky, K., 1996, "Flirting with the Foreign: Interracial Sex in Japan's 'International' Age," R. Wilson and W. Dissanayake eds., *Global/Local: Cultural Production and the Transnational Imaginary*, Duke University Press: 173-192

Kennedy, D., 1996, *The Magic Mountains: Hill Stations and the British Raj*, University of California Press

Krause, G., 1922, *Insel Bali*, Folkwang-Verlag G. M. B. H. (English version, 1988, *Bali 1912*, January Books)

Lew, A. A., C. M. Hall and A. M. Williams eds., 2004, *A Companion to Tourism: Conceptualizations, Institutions, and Issues*, Blackwell Publishing

MacCannell, D., 1973, "Staged Authenticity: Arrangements of Social Space in Tourist Setting," *American Journal of Sociology*, Vol. 79: 589-603

MacCannell, D., 1976, *The Tourist: A New Theory of the Leisure Class*, Schocken Books

MacCannell, D., 1992, *Empty Meeting Grounds: The Towist Papers*, Routledge

Mak, J., 2008, *Developing Dream Destination: Tourism and Tourism Policy Planning in Hawaii*, University of Hawaii Press

Maslow, A. H., 1954, *Motivation and Personality*, Harper and Brothers（小口忠彦訳 1971『人間性の心理学』産業能率短期大学出版部）

McKean, P., 1973, "Cultural Involution: Tourists, Balinese, and the Process of Modernization in an Anthropological Perspective," Ph. D. Thesis, Brown University

Moon, O., 1997, "Tourism and Cultural Development: Japanese and Korean Contexts." S. Yamashita, H. D. Kadir and J. Eades eds., 1997, *Tourism and Cultural Development in Asia and Oceania*, Penerbit Universiti Kebangsaan: 178-193

Morton, P. A., 2000, *Hybrid Modernities: Architecture and Representation at the 1931 Colonial Exposition, Paris*, The MIT Press（長谷川章訳 2002『パリ植民地博覧会——オリエンタリズムの欲望と表象』ブリュッケ）

Murphy, P. E., 1985, *Tourism: A Community Approach*, Methuen(大橋泰二監訳, 1996『観光のコミュニティ・アプローチ』青山社)

Murphy, P. E., 1994, "Tourism and Sustainable Development," W. F. Theobald eds., *Global Tourism: The Next Decade*, Butterworth-Heinemann(玉村和彦監訳 1995『観光の地球規模化——次世代への課題』晃洋書房

Oppermann, M. and K. S. Chon, 1997, *Tourism in Developing Countries*, International Thomson Business Press

Orams, M. B., 2001, "Types of Ecotourism," D. B. Weaver eds., *The Encyclopedia of Ecotourism*, CABI Publishing: 23-26

Papatheodorou, A., 1999, "The Demand for International Tourism in the Mediterranean Region," *Applied Economics*, Vol. 31: 619-630

Papatheodorou, A., 2001, "Why People Travel to Different Places," *Annals of Tourism Research*, Vol. 28, No. 1: 164-179

Peacock, A. T., 1993, *Paying the Piper: Culture, Music and Money*, Edinburgh University Press

Picard, M., 1995, "Cultural Heritage and Tourist Capital: Cultural Tourism in Bali," M-F. Lanfant, J. B. Allcock and E. Bruner eds., *International Tourism: Identity and Change*, Sage Publications: 44-66

Picard, M., 1996, *Bali: Cultural Tourism and Touristic Culture*, Archipelago Press

Picard, M, 2009, "From 'kebalian' to 'ajeg Bali': Tourism and Balinese Identity in the Aftermath of the Kuta Bombing," M. Hitchcock, V. King and M. Parnwell eds., *Tourism on Southeast Asia: Challenges and New Directions*, NIAS Press: 99-131

Reece, W. S., 2009, *The Economics of Tourism*, Prentice Hall

Relph, E., 1976, *Place and Placelessness*, Pion(＝高野岳彦・阿部隆・石山美也子訳 1991『場所の現象学——没場所性を越えて』筑摩書房)

Rojek, C., and J. Urry, 1997, "Transformations of travel and Theory," C. Rojek and J. Urry eds., *Touring Cultures: Transformations of Travel and Theory*, Routledge

Ryan, C. and M. Aicken eds., 2005 *Indigenous Tourism: The Commodification and Management of Culture*, Elsevier Science Ltd.

Scott, J. and T. Selwyn, 2010, *Thinking through Tourism*, Berg

Smith, V. L. eds., 1977, *Hosts and Guests: The Anthropology of Tourism*, The University of Pennsylvania Press (2nd ed., 1989)(三村浩史監訳 1991『観光・リゾート開発の人類学——ホスト＆ゲスト論でみる地域文化の対応』勁草書房)

Smith, V. L. and W. R. Eadington eds., 1992, *Tourism Alternatives: Potentials and Problems in the Development of Tourism*, University of Pennsylvania Press（安村克巳ほか訳 1996『新たな観光のあり方──観光の発展の将来性と問題点』青山社）

Stabler, M. J., A. Papatheodorou and M. T. Sinclair, 2010, *The Economics of Tourism*, 2nd ed., Routledge

Starr, F., 1904, *The Ainu Group at the Saint Louis Exposition*, The Open Court Publishing

The Dag Hammarskjöld Foundation, 1975, *Dag Hammarskjöld Report on Development and International Cooperation'What Now'*, prepared on the occasion of the United Nations General Assembly (New York, 1 to 12 September, 1975), the Dag Hammarskjöld Foundation

Tilden, F., 1957, *Interpreting our Heritage*. University of North Carolina Press

Toffler, A., 1980, *The Third Wave*, William Morrow & Company, Inc.（徳岡孝夫監訳, 1982『第三の波』中央公論社）

Tribe, J., 1997, "The Indiscipline of Tourism," *Annals of Tourism Research*, Vol 24: 638-657

Tuan, Y., 1977, *Space and Place: The Perspective of Experience*, University of Minnesota Press（山本浩訳 1988『空間の経験──身体から都市へ』ちくま学芸文庫）

Urry, J., 1990, *The Tourist Gaze: Leisure and Travel in Contemporary Societies*, Sage（加太宏邦訳 1995『観光のまなざし──現代社会におけるレジャーと旅行』法政大学出版局）

Urry, J., 1995, *Consuming Places*, Routledge（吉原直樹・大澤善信監訳／武田篤志・松本行真・斎藤綾美・末良哲・高橋雅也訳 2003『場所を消費する』法政大学出版局）

Weaver, D. B., 2001, "Ecotourism in the Context of Other Tourism Types," D. B. Weaver eds., *The Encyclopedia of Ecotourism*, CABI Publishing

Weaver, D. B. eds., 2001, *The Encyclopedia of Ecotourism*, CABI Publishing

Wood, R. E., 1984, "Ethnic Tourism, the state, and cultural change in Southeast Asia," *Annals of Tourism Research*, Vol. 11, No. 3: 353-374

Yamashita, S., 2010, "*A 20-20 Vision of Tourism Research in Bali: Towards Reflexive Tourism Studies*," G. Pearce and R. W. Butler eds. *Tourism Research: A 20-20 Vision*, Goodfellow Publishing

参考ウェブサイト（五十音順）

National Trust　http://www.nationaltrust.org.uk/

環境省　http://www.env.go.jp/
観光庁（観光関係人材育成のための産学官連携検討会議）2008a「観光系大学の現状とカリキュラムに関する検討課題」
　http://www.mlit.go.jp/common/000059993.pdf
観光庁（観光関係人材育成のための産学官連携検討会議）2008b「The Academic Study of Tourism vs. Tourism Management（「観光」と「観光マネジメント」に関する学問的研究の比較）」
　http://www.mlit.go.jp/common/000059981.pdf
観光庁（観光教育に関する学長・学部長等会議）2009「観光関連の学部・学科等のある大学一覧」
　http://www.mlit.go.jp/common/000059998.pdf
観光庁（スポーツ・ツーリズム推進連絡会議）2010a「スポーツツーリズムの推進について」
　http://www.mlit.go.jp/common/000121402.pdf
観光庁（観光関係人材育成のための産学官連携検討会議）2010b「観光経営マネジメント人材育成のためのカリキュラムモデル」
　http://www.mlit.go.jp/common/000059945.pdf
厚生労働省（職業能力開発局海外協力課）2004『海外就業体験と若年者のキャリア形成に関する調査研究』
　http://www.mhlw.go.jp/topics/2010/01/tp0127-2/13.html
国土交通省国土計画局総合計画課　1998「第5次の全国総合開発計画――21世紀の国土のグランドデザイン」
　http://www.mlit.go.jp/kokudokeikaku/zs5/index.html
国土交通省　2008『旅行・観光産業による経済効果に関する調査研究 VIII』
　http://www.mlit.go.jp/common/000059566.pdf
世界観光機構（UNWTO）2004　http://www.unwto.org
中国国家観光局　http://www.cnta.jp/motto/toukei/
東京都小笠原支庁　2011「小笠原諸島におけるエコツーリズム」
　http://www.soumu.metro.tokyo.jp/07ogasawara/38.htm
東京都自然環境局　2010「小笠原諸島のエコツーリズム」
　http://www.kankyo.metro.tokyo.jp/nature/island/ecotourism/ogasawara.html
日本政策投資銀行　2010「進む医療の国際化――医療ツーリズムの動向」
　http://www.dbj.jp/ja/topics/report/2010/files/0000004549_file2.pdf
日本政府観光局（JNTO）　http://www.jnto.go.jp/jpn/
日本ワーキング・ホリデー協会「ワーキング・ホリデー制度について」
　http://www.jawhm.or.jp/system.html
法務省入国管理局　2008『出入国管理〔平成20年版〕』

http://www.moj.go.jp/nyuukokukanri/kouhou/nyukan_nyukan78.html
法務省入国管理局 2009『出入国管理〔平成 21 年版〕』
http://www.moj.go.jp/nyuukokukanri/kouhou/nyukan_nyukan90.html
マレーシア政府観光局 http://www.tourismmalaysia.or.jp/

条約・決議など（アルファベット順）

ICOMOS, 1999, *International Cultural Tourism Charter* (8th Draft for Adoption by ICOMOS at the 12th General Assembly, Mexico, October), ICOMOS International Scientific Committee on Cultural Tourism

ICOMOS, 2002, *International Cultural Tourism Charter*, ICOMOS International Cultural Tourism Committee

ILO, 1989, C169 *Indigenous and Tribal Peoples Convention*, the International Labour Organisation

IUCN, 1980, *World Conservation Strategy: Living Resource Conservation for Sustainable Development*, International Union for Conservation of Nature and Natural Resources

National Trust for Historic Preservation, 2003, *Heritage Tourism Assessment & Recommendations for St. Augstine*, Florida

The Ministry of tourism, 2002, *Towards 2010*, New Zealand

UNDP, 1990, *Human Development Report 1990*, Oxford University Press

UNESCO, 1945, *Constitution of the United Nations Educational, Scientific and Cultural Organization*, the United Nations Educational, Scientific and Cultural Organization (Adopted in London on 16 November 1945)

UNESCO, 1972, *Convention Concerning the Protection of the World Cultural and Natural Heritage*, Paris, 16 November 1972（『世界の文化遺産及び自然遺産の保護に関する条約』）

UNESCO, 2003, *Convention for the Safeguarding of the Intangible Cultural Heritage*, Paris, 17 October 2003, MISC/2003/CLT/CH/14（『無形文化遺産の保護に関する条約』）

UNESCO WHC, 1992, *World Heritage Committee Sixteenth Session* (Santa Fe, USA, 7-14. December. 1992), WHC-92/CONF. 002/12, UNESCO World Heritage Committee

UNESCO WHC, 1994, *Expert Meeting on the "Global Strategy" and thematic studies for a representative World Heritage List* (UNESCO Headquarters, 20-22 June 1994), WHC-94/CONF. 003/INF. 6, UNESCO World Heritage Committee

UNESCO WHC, 2007, *Decisions Adopted at the 31st Session of The World Heri-

tage Committee (Chiristchurch, 2007), WHC-07/31. COM/24, UNESCO World Heritage Committee

United Nations, 1966, *General Assembly Resolution 2148* (XXI)

United Nations, 1992, *Report of the United Nations Conference on Environment and Development*, A/RES/47/190 (General Assembly Document)

United Nations, 1995, *Implementation of the outcome of the World Summit for Social Development*, A/RES/50/161 (General Assembly Document)

United Nations, 2007, *United Nations Declaration on the Rights of Indigenous Peoples*, adopted by General Assembly Resolution 61/295 on 13 September 2007

UNWTO/ World Tourism Organization, 1992, *Guidelines: Development of National Parks and Protected Areas for Tourism*, World Tourism Organization

UNWTO/ World Tourism Organization, 2004, *Indicators of Sustainable Development for Tourism Destinations: a Guidebook*, WTO

WCED (World Commission on Environment and Development), 1987, *Our Common Future*, Oxford University Press

事項索引

あ行

アイデンティティ 166
アイデンティティ・ポリティクス 167
アイヌ民族 123
アウトバウンド 38, 137, 199, 203, 207
アジア観光 22
アニメ聖地 192
アニメツーリズム 193
イコモス（ICOMOS） 40
イノベーション 110
異文化 141
イベント 183
イベントツーリズム 128
移民 135
西表島エコツーリズム協会 119
医療 130
イールドマネジメント 200
岩手県二戸市 156
因果モデル 101
インターネット 86
インタープリター 212
インタープリテーション 212
インターンシップ 215
インバウンド 5, 22, 38, 51, 199, 203, 207
営造物型国立公園 50
エコツアー 119
エコツーリスト 118
エコツーリズム 9, 19, 47, 118, 133, 141
　——の5つの主体 119
エコツーリズム推進会議 54
エコツーリズム推進法 54
エコノメトリックス 101
エコミュージアム 157
SCPパラダイム 94
エスニックツーリズム 9, 122, 141, 155, 172, 186
絵解き 82
演出された真正性 21
OL留学 25
小笠原村 151
オーセンティシティ 21, 80, 115, 170, 171
オーセンティシティの演出 80
お水取り 182
『オリエンタリズム』 140
オリンピック 75, 128
オルタナティブツーリズム 9, 115, 116, 132, 142, 147
温泉 130
女の旅 24

か行

海外渡航自由化 16
海水浴 130
ガイド 212
ガイドブック 8, 84, 132
ガイドライン 150
価格（料金）決定手法 200
価格弾力性 98
価格の差別化 102
可処分所得 114
課税の帰着 106
仮想評価法（CVM） 57, 105
鎌倉風致保存会 49
ガラパゴス諸島 57
環境協力金 56
環境負担金 56
観光 2, 4, 6
　——と文化 170
　——のインパクト 92
　——の経済的インパクト 92
　——の定義 6
観光開発 166
観光学 2
観光客 6
観光行政 30

251

観光空間　62, 80
観光研究　2
観光行動　154
観光広報　210
観光産業　4, 19, 94
観光事業の振興　30
観光資源　154
観光写真学　85
観光需要予測　100
観光商品　154
観光所得乗数　93
観光政策　30
観光生産物　96
観光宣伝　210
観光創造　153
観光地選択の確率モデル　108
観光地選択の属性モデル　108
観光庁　5
観光地ライフサイクル・モデル　110
観光のまなざし　9, 63, 84
観光文化　170, 188
観光まちづくり　149
『観光・リゾート開発の人類学』　174
観光立国推進基本法　5, 34, 214
韓国人観光客　38
『カンニバル・ツアーズ』　85
祇園祭　182
記号の消費　176
擬似イベント　20, 115
境界の時間　7
供給曲線　97
共有財・サービス　96
切り売りの文化　174
儀礼　6
近代化遺産観光　124
熊野　72
グランドツアー　12, 114, 126
グランドツーリズム　8
グリーンツーリズム　120, 159
景観形成　35
景観法　47

限界費用　201
健康　129, 130
公共財　96, 155
航空旅客サービス　200
高原　130
交差弾力性　98
交通業　214
購入者の属性　103
効用　108
交流人口　181
国際インターンシップ　134
国際エコツーリズム年　52, 118
国際観光　32
国際観光機関　197
国際観光年　146
国際記念物遺跡会議　→イコモス
国際自然保護連合（IUCN）　50, 118
国際文化観光憲章　41
国民国家　44
国民文化　185
国連人間環境会議　52
コスタリカ　118
固定費用　201
コニーアイランド　77
コミュニタス　11
コミュニティ再生　181
コミュニティ・ベースド・ツーリズム　155, 164, 165
コモンズの悲劇　155
雇用創出効果　92

さ 行

再帰的観光　5
埼玉県飯能市　55
SARS（重症急性呼吸器症候群）　16
サステナビリティ　52
サステナブルツーリズム　52, 117, 142, 147
里地里山　54
サブカルチャー　193
産業組織論　94
ジェンダー　24

時間消費　71
時系列分析　101
資源の経済的価値　104
市場構造　94
市場行動　95
市場の成果　95
自然環境保全基礎調査　58
自然観光資源　54
自然公園法　150
持続可能な開発　56, 146
持続可能な観光　→サステナブルツーリズム
私的財　96
シニアマーケット　139
柴　又　83
支払意思額　57, 104, 105
シミュラークル　77, 79
市民農園　121
地元学　157
写　真　84
修学旅行　132
受益者負担　56
宿泊業　201, 214
宿泊（客室）供給曲線　106
宿泊空間　80, 81
宿泊（客室）需要曲線　106
宿泊税　106
出国率　36
首都圏空港　34
需要曲線　97
需要の価格弾力性　91, 98
需要の交差弾力性　99
需要の所得弾力性　98
狩猟採集観光　9
巡　礼　7, 8, 10, 12, 130
蒸気船　8
小京都　15
少子高齢化（社会）　138, 181
松　竹　184
商品化　154
情報社会　87
食　131

植民地　74, 140
所得消費　71
所得創出効果　92
所得弾力性　98
白川郷　206
自律の観光　164
自律的発展　162
しれとこ100平方メートル運動　49
新型インフルエンザ　16
人類学者　172, 174
スキー　129
スタディツアー　136, 137
スタディツーリズム　132
ステージド・オーセンティシティ　21
スペシャル・インタレスト・ツアー（SIT）　116
スポーツツーリズム　128
生活改善運動　45
生産消費者　87
税収効果　93
聖　地　78
聖なる旅　7
政府観光局　32
生物多様性条約　150
世界遺産　40, 51
世界遺産条約　40, 45, 150
世界一周ツアー　63
世界観光機関（UNWTO）　53, 124
世界国立公園会議　118
世界自然遺産　56
先住民族　122, 172
先住民族観光　122
先住民族の権利に関する国際連合宣言　122
属　性　108
　　──機会集合　109
　　──フロンティア　109
　　──ベクトル　109
ソーシャルツーリズム　9
ソーシャル・ネットワーキング・サービス（SNS）　86
ソフトツーリズム　116

た 行

大航海時代 74
大交流時代 66
第五次全国総合開発計画（五全総） 158
大衆観光 114
第六次産業 197
台湾人観光客 39
宝探し 156
ダークツーリズム 133
ダグ・ハマーショルド財団 162
他者表象 140
旅 4
旅の力 208
団塊の世代 202
団塊ジュニア 202
団体（観光）旅行 8, 63, 74
地域アイデンティティ 190
地域開発 146
地域活性化 156
地域主導型観光 164
地域振興 129
地域制国立公園 50
地域の経済的活性化 31
知的財産権（知的所有権） 189
地方文化 174
着地型（観光） 148, 165, 203
中国人観光客 39
著作権 189
通過儀礼 11
通行料 57
つぼ湯 72
ツーリストアート 188
ツーリズム・ビジネス 90
ディズニーランド 75, 78, 143
ディズニーワールド 77
定性的手法 100
定性的予測手法 101
定量的手法 100
鉄道 8
鉄道国有法 64

テーマパーク 75, 76, 78
転換点 111
伝統工芸 188
伝統的建造物群保存地区 180
同時多発テロ 16
投資誘発効果 92
登録文化財制度 190
『遠野物語』 159
都市祭礼 182
トラベルコスト法（TCM） 104

な 行

内発的発展 162
仲間川保全利用協定 151
ナショナルトラスト 120
ナショナルトラスト法 48
偽物（ニセモノ） 170, 171, 178
日本国有鉄道（国鉄） 64
日本民俗学 184
日本エコツーリズム協会（NPO法人） 55
日本型エコツーリズム 119
日本人の渡航先 22
日本ナショナルトラスト（財団法人） 49
日本ナショナル・トラスト協会（社団法人） 49
にほんの里100選 152
人間開発 147
ネイチャーベースドツーリズム 116
ネオコロニアリズム 27
農家民宿 120
農業観光 120
農山漁村滞在型余暇活動のための基盤整備の促進に関する法律 120
納税義務者 106
農村観光 120
「農村で休暇を」 120
ノスタルジア 158

は 行

廃墟 191
バカンス法 120

博物館　74
場　所　14
パッケージ型観光旅行　79
パッケージ旅行　8
発地型（観光）　148, 203
ハブ＆スポーク・ネットワーク　66
ハブ空港　66, 67
バ　リ　166, 170, 184
万国博覧会　8, 74
韓　流　83
非因果モデル　101
ビジットジャパン　34, 38, 214
ビジネスとしての観光　90
ビジネス・モデル　91
非日常　128, 133
ヒルステーション　26, 68
フィールドワーク　133, 172
フィルムツーリズム　192
風　景　141
富良野市　83
ブランド戦略　204
ふるさと　158
プロシューマー　87
文化観光　166, 186
　　──のパラドックス　166
文化資源　45, 185
文化市場の二重性　189
文化人類学　133, 172
文化的景観　46
文化的背景　45
文化の客体化　172
文化の切り売り　173
文化の商品化　173, 174
文化の多様性　43
別　荘　130
別　府　73
ペテカー社　82
ヘドニック・プライシング法（HPM）　105
ヘリテージ　124
ヘリテージツーリズム　47, 124
ヘルスツーリズム　130

訪日観光客　38
星野リゾート　57
募集型企画旅行　199
ホスト-ゲスト関係　160
ポストコロニアリズム批判　140
ポストコロニアルツーリズム　140
ポストツーリズム　7
ポストモダンツーリズム　7, 142
ホスピタリティ　10
ホームステイ　80
ボランティア活動　132
本　物　141, 171, 178
本物体験　207

ま 行

マクドナルド　79
マスツーリズム　9, 17, 75, 114, 116, 132
まちおこし　148
町並み保存　180
祭　り　128
ミソワライ・ホームステイ・プログラム　81
みどりの国勢調査　58
民族文化　172, 174
無形文化遺産　42
無形文化遺産の保護に関する条約（無形文化遺産保護条約）　42
無差別曲線　109
名　所　62
名所図絵　82
メディア　8
メディカルツーリズム　130
モニタリング　58, 59

や 行

屋久島　56
谷根千　127
有給休暇　17
ユネスコ（UNESCO）　40
YOSAKOIソーラン祭り　143
予測　100

ら 行

リゾート　68, 70, 130, 158
リタイアメントコミュニティ　68
リーマン・ショック　16
リミナリティ　11
旅行斡旋業法　198
旅行業　63, 214
旅行業綱領　198
旅行業者の第一次責任　198
旅行商品　90
レヴェニューマネジメント　200

歴史観光　9
レクレーション観光　9
レジャー　8
Low-Cost Carrier（LCC）　91
ロングステイ　138

わ 行

若者たちの観光離れ　17
ワーキングホリデー　134
鷲宮町　192
ワシントン条約　150
ワールドカップ　128

人名索引

あ行

渥美清 83
油屋熊八 73
アーリ, J. 6, 12, 13, 63, 142, 176
アンダーソン, B. 44
井口貢 197
石川啄木 158
石森秀三 163
ウィーバー, D. 52
永六輔 126
太田好信 160, 173
岡本健 192
大佛次郎 49
小原豊明 156
折口信夫 157
オルーク, D. 85

か行

菅直人 5
ギアーツ, C. 175
行基 72
空海 72
クック, T. 8, 9, 63, 74, 91, 114, 199
クラウゼ, G. 84
クリフォード, J. 170
グリーンウッド, D. J. 174, 175
グレーバーン, N. 6, 188
クローチ, G. I. 98
ケインズ, J. M. 93
小泉純一郎 2, 38
ゴッフマン, E. 80
後藤和子 189
小林一三 64
コバルビアス, M. 84

さ行

サイード, E. 140

シヴェルブシュ, W. 62
十返舎一九 73
島村麻里 24
下川裕治 139
シュピース, W. 170
シンクレア, M. T. 96
スタブラー, M. J. 96, 105
スミス, V. L. 6, 160, 174
ソンタグ, S. 84

た行

タイラー, E. 172
高野辰之 158
ターナー, V. W. 7, 11
チルデン, F. 212
鶴見和子 163
ディズニー, W. 75, 78
トフラー, A. 87

な行

中村安希 209
中谷巳次郎 73
西川潤 162
丹羽正伯 157
能登路雅子 78, 79
野村浩志 179

は行

バトラー, R. W. 110
ハナーツ, U. 5
ハンター, R. 48
ピカール, M. 166
ピーコック, A. T. 189
ビュフォン, G. L. 74
ヒル, O. 48
ブーアスティン, D. 20, 21, 80
ファン・ヘネップ, A. 11
フーコー, M. 12, 13

藤岡伸明　135
フレクトリング, D.　100, 101
ベック, U.　5
ポター, B.　48
ボードリヤール, J.　79, 176
ボールマン, A.　30

ま 行

前原誠司　67
まくどなるど, あん　152
マズロー, A. H.　18
マッカネル, D.　4, 20, 21, 63, 80
マッキーン, P.　170
宮本常一　157
ミルズ, E.　212
室生犀星　158
ムン, O.　22

森まゆみ　127

や 行

柳田國男　4, 157, 159
山口誠　17
山下晋司　160
山田洋次　83
美水かがみ　83
吉本哲郎　157

ら 行

リース, W. S.　91, 200
リッツァ, G.　79
リンネ, C.　74
レルフ, E　14
ロジェク, C.　6
ローンスリー, H.　48

編者紹介

山下晋司（やました しんじ）

1948年山口県に生まれる。73年東京大学教養学部卒業。78年東京都立大学大学院社会科学研究科博士課程単位取得退学。87年文学博士。現在，東京大学名誉教授。主著に，『儀礼の政治学──インドネシア・トラジャの動態的民族誌』，『バリ 観光人類学のレッスン』，『観光人類学の挑戦──「新しい地球」の生き方』などがある。

観光学キーワード
Keywords in Tourism Studies   有斐閣双書

2011年6月10日 初版第1刷発行
2020年3月20日 初版第4刷発行

編 者	山 下 晋 司
発行者	江 草 貞 治
発行所	株式会社 有 斐 閣

郵便番号 101-0051
東京都千代田区神田神保町 2-17
電話　(03)3264-1315〔編集〕
　　　(03)3265-6811〔営業〕
http://www.yuhikaku.co.jp/

印刷・株式会社精興社／製本・牧製本印刷株式会社
© 2011, S. Yamashita. Printed in Japan
落丁・乱丁本はお取替えいたします。
★定価はカバーに表示してあります。
ISBN 978-4-641-05891-0

JCOPY 本書の無断複写(コピー)は，著作権法上での例外を除き，禁じられています。複写される場合は，そのつど事前に(一社)出版者著作権管理機構(電話03-5244-5088, FAX03-5244-5089, e-mail:info@jcopy.or.jp)の許諾を得てください。